Alimentos
DA AÇÃO À EXECUÇÃO

S747a   Spengler, Fabiana Marion
        Alimentos: da ação à execução / Fabiana Marion Spengler. –
Porto Alegre: Livraria do Advogado, 2002.
        214p.; 16x23cm.

        ISBN 85-7348-234-6

        1. Alimentos. 2. Ação de alimentos. I. Título.

                     CDU – 347.615

        Índice para o catálogo sistemático:

Alimentos.
Ação de alimentos

(Bibliotecária responsável: Marta Roberto, CRB 10/652)

Fabiana Marion Spengler

Alimentos
DA AÇÃO À EXECUÇÃO

livraria
DO ADVOGADO
editora

Porto Alegre 2002

© Fabiana Marion Spengler, 2002

Capa, projeto gráfico e composição
Livraria do Advogado Editora

Revisão
Germano A. Maraschin Filho

Direitos desta edição reservados por
Livraria do Advogado Ltda.
Rua Riachuelo, 1338
90010-273 Porto Alegre RS
Fone/fax: 0800-51-7522
livraria@doadvogado.com.br
www.doadvogado.com.br

Impresso no Brasil / Printed in Brazil

Incomensurável a trilha a percorrer até que o Homem se liberte da imprescindibilidade de determinadas coações e coerções contra seu proceder. Até lá, lamentavelmente, é inafastável a convivência com tais cerceamentos.

Sérgio Gischkow Pereira

Para os homens da minha vida:
Theobaldo, Fernando Augusto,
Pedro Henrique e *Maurício,*
sem palavras, porque miúdas...
com amor, porque infinito...

Para *Irdes* e *Eny,* pelo carinho e
corujisse que não permitiram aos
meus filhos sentir minha ausência.

Para o amigo *Rogério Gesta Leal,*
por sua importante contribuição.

Prefácio

Pairava certa frustração na comunidade jurídica que se ressentia de novas obras e de autores luminares, dispostos a tratar do direito alimentar com a seriedade e profundidade doutrinárias, no seu amplo espectro dentro do direito familista, apesar de o tema ter trato diário nos embates jurídicos e, nas intrigadas e quase sempre incompreensíveis uniões afetivas e parentais. Parecia que o instituto alimentar estava fadado ao domínio de poucos autores, com verdadeiro fôlego e conhecimento científico capazes de brindar o leitor com uma meticulosa incursão por todos os compartimentos dessa complexa seara do direito alimentar. A jovem e talentosa Mestre de Direito, Professora de Direito de Família na UNISC, Dra. Fabiana Marion Spengler, tomou para si essa tormentosa tarefa de percorrer todo esse longo e difuso trajeto dos alimentos no âmbito do Direito de Família. Feliz em sua empreitada, traz a lume obra que desvenda os segredos e atalhos aprendidos na prática judiciária da sua especialização profissional e no ensino do Direito de Família na graduação e na pós-graduação da UNISC.

Outro notável mérito literário da autora foi a sua disposição em enfrentar o antigo e o contemporâneo e ousar em debater novas figuras do moderno e prático direito alimentar, que aos poucos vem sendo acolhido pelos tribunais, como disso é exemplo frisante a teoria da aparência na justa dosimetria da obrigação alimentar. Também quando trata da aplicação episódica da teoria da desconsideração da personalidade jurídica, só agora contemplada pelo novo Código Civil e com incidência processual na ação de alimentos ou na sua eventual execução, sempre que o devedor alimentar, escondido sob o véu societário, intenta estabelecer proposital confusão do seu patrimônio pessoal com o da pessoa jurídica, no propósito de burlar o arbitramento judicial ou a cobrança executiva de sua dívida alimentar. Por isso fica fácil afirmar que Fabiana Marion Spengler primou, em seu livro de estréia nas letras jurídicas, por jamais desgarrar a teoria da realidade que cerca nossa sociedade no confronto das relações interfamiliares, ao vislumbrar todas as suas dimensões e facetas em que se desdobra o direito alimentar.

Queixam-se os comentaristas (Cahali, 1998, p. 52), da longa estagnação do anteprojeto que resultou em um Código Civil desatualizado e sem sistematização, tornando dificultosa a sua utilização pelos operadores do direito. Entretanto, a forma como são elaborados e abordados os segmentos em que se desdobra a obra que Fabiana Marion Spengler intitulou de "Alimentos, da ação à execução", permite conferir ao leitor a compreensão coerente do texto e revela uma singular capacidade da autora de transmitir com objetividade o seu saber científico. Além de preencher lacuna no cenário literário, ávido por uma obra sobre alimentos que fosse capaz de retratar o direito hoje posto e vivido, alegra registrar que Fabiana Spengler soube vencer esses desafios emoldurados no corpo do Direito de Família, ao longo das duas décadas e meia de tramitação do anteprojeto da nova codificação civil, criando trabalho primoroso, fruto da intensa pesquisa por ela empreendida, para poder abarcar todas as nuanças germinadas nesse direito alimentar contemporâneo. A autora cuidou de definir os contornos e de situar a função dos alimentos, com os seus pressupostos, seus agentes e destinatários, em todas as esferas de vinculação, nos diferentes graus de parentesco e nas esferas constitucionalizadas das relações de afeto, sem deslembrar da revisão judicial dos alimentos e dos instrumentos processuais de sua execução.

Portanto, estão de parabéns a autora Fabiana Marion Spengler e a editora Livraria do Advogado, que, unindo talento e sensibilidade, estimulam, com esse novo lançamento, o elevado e profícuo debate sobre o relevante direito alimentar.

Rolf Hanssen Madaleno

Professor e advogado de Direito de Família
Diretor nacional do IBDFAM

Sumário

Introdução 15

1. Dos alimentos 19
    1.1. Do direito alimentar e sua conceituação 19
    1.2. Espécies de alimentos 21
    1.2.1. Quanto à natureza 21
    1.2.2. Quanto à causa jurídica 22
    1.2.3. De acordo com a finalidade 23
    1.2.4. Quanto ao momento da prestação 23
    1.2.5. Quanto à modalidade 24
    1.3. Características dos alimentos 24
    1.3.1. O direito personalíssimo à prestação alimentar 24
    1.3.2. A irrenunciabilidade ao direito alimentar 25
    1.3.3. Impenhorabilidade 26
    1.3.4. Intransmissibilidade 26
    1.3.5. Imprescritibilidade 29
    1.3.6. Irrepetibilidade 29
    1.3.7. Incompensabilidade 30
    1.3.8. Ausência de solidariedade nos alimentos 31

2. Da obrigação de alimentar 33
    2.1. Do caráter de ordem pública da obrigação de prestar alimentos 33
    2.2. Do caráter patrimonial da obrigação de alimentar 34
    2.3. Pressupostos da obrigação alimentar 37
    2.4. Da proporcionalidade na fixação da verba alimentar 39
    2.5. Incidência do percentual da verba alimentar sobre o salário do alimentante 40
    2.6. Quem é obrigado a prestar alimentos 44
    2.7. A satisfação da obrigação alimentar 45

3. Alimentos pelo pátrio poder e pelo *jus sanguinis* 47
    3.1. Dever e obrigação de alimentar dos pais 47
    3.2. Dever e obrigação alimentar em favor do nascituro 49
    3.3. A maioridade e a obrigação de prestar alimentos 51
    3.4. Alimentos à prole na separação e no divórcio dos pais 52
    3.5. Alimentos, direito de visitas e prestação de contas 55
    3.6. Alimentos entre ascendentes e descendentes 57
    3.7. Alimentos entre colaterais e afins 60
    3.8. Alimentos na guarda, adoção e tutela de menor 62
    3.9. Alimentos e filiação ilegítima 63

4. Acesso à justiça nas demandas alimentares 69
    4.1. Obstáculos no acesso à justiça nas demandas alimentares 69
    4.1.1. Obstáculos econômicos 69
    4.1.2. Obstáculos sociais e culturais 71
    4.2. Acesso à justiça e dever alimentar: Lei 5.478/68 como solução 72
    4.3. Da citação nas ações de alimentos 74
    4.4. Citação por edital nas ações de alimentos com benefício da justiça
        gratuita 76

5. Da ação de alimentos 81
    5.1. Da petição inicial 81
    5.2. Da desnecessidade de prévia distribuição 82
    5.3. Da competência em relação ao foro e ao juízo nas ações de alimentos . 84
    5.4. O menor como autor na ação de alimentos 85
    5.5. Da comprovação do vínculo de parentesco ou da obrigação alimentar . 86
    5.6. Das provas a serem produzidas pelo alimentando 87
    5.7. Do valor da causa 88
    5.8. Do processamento da ação de alimentos 89
    5.9. Despacho inicial e a citação do alimentante 90
    5.10. Dos alimentos provisórios e provisionais 92
    5.11. Da resposta do alimentante 95
    5.12. Da prova 97
    5.13. Da audiência de conciliação e julgamento 98
    5.14. Da sentença 101
    5.15. Da homologação do acordo de alimentos 103
    5.16. Dos recursos nas ações de alimentos 103

6. Da execução de alimentos 105
    6.1. Do título executivo 105
    6.2. Da competência 108
    6.3. Das formas de execução da obrigação alimentar 110
    6.3.1. Opção entre expropriação e coerção pessoal 111
    6.3.2. Execução através de desconto em folha de pagamento do devedor . . 112
    6.3.3. Desconto de aluguéis ou outros rendimentos do devedor 116
    6.3.4. Dos demais meios garantidores do crédito alimentar 117
    6.4. Parcelamento do débito 120

7. Da execução por quantia certa 123
    7.1. Requisitos do pedido e fundamento legal 123
    7.2. Escolha compulsória e escolha voluntária da expropriação 124
    7.3. Processamento do feito 125
    7.4. Embargos à execução alimentar 126
    7.5. Da prescrição qüinqüenal 128
    7.6. Da penhora dos instrumentos de trabalho 130
    7.7. Penhora do bem de família 132

8. Da execução de alimentos através da coação pessoal 135
    8.1. Aspectos polêmicos da prisão civil 135
    8.2. Coação pessoal nos alimentos provisórios, provisionais e definitivos . . 140
    8.3. Prisão civil de terceiro 141

8.4. Verbas executáveis sob coação pessoal 142
8.5. Número de parcelas executáveis sob coação pessoal 144
8.6. Inclusão de prestações vincendas enquanto a execução perdurar 148
8.7. Execução das prestações anuais sob coação pessoal 150
8.8. Processamento do feito 153
8.9. Juízo competente para decretar a prisão 156
8.10. Defesa do executado 156
8.11. Possibilidade de realização de audiência 159
8.12. Decretação da prisão de ofício ou requerida pela parte 162
8.13. Fundamentação do despacho que determina a prisão 164
8.14. Decisão que defere ou não o pedido de prisão 164
8.15. *Habeas corpus* 165
8.16. Mandado de segurança 169
8.17. Do inadimplemento voluntário e inescusável 170
8.18. Prisão especial do devedor 172
8.19. Prazos da prisão civil 173
8.20. Repetição da prisão civil 174
8.21. Possibilidade de suspensão e revogação da prisão civil 176
8.22. Perda ou suspensão do pátrio poder pelo inadimplemento da verba alimentar 178
8.23. Crime contra a administração da justiça e por abandono material ... 179

9. Da extinção, revisão e exoneração de alimentos 181
9.1. Da coisa julgada nas ações de alimentos 181
9.2. Reajuste da verba alimentar 183
9.3. Da ação revisional e da ação exoneratória de alimentos 186
9.3.1. Aspectos processuais 186
9.3.2. Possibilidades de revisão e exoneração da verba alimentar 192
9.3.3. Motivos que fazem cessar a obrigação 195
9.4. Restituição dos alimentos pagos indevidamente 196
9.5. Enriquecimento sem causa do alimentando 197
9.6. Possibilidade de compensação 199

10. Desconsideração da pessoa jurídica nos alimentos 203
10.1. Generalidades 203
10.2. Da teoria da aparência 204
10.3. A *disregard doctrine* nos alimentos 206
10.4. Perícia contábil nas ações de alimentos 208
10.5. A *disregard doctrine* nas execuções de alimentos 209

Bibliografia 211

Introdução

Quando me debrucei sobre o assunto primordial deste trabalho, os alimentos, foi com a expectativa única de fazer uma abordagem sobre a execução de alimentos como prestação pecuniária anual, quer fossem eles estipulados através de acordo entre as partes ou por sentença judicial, analisando seus motivos ensejadores, as condições socioeconômicas e culturais das partes envolvidas, bem como os meios possibilitadores de sua execução, em caso de inadimplemento.

Ocorre que a fixação de verba alimentar anual é uma especificidade verificada nas regiões de cultura sazonal. Nestas regiões inúmeros são os trabalhadores que vivem e têm como principal atividade profissional a agricultura sazonal. Tal especificidade se reflete quando da fixação de verba alimentar devida por laços consangüíneos, uma vez que, se sazonal a colheita, também o é o recebimento de seus frutos e conseqüentemente, em muitas circunstâncias, é fixada de forma anual (sempre ao final da colheita) a verba pecuniária devida a título de alimentos.

Pretendia-se, pois, investigar quais eram os meios de execução desta verba alimentar no caso de inadimplemento. Neste sentido, a doutrina silencia. Embora debata amplamente o assunto, não faz qualquer referência quanto à possibilidade de ajuste de verba alimentar anual e tampouco aponta formas coercitivas capazes de garantir o pagamento das mesmas ou, no caso de inadimplemento, formas de execução garantidoras do recebimento destes valores pelo credor.

Diante de tal perspectiva, e já tendo tomado gosto pelo assunto, enveredou-se por outros temas, todos atinentes àquele, na busca principalmente de explicações para as conclusões antes conhecidas, objetivando estudar melhor o assunto e produzir algo publicável, primeiramente um artigo que seria remetido a alguma revista especializada.

Mas, sendo o Direito de Família apaixonante, tão antigo e ao mesmo tempo tão atual, não houve meios de fugir à tentação de

ALIMENTOS – da ação à execução

desenvolver cada vez mais o tema, em razão de que um assunto provoca o outro, um conceito produz uma série de implicações, um título comporta outros subtítulos e assim por diante, até que as páginas escritas foram se agrupando em capítulos, gerando a obra que agora se apresenta.

Então, o que era uma simples proposta de artigo se desenvolveu até o ponto de agora ser lançado como livro, na pretensão de discutir, de forma mais detalhada, especificamente os alimentos devidos pelo *jus sanguinis*, passando por sua conceituação, espécies, características e por seus pontos de maior controvérsia. O que se propõe, conseqüentemente, é a discussão dos alimentos devidos pelo direito consangüíneo, deste a obrigação alimentar em si, a ação judicial necessária para a fixação do *quantum* a ser pago, bem como as formas de execução no caso de inadimplemento.

Ainda, a revisão do valor fixado a título de verba alimentar bem como a possibilidade de exoneração desta obrigação também são objetos do trabalho, buscando-se, sempre, o posicionamento da doutrina e da jurisprudência atinentes ao assunto.

Por conseguinte, desenvolveu-se o presente trabalho levando-se em consideração a importância do assunto proposto, norteado pelas atuais polêmicas geradoras de debates acirrados sobre o tema, verificando-se a importância do tema diante do fato de que família todos têm, tiveram ou ainda terão, seja ela biológica ou adotiva, de modo que o dever alimentar sempre perpassará os relacionamentos humanos.

Assim, o dever de sustento existe por parte de nossos pais para conosco e posteriormente, de nossa parte para com nossos filhos. Algumas alterações poderão vir a existir nessas relações, como, por exemplo, a prestação alimentar por parte dos avós, ou por parte de um tio em favor daquele que não pode prover seu sustento. Conseqüentemente, sempre estaremos obrigados a prover e manter aqueles que de nós dependem, desde que existente causa jurídica para tanto, seja ela o vínculo sangüíneo, o contrato ou a lei. Então, trata-se de assunto atual, cuja discussão se justifica pelo fato de que perpassa todos os relacionamentos familiares, sendo que, para alguns, de forma despercebida pelo fato de que jamais é invocado, existindo e sendo adimplido de maneira natural e voluntária. Para outros, é gerador de discussões acirradas, controvérsias, litígios, sendo revindicados e combatidos, muitas vezes, desde a fixação da obrigação e o *quantum* até sua execução, em caso de inadimplemento.

Buscou-se, então, a delimitação do assunto sobre a legislação brasileira ora em vigor, discutindo-se a mesma bem como sua utilização frente aos tribunais pátrios, apontando a forma de julgar dos mesmos, através da reprodução de ementas e acórdãos sobre o assunto.

Os resultados apresentam-se animadores por vezes e decepcionantes por outras. Assim como se evidencia a possibilidade de desconsiderar a pessoa jurídica para fins de, utilizando a teoria da aparência, demonstrar as reais possibilidades de alcançar alimentos por parte do alimentante, ou comprovar a propriedade de bens que possibilitem o adimplemento do débito por parte do devedor, por outro lado, percebe-se uma resistência cada vez mais acirrada no concernente a feitos que tramitam sob a coação pessoal, com ameaça de prisão civil, de modo que nunca se buscou com tamanho afinco proteger o devedor, em detrimento, muitas vezes, do direito de uma criança, como se o primeiro fosse o principal alvo de proteção. Chega-se a imaginar, dentro em breve, a vedação total de execuções que determinem o pagamento do débito sob ameaça de prisão, desconsiderando-se totalmente o fato de que, se assim não o for, a dívida jamais será satisfeita.

Realmente, muitas decisões jurisprudenciais e conclusões doutrinárias aqui referidas e combatidas parecem completamente descoladas da realidade, como se o problema da fixação da verba alimentar bem como o seu pagamento não tivesse a importância que possui. Considera-se, então, a possibilidade de não mais permitir que a liberdade pessoal do indivíduo seja atingida e sim seu patrimônio pague por suas dívidas. No entanto, desconsidera-se completamente o fato de que este indivíduo pode não possuir patrimônio nem emprego fixo de onde possa ser descontada a verba alimentar. O alimentando então não come?

Estes são alguns dos embates que se fazem neste texto, cujo objetivo é discutir os alimentos como meio de sobrevivência que são, em prol do alimentando que deles necessita, adimplidos, dentro das reais possibilidades, pelo alimentante que por eles é responsável. Responsabilidade no sentido literal da palavra, responsabilidade que, se descumprida, possa gerar prisão civil, sim, se esta for a única forma de compelir o devedor a pagar seu débito.

Este é, pois, o texto que se apresenta, objetivando refletir o instituto dos alimentos, pelo vínculo consangüíneo à luz de grandes correntes doutrinárias e jurisprudenciais, mas, principalmente, discorrendo de sua prática diária e as reais possibilidades e necessidades de ambas as partes, conforme prega o artigo 400 do CCB, bem como a forma de recebê-los em caso de não-pagamento.

ALIMENTOS – da ação à execução

1. Dos alimentos

1.1. Do direito alimentar e sua conceituação

O ser humano, desde o útero materno, necessita de alimentação, que inicialmente lhe é fornecida pelo cordão umbilical, através do qual se encontra vinculado à genitora e de onde retira todos os elementos necessários ao seu desenvolvimento e maturação. Após seu nascimento, continua a precisar de cuidados e de atenção especial em função de sua tenra idade, não possuindo condições de prover seu próprio sustento, seja ele no sentido de obter sua própria alimentação ou concernente a ingeri-la para atenuar sua fome.

Posteriormente, não obstante atingir maturidade suficiente para, utilizando suas próprias mãos, satisfazer suas necessidades fisiológicas, pode não possuir condições de, sozinho, obter o necessário para sobreviver a expensas de suas próprias forças, necessitando que aqueles a quem a lei determina façam isso por ele. Além do que, precisa de que os responsáveis lhe alcancem o que vestir, que custeiem sua educação, seu lazer e seus remédios, para o caso de alguma enfermidade.

Todos estes fatores que, em conjunto, dizem respeito aos meios necessários para o ser humano desenvolver-se, enquanto perdurar a incapacidade ou a reduzida capacidade para obtê-los sozinho, são obrigações daqueles a quem, através de um dispositivo legal, é determinada a prestação de tal verba alimentar.

Conseqüentemente, a prestação alimentícia que é inerente ao ser humano traz em seu bojo conceito mais elástico do que o simples alimentar, no sentido vulgar da palavra.[1] "Alimentos", na acepção jurídica do termo,

> é a prestação, fornecida por uma pessoa a outra, para que atenda às necessidades da vida podendo compreender, comida, bebida, teto para morar, cama para dormir,

---

[1] Diz respeito a qualquer substância digerível, utilizada pelos seres vivos na sua nutrição. Ainda, "é tudo o que serve a subsistência animal." (Pontes de Miranda, 1974, p. 207) .

medicamentos, cuidados médicos, roupas, enxoval, educação e instrução, cujo *quantum* corresponde às utilidades, mas podendo igualmente ser fornecido em espécie. (Prunes, 1978, p. 29)

Ainda, Pontes de Miranda (1974, p. 207), elucida relacionando que

a palavra alimento, conforme a melhor acepção técnica, e conseguintemente, podada de conotações vulgares, possui o sentido amplo de compreender tudo quanto for imprescindível ao sustento, à habitação, ao vestuário, ao tratamento de enfermidades e às despesas de criação e educação.

Desse modo, a obrigação de prestar alimentos, independentemente dos fatores jurídicos[2] que lhe deram causa, são:

as prestações devidas, feitas para que quem as receba possam subsistir, isto é, manter a sua existência, realizar o direito à vida, tanto a física (sustentação do corpo), como a intelectual e moral (cultivo e educação do espírito do ser racional). (Almeida, 1925, p. 314)

Em se tratando de prestação alimentícia decorrente da lei, a que interessa diretamente ao presente estudo, o legislador chamou para si o compromisso de regulamentar, dispondo, de forma jurídica, aquilo que já era obrigação moral: o dever de prestar alimentos, comprovado o *iure sanguinis*, o parentesco ou o matrimônio.

Na verdade, um dos fundamentos do dever de prestar alimentos diz respeito justamente ao "princípio de solidariedade familiar" que corrobora a afirmativa antes feita de que a prestação alimentícia é dever anteriormente moral e posteriormente legalizado, uma vez que "os laços que unem, por um imperativo da própria natureza, os membros de uma mesma família impõem este dever moral, convertido em obrigação jurídica como corretivo a distorções do sentimento de solidariedade". (Gomes, 1987, p. 406)

Por outro lado, quando se discute especificamente a obrigação alimentar no direito de família, que decorre da lei, esta obrigação moral fica ainda mais ressaltada, uma vez que assim o é por ser mútua e recíproca entre descendentes e ascendentes. Segundo Wald (1998, p. 44), "a obrigação alimentar caracteriza a família moderna. É uma manifestação de solidariedade econômica que existe em vida

---

[2] Necessário, aqui, levar em consideração a classificação das fontes da dívida alimentar, que, segundo Marmitt (1999), são a lei, a vontade, e o delito. Com relação à obrigação alimentícia prevista em lei, esta é estabelecida em conformidade com os arts.396 e seguintes do CC atual e pelos arts. 1694 e seguintes do futuro CC e por legislação esparsa. Quanto à vontade, esta é derivada de contrato ou testamento. Com relação ao dever alimentar oriundo do delito, este vem disposto pelo art. 1.537, II do atual CC, art. 948, II do futuro CC que regula a liquidação *ex-delict*. No entanto, concernente a esta classificação, adiante será discutida com maior aprofundamento.

entre os membros de um mesmo grupo, substituindo a solidariedade política de outrora."

Além da conceituação anteriormente exposta, a obrigação alimentar também pode ser classificada segundo outros critérios, que perpassam sua natureza, sua causa jurídica, sua finalidade, o momento de sua prestação e a forma através da qual esta acontece, temas que merecem uma abordagem mais demorada.

1.2. Espécies de alimentos

Os alimentos possuem várias classificações, conforme se pode verificar adiante:

1.2.1. Quanto à natureza[3]

Quanto à natureza,[4] segundo Cahali (1998), os alimentos podem ser classificados em:

a) alimentos naturais: necessários para a manutenção da pessoa, onde se pode incluir, além da alimentação propriamente dita, o vestuário, a medicação, a habitação. Trata-se de alimentos segundo *necessarium vitae*.

Para Marmitt, na mesma seara, "são aqueles estritamente necessários para viver, limitados às necessidades primárias da vida" (1999, p. 10), fazendo alusão ao pagamento de verba alimentar que possibilite a manutenção do ser humano. Estariam, portanto, excepcionados os que digam respeito às necessidades morais ou intelectuais.

b) alimentos civis: compreendem outras necessidades, além das relacionadas anteriormente, incluindo recreação, e são fixados segundo "a qualidade do alimentando e os deveres da pessoa obrigada" (Cahali, 1998, p. 16). São os alimentos denominados *necessarium personae* .

---

[3] Francisco José Cahali (2001, p. 183) refere que a partir do futuro Código Civil brasileiro, que entrará em vigor em 2003 "merece registro, por fim, ter sido agora trazido ao texto legal a distinção feita entre alimentos naturais ou necessários (*necessarium vitae),* como aqueles indispensáveis à subsistência (alimentação, vestuário, saúde, habitação etc) e os alimentos civis ou côngruos (*necesarium personae*), destinados a manter a qualidade de vida do credor, de acordo com a condição social dos envolvidos, preservando, assim o padrão de vida *status* social do alimentado, limitada quantificação, evidentemente, pela capacidade econômica do obrigado". Tal distinção pode ser verificada junto ao art. 1694 do futuro CC.

[4] Alguns autores classificam os alimentos em naturais e civis segundo sua natureza, como é exemplo Cahali (1998); outros classificam tais alimentos quanto à extensão ou quanto ao alcance, como é o caso de Prunes (1978) e de Marmitt (1999). Optamos pela classificação utilizada por Cahali por entender que diz respeito propriamente mais à natureza daquilo que é alcançado a título de alimentos do que propriamente a sua extensão.

ALIMENTOS – da ação à execução

Segundo Prunes, os alimentos civis são "os que visam à aquisição de utilidades várias, sociais, intelectuais e até morais" (1978, p. 34). Desta forma, um exemplo de alimentos civis seria o curso superior, feito em universidade particular, o qual o aluno/ alimentando não possui condições de custear e que lhe é pago pelo alimentante.

1.2.2. Quanto à causa jurídica

Mais uma vez, tal classificação é utilizada, com muita sapiência por Cahali (1998), citando, ainda, que podem ser de três espécies: a lei, a vontade e o delito.[5]

a) Lei: para Cahali, são os "devidos em virtude de uma obrigação legal... são aqueles que se devem por direito de sangue (*ex iure sanguinis*)" (1998, p. 22). Também chamados de legítimos, inserem-se no Direito de Família onde estão expostos. Estes basicamente são os que realmente interessam ao presente trabalho, já que vem disciplinar as relações entre parentes, relações familiares ou advindas do casamento.

b) Vontade: são os alimentos que se constituem através de um ato de vontade das partes. São também chamados contratuais ou convencionais. Segundo Prunes:

> são os ajustados livremente, sem intervenção judicial, independentemente do sangue de quem liga os interessados, ainda que possam ser pactuados entre parentes, mas sem que se leve em conta, necessariamente, a fortuna de quem dá, nem as precisões de quem recebe. (1978, p. 38)

c) Delito: sempre será conseqüente da prática de ato ilícito, sendo uma forma de indenização do dano *ex delito*, disposto nos arts. 1.537,[6] inciso II e 1.539,[7] do Código Civil Brasileiro.

São também chamados de alimentos indenizatórios, pois representam a reparação de um dano causado, cujos direitos e obrigações

---

[5] Marmitt especifica tais alimentos quanto à origem, chamando-os de conjugais, parentais, contratuais, testamentários, indenizatórios e concubinários. Prunes (1978) faz classificação muito semelhante. Já Gomes (1987), diz que a obrigação alimentar pode resultar da lei, de testamento, de sentença judicial e de contrato.

[6] O artigo 1537 do CC em vigor, permanece no Novo Código Civil (Lei 10.406/02) com a seguinte redação:
Art. 948. No caso de homicídio, a indenização consiste, sem excluir outras reparações:
I - no pagamento das despesas com o tratamento da vítima, seu funeral e o luto da família;
II - na prestação de alimentos às pessoas a quem o morto os devia.

[7] O artigo 1539 do CC em vigor, permanece no futuro Código Civil com a seguinte redação: Art. 950. Se da ofensa resultar defeito pelo qual o ofendido não possa exercer o seu ofício ou profissão, ou se lhe diminua a capacidade de trabalho, a indenização, além das despesas do tratamento e lucros cessantes até ao fim da convalescença, incluirá pensão correspondente à importância do trabalho para que se inabilitou, ou da depreciação que ele sofreu.
Parágrafo único. O prejudicado, se preferir, poderá exigir que a indenização seja arbitrada e paga de uma só vez.

são transmissíveis através da herança e cujo valor normalmente se equipara ao prejuízo sofrido.

1.2.3. De acordo com a finalidade

Quanto a esta classificação, parece existir consenso entre os grandes doutrinadores que discorrem a respeito da matéria, no sentido de existirem duas espécies, denominadas alimentos provisionais ou provisórios e alimentos regulares ou definitivos.[8]

a) Alimentos provisórios ou provisionais: são aqueles deferidos antes ou no curso da ação principal e que têm o intuito de manter o requerente, enquanto permanece o litígio, evitando, assim, prejuízos maiores independente do tempo de tramitação do feito.

Segundo Nogueira (1995), os alimentos provisórios e os alimentos provisionais têm ambos natureza cautelar e, justamente por isso, se confundem. Contudo,

> não são a mesma coisa. Os provisionais, também chamados preventivos estão previstos como medida cautelar (CPC, arts. 852 e ss.) e nessa ação podem ou não ser deferidos, liminarmente, os alimentos provisórios, a exemplo do que ocorre na ação de alimentos de rito sumário (Lei n. 5.478/68, art. 4º, o que faz aperceber, desde logo, uma diferença entre essas duas espécies de alimentos. (Araújo, *apud* Nogueira, 1995, p. 7)

Assim, independentemente, se requeridos alimentos provisórios ou provisionais, o certo é que ambos existem para, liminarmente, garantir a subsistência do alimentando até deslinde final do litígio, sendo que poderão ser revistos a qualquer tempo, demonstrada a alteração no binômio possibilidade/necessidade.

b) Alimentos regulares ou definitivos: são aqueles já estabelecidos, seja por ato judicial, através de sentença, seja por acordo entre as partes, e que deverão ser pagos, através de prestações sucessivas, podendo estar sempre sujeitos a ação revisional, tanto para diminuir quanto para majorar o *quantum* determinado.

1.2.4. Quanto ao momento da prestação

Diz-se dos alimentos que podem ser pretéritos e futuros quanto ao momento de seu pagamento. Tal entendimento é partilhado por Cahali (1998) e Prunes (1978) e a sua distinção tem relevância "na determinação do termo *a quo* a partir do qual os alimentos se tornam exigíveis". (Cahali, 1998, p. 29)

---

[8] O termo definitivo aqui deve ser utilizado com algumas ressalvas, dentre elas o fato de que a sentença que determina a obrigação alimentar pode ser revista a qualquer momento desde que haja alteração na necessidade de quem recebe ou nas condições de quem arca com o encargo.

ALIMENTOS – da ação à execução

a) Alimentos pretéritos: são os anteriores à sentença judicial ou acordo entre as partes que venha ajustar a obrigação alimentar bem como o *quantum* a ser pago ao requerente. Não podem ser exigidos, pois "se o interessado viveu e se manteve antes da demanda, sem nada pedir, presume-se que tinha recursos e não precisava de alimentos". (Prunes, 1978, p. 35)

b) Alimentos futuros: ao contrário dos mencionados anteriormente, são aqueles determinados por sentença judicial ou por acordo entre as partes e que devem ser pagos através de prestações periódicas, mensais, a partir do ingresso do processo, ou melhor, da citação da parte requerida. Em caso de não-pagamento, estes sim, independentemente do período de inadimplência, podem ser exigidos, através do procedimento adequado.

1.2.5. Quanto à modalidade

Cahali (1998), ao discutir a modalidade da obrigação alimentar, divide-a em própria e imprópria.

a) Obrigação alimentar própria: diz respeito à prestação de tudo aquilo que é preciso para a manutenção da pessoa.

b) Obrigação alimentar imprópria: possui como conteúdo o fornecimento de bens necessários à subsistência, através do pagamento de uma prestação, o que é feito sob a forma de pensão, cujo crédito encontra garantia no patrimônio do obrigado. (Cahali, 1998)

1.3. Características dos alimentos

A prestação de verba alimentícia possui várias características, sendo que de todas a que diz respeito a ser direito personalíssimo é, de fato, uma das mais importantes. Justamente por este motivo, ao discorrer sobre as características, elencando e discutindo-as, esta será a primeira a comportar análise.

1.3.1. O direito personalíssimo à prestação alimentar

O direito ao recebimento de alimentos é personalíssimo no sentido de que não pode ser repassado a outrem, seja através de negócio, seja de outro acontecimento jurídico. É assim considerado por tratar-se de uma das formas de garantir o direito à vida, assegurado constitucionalmente,[9] e que não pode faltar ao cidadão o necessário

---

[9] O direito à vida é garantido constitucionalmente pelo artigo 5º *caput* sendo que "cabe ao Estado assegurá-lo em sua dupla acepção, sendo a primeira relacionada ao direito de continuar vivo e a segunda de se ter vida digna quanto à subsistência." (Moraes, 2000, p. 61).

à manutenção de sua existência, tanto concernente a alimentação, quanto em relação à saúde, educação e lazer.

A maioria dos doutrinadores, ao discorrer sobre os alimentos como direito personalíssimo, garantidor da vida, relaciona que deste decorrem outras características como a intransmissibilidade, imprescritibilidade e impenhorabilidade. Todas estas características dizem respeito justamente ao fato de que se pretende proteger e assegurar a sobrevivência digna de quem se encontra necessitado de auxílio financeiro para manter-se.

1.3.2. A irrenunciabilidade ao direito alimentar

O direito à prestação alimentícia não admite renúncia conforme art. 404[10] do Código Civil Brasileiro, que é bastante claro ao dispor que se pode deixar de exercê-lo, mas não renunciar ao direito a alimentos.

Tal irrenunciabilidade é decorrente do fato de que, sendo o direito a alimentos personalíssimo, é tutelado pelo Estado, predominando o interesse público, que não permite sejam agravados seus encargos com o sustento de pessoas necessitadas, quando poderiam obter auxílio daqueles a quem a lei determina que o prestem. (Cahali, 1998)

No entanto, há de se observar que, de acordo com o mesmo artigo mencionado anteriormente, o que é irrenunciável é o direito aos alimentos, não o seu exercício. Assim, pode a pessoa possuir verba alimentar ajustada judicialmente e, deixando de exercer seu direito, não recebê-la e não executar o débito existente favorável a si, em caso de inadimplemento do devedor. Neste sentido:

> O que ninguém pode fazer é renunciar a alimentos futuros, a que faça jus, obrigando-se a não reclamá-los, mas aos alimentos devidos e não prestados, o alimentando pode fazê-lo, pois lhe é permitido expressamente deixar de exercer o direito. (Gomes, 1987, p. 409)

---

[10] Este artigo recebeu a seguinte redação no novo Código Civil brasileiro que entrará em vigor em 2003:

Art. 1707 – Pode o credor não exercer, porém lhe é vedado renunciar o direito a alimentos, sendo o respectivo crédito insuscetível de cessão, transação, compensação ou penhora.

Segundo Francisco José Cahali (2001, p. 188), este é um campo fértil de discussões, pois "contrariando a tendência doutrinária e pretoriana, o novo Código registra ser irrenunciável o direito a alimentos, sem excepcionar a origem da obrigação, fazendo incidir, pois, esta limitação a pensão decorrente também da dissolução da sociedade conjugal. E vai além: confirmando ser esta a sua intenção, estabelece expressamente a possibilidade do cônjuge separado judicialmente vir a pleitear alimentos do outro, diante de necessidade superveniente." No entanto, os alimentos devidos entre os cônjuges, em função da dissolução da sociedade conjugal não são objeto do presente trabalho, conforme o referido já na introdução.

ALIMENTOS – da ação à execução

Conseqüentemente, não sendo possível efetuar a renúncia com relação ao direito a alimentos cabe ao alimentando, optar, segundo suas condições, dentre elas a financeira, pelo recebimento ou não dos alimentos, utilizando-se dos meios judiciais cabíveis para fazer valer seu direito em caso de descumprimento do avençado ou determinado judicialmente.

1.3.3. Impenhorabilidade

Também por ser direito personalíssimo, o direito a alimentos é impenhorável, uma vez que, em sendo penhoradas as parcelas alimentares, estar-se-ia privando o alimentando do direito à sobrevivência. O fundamento legal desta característica encontra-se no artigo 649, VII, do CPC, que diz serem impenhoráveis as pensões, as tenças e os montepios quando destinados ao sustento do devedor e de sua família.

No entanto, é necessário observar que:

> Os alimentos são impenhoráveis no estado de crédito, a impenhorabilidade não acompanhando os bens em que forem convertidos. A penhora pode recair na soma de alimentos proveniente do recebimento de prestações atrasadas. (Gomes, 1987, p. 411)

Diante de tal afirmativa, poderia ser penhorado não aquilo que fosse o necessário para a mantença do alimentante, pago mensalmente na forma de prestação alimentar periódica, mas aquilo que o mesmo tenha adquirido com o pagamento da verba alimentar, ou mesmo o montante daquelas que se encontram em atraso.[11]

Ainda, uma exceção à impenhorabilidade da verba alimentar diz respeito àqueles credores que forneceram ao alimentando o necessário para sua mantença e que não obtiveram adimplemento dos débitos efetuados por este. Ora, se a impenhorabilidade dos alimentos é imposta com o fulcro de garantir o direito à vida, esta não pode ser considerada com relação àqueles que forneceram ao alimentário o necessário para sua manutenção e que não o deixaram perecer.

1.3.4. Intransmissibilidade

A discussão sobre este tema determina que se estude o artigo 402 do CC que refere ser a intransmissibilidade[12] mais uma conse-

---

[11] Tal afirmativa se deve ao fato de que muitos doutrinadores entendem que as prestações alimentícias atrasadas e inadimplidas, passariam a integrar o patrimônio do devedor, perdendo seu condão alimentar e podem, conseqüentemente, ser objeto de penhora.

[12] Segundo Cahali (1998), a intransmissibilidade pode ser ativa ou passiva, no sentido de que a obrigação alimentar se extingue quer pela morte do alimentário, quer do alimentante, não obstante o Código Civil relacionar apenas a intransmissibilidade passiva.

qüência do caráter personalíssimo dos alimentos, no sentido de que não se transmite aos herdeiros do devedor a verba alimentar de sua obrigação. Já o artigo 23 da Lei 6.515/77 refere que a obrigação de prestar alimentos transmite-se aos herdeiros do devedor na forma do artigo 1.796[13] do CC.

Geraram, portanto, duas versões antagônicas que tratam de uma mesma relação jurídica, sendo necessário harmonizar sua utilização, criando-se solução que permita contornar o impasse. Para Marmitt (1999, p. 24), não se trata de revogação da legislação mais antiga pela mais nova, e sim de utilização de ambas, conforme interpretação majoritária afirmando que a remissão feita pelo artigo 23, já mencionado, ao 1.796 é de que aos herdeiros do alimentante cabe arcar com a dívida já contraída por este, até a data de seu falecimento, em caso de inadimplemento. Assim:

> Transmissíveis são as dívidas do extinto, aqueles valores que contra ele eram exigíveis ao ensejo do seu passamento. A transmissão limita-se, assim, ao débito existente até a morte do devedor, observadas as forças da herança. E os atrasados, *in casu*, já perderam o caráter de pensão alimentar passando a representar dívida comum que comporá o passivo do espólio.

Tal interpretação, conforme o já referido, dá-se justamente em função do caráter personalíssimo de que se revestem os alimentos, uma vez que tanto o direito de recebê-los, quanto o dever de prestá-los não ultrapassa a pessoa de seus titulares, sendo injusto que se obriguem os herdeiros do alimentante a assumir os encargos futuros quanto ao pagamento de verba alimentar que era de obrigação do *de cujus* .

Diante disso, resulta ofensiva à regra do art. 23 da Lei 6.515/77 a decisão que negou ao filho menor o direito de ação cautelar para obter do espólio do pai, administrado por outro herdeiro com o qual está em aparente conflito, a fixação de pensão alimentar provisional, até que se ultime o inventário. Neste sentido:

> O art. 402 do C. Civil estabelece a intransmissibilidade aos herdeiros da obrigação de prestar alimentos. E assim sempre se entendeu e decidiu no Brasil até a superveniência da Lei do Divórcio, cujo art. 23 assim dispõe: «A obrigação de prestar alimentos transmite-se aos herdeiros do devedor, na forma do art. 1.796 do C. Civil».

---

[13] Mas, o futuro Código Civil é taxativo seu artigo 1.700 que diz que a obrigação de prestar alimentos transmite-se aos herdeiros do devedor na forma do art. 1.694.Assim, o novo Código Civil não dirimiu as dúvidas, ao contrário, alimentou-as. Francisco José Cahali (2001, p. 186-187) refere: "há quem sustente a imposição do encargo ao espólio, apenas no limite das parcelas vencidas e não pagas, embora, em nosso ver corretamente, a tendência seja transmitir a obrigação, e não apenas as prestações, aos sucessores, mas em caráter excepcional e de acordo com as forças da herança".

A primeira dificuldade surge para definir as situações a que se aplica o mencionado art. 23 da Lei 6.515/77. Apenas se entende aos alimentos devidos à mulher, na separação judicial, por ser esta a matéria regulada na seção onde se encontra o dispositivo em exame, ou também apanha a obrigação de prestar alimentos ao filho? Em segundo lugar, cumpre examinar se, inexistindo prévia separação, aplica-se a regra da transmissibilidade da obrigação em favor do filho menor. Penso que a solução deve ser ditada pela situação de necessidade de o filho receber alimentos e não dispor da administração dos bens deixados pelo pai, nem de acesso aos rendimentos do espólio.

Na hipótese de falecimento do pai e abertura do seu inventário, o filho necessitado pode invocar a regra do art. 23 da Lei do Divórcio, ainda que não se trate de dissolução da sociedade pela separação judicial.

O seguinte tema diz com o alcance temporal de regra do art. 23 da Lei do Divórcio, sobre o que contendem doutrina e jurisprudência.

A melhor alternativa decisória é aquela que assegura ao filho necessitado o direito de obter do espólio os alimentos que este possa fornecer, em substituição àqueles que o menor recebia em vida do autor da herança, até o pagamento dos quinhões, quando então presumivelmente o alimentando poderá extrair dessa quota o necessário para a sua sobrevivência.[14]

No entanto, Cahali (1998) aponta uma excepcionalidade em tal regra que diz respeito ao fato do alimentando não ser herdeiro do falecido, e sim cônjuge, como seria o exemplo da mulher que, separada judicialmente do marido, viu fixada verba alimentar em seu favor. Posteriormente, com sua morte, esta teria direito ao recebimento daquele valor que seria adimplido por meio da herança deixada. Tal posicionamento vem encontrando respaldo jurisprudencial e em grandes doutrinadores como Antunes Varela (1980) e Sílvio Rodrigues (1978). Neste sentido, a jurisprudência citada por Cahali (1998, p. 86) confirma:

Não há dúvida de que, a teor do artigo 23 da Lei 6.515/77, a obrigação alimentar, embora revestida de caráter personalíssimo, porém, fungível na forma de solvê-la, não impõe a prestação pessoal do devedor, e desse modo transmite-se aos herdeiros do devedor no caso de se tratar de alimentos devidos por um cônjuge ao outro, eis que inserido tal dispositivo no capítulo sobre a dissolução da sociedade conjugal. (04.02.88, RT 629/110)

Tal ensinamento tem a intenção de assegurar à ex-esposa do falecido uma vida digna, respeitando e acolhendo o entendimento

---

[14] Alimentos. Sucessão. Ação contra espólio.
O filho menor tem o direito de promover ação cautelar para obter alimentos provisionais do espólio do pai, enquanto se processa o inventário.
Interpretação do art. 23 da Lei 6.515/77. Art. 402 do CCivil. Recurso conhecido e parcialmente provido.
Rec. Esp. 60.635 - Rio Grande do Sul - Rel.: Min. Ruy Rosado de Aguiar - J. em 03/02/2000 - DJ 30/10/2000 - STJ (JBSTFSTJ 185/ 621, 622 e 623).

de que sozinha não pode prover seu próprio sustento e por isso vinha sendo pensionada. Assim, receberia alimentos devidos pelos herdeiros do mesmo, nos limites da herança deixada, assegurando, para si, uma existência digna.

1.3.5. Imprescritibilidade

O direito a alimentos é imprescritível,[15] sendo que somente prescreve em cinco anos, segundo o artigo 178[16] do CC a execução das prestações alimentícias em atraso. Nesta esteira, o artigo 23 da Lei de Alimentos ressalta que a prescrição referida só alcança as prestações mensais e não o direito a alimentos.

No entanto, é preciso que se determine o alcance desta imprescritibilidade da verba alimentar, que vem muito bem exposto por Gomes quando este relaciona que é necessário evidenciar três situações:

> 1ª, aquela em que ainda não se conjuminaram os pressupostos objetivos, como, por exemplo, se a pessoa obrigada a prestar os alimentos não está em condições de ministrá-los; 2ª, aquela em que tais pressupostos existem, mas o direito não é exercido pela pessoa que faz jus aos alimentos; 3ª, aquela em que o alimentando interrompe o recebimento das prestações deixando de exigir do obrigado a dívida a cujo pagamento está este adstrito. (Gomes, 1987, p. 409)

Ainda, no dizer de Gomes (1987), na primeira hipótese elencada, não se pode cogitar de prescrição, uma vez que o direito ainda não existe. Na segunda, sim, pois o seu exercício não se tranca pelo decurso do tempo. Na terceira, é admitida a prescrição, não do direito em si mas das prestações vencidas e inadimplidas no prazo de cinco anos.

1.3.6. Irrepetibilidade

Os alimentos, uma vez pagos, independentemente de serem provisionais ou definitivos, não serão objeto de devolução. Mesmo que o alimentante, condenado ao pagamento de verba alimentar em primeira instância, obtenha, através de recurso, decisão no sentido

---

[15] Segundo Marmitt (1999, p. 30), "a imprescritibilidade condiz com a irrenunciabilidade do direito alimentar. Mas a irrenunciabilidade restringe-se aos alimentos devidos entre parentes, *jure sanguinis*, não sendo extensivas às outras espécies de alimentos, nem aos devidos entre cônjuges que não são parentes consanguíneos."

[16] O novo Código Civil brasileiro diminui de cinco para dois anos o período de prescrição no artigo 206 que prevê:
Art. 206. Prescreve: ...
§ 2º Em dois anos, a pretensão para haver prestações alimentares, a partir da data em que se vencerem.

de alterar ou exorá-lo do encargo a que se viu obrigado, não poderá ver-se restituído dos valores já despendidos a título de adimplemento dos alimentos.

No entanto, não obstante a doutrina e a jurisprudência brasileiras concentrarem a grande maioria de seus entendimentos neste sentido, existem exceções a esta característica do direito a alimentos que diz respeito justamente ao fato daqueles "alimentos provisionais conseguidos sub-repticiamente, através de lide temerária, onde se enganou o juízo, agindo com dolo, má-fé ou fraude." (Marmitt, 1999, p. 21) Por outro lado, na mesma seara, poderia-se admitir a restituição dos alimentos quando quem os prestou não os devia, mas somente quando se fizer a prova de que cabia a terceiro a obrigação alimentar, pois o alimentado, utilizando-se dos alimentos não teve nenhum enriquecimento ilícito. A norma adotada pelo nosso direito é destarte a seguinte: quem forneceu os alimentos pensando erradamente que os devia, pode exigir a restituição dos valores do terceiro que realmente devia fornecê-los.

O que se pode perceber é que, diante da irrepetibilidade dos alimentos as exceções dizem respeito à má-fé do alimentando e ao fato de que deveriam ser prestados por terceiros, sendo que deles poderão ser cobrados e não do alimentando que os recebeu, conforme se pode depreender dos autores referidos. Afora estes casos, sendo pagos, não poderão ser objeto de ressarcimento por parte de quem os pagou.

1.3.7. Incompensabilidade

A compensação de dívidas poderá ocorrer mesmo quando diferentes as causas que ocasionaram estas mesmas dívidas. No entanto o art. 1015[17] do CC traz uma exceção quando põe em comento as dívidas que têm origem no comodato, depósito ou alimentos. Depreende-se daí que as dívidas alimentares não possuem compensação por se tratar de obrigações que visam ou manter a sobrevivência humana de pessoas desprovidas de recursos ou meios de obtê-las individualmente.

Neste sentido, Cahali (1998, p. 114) argumenta referindo: "aliás, tem-se deduzido que, pelo fato de não se admitir nas ações de alimentos a compensação de dívidas, daí resultaria a impossibilidade

---

[17] Este artigo não sofreu alterações quando da elaboração do novo Código Civil permanecendo com a seguinte redação:
Art. 373. A diferença de causa nas dívidas não impede a compensação, exceto:
I - se provier de esbulho, furto ou roubo;
II - se uma se originar de comodato, depósito ou alimentos;
III - se uma for de coisa não suscetível de penhora.

de reconvenção". Certamente, se vedado compensar dívidas, impossível reconvir em ações de alimentos objetivando esta mesma compensação, pois, em qualquer uma das hipóteses, o objetivo dos alimentos estaria sendo ferido na sua essência, ou seja, proporcionar ao alimentando a sobrevivência.[18]

1.3.8. Ausência de solidariedade nos alimentos

Não sendo solidária a obrigação de prestar alimentos, existindo mais de um alimentante, cada um responde por sua parte no débito não havendo solidariedade pelo débito no todo.

No caso de existir mais de um alimentante, o alimentando deverá propor a ação contra todos, conforme preceitua o artigo 890[19] do CC, o que, se não respeitado, é caso de nulidade do processo. No entanto, deve-se observar a proporção entre as necessidades do alimentando e as possibilidades dos alimentantes no momento de fixação do *quantum*, sendo perfeitamente possível que os valores prestados pelos primeiros sejam diferentes, respeitadas as condições financeiras de cada um.

---

[18] Esta discussão volta a ser feita no capítulo 9, quando se trata da possibilidade de compensar alimentos.

[19] Este artigo não sofreu alteração no futuro Código Civil brasileiro, sendo apenas remunerado e permanecendo com a seguinte redação:
Art. 257. Havendo mais de um devedor ou mais de um credor em obrigação divisível, esta presume-se dividida em tantas obrigações, iguais e distintas, quantos os credores ou devedores.

2. Da obrigação de alimentar

2.1. Do caráter de ordem pública da obrigação de prestar alimentos

Primeiramente, a obrigação alimentar dizia respeito ao dever dos pais de alimentar e criar os filhos, que, adultos, teriam condições de fazê-lo por si mesmos. Em sendo o alimentando órfão, este dever estaria concentrado sobre os parentes mais próximos, em função dos vínculos afetivos, exigindo-se entre o primeiro e o alimentante uma relação familiar.[20] (Cahali, 1998)

No entanto, atualmente o dever de alimentar vai além de tal concepção, tratando-se de obrigação imposta àqueles a quem a lei determina que prestem o necessário para manutenção de outro, seja por imposição legal, contratual ou em função de algum delito cometido.

O interesse que se pretende assegurar com a imposição da obrigação alimentar contra uns, em favor de outros, é o direito à vida,[21] personalíssimo, cuja proteção também interessa primeiramente à família, onde se encontra inserido o indivíduo e, posteriormente, ao Estado, o que aponta o caráter publicístico da obrigação alimentar.

Na verdade, o primeiro grupo onde o indivíduo se encontra inserido é a família, da qual faz parte desde seu nascimento e que

---

[20] Pelissier *apud* Cahali, diz que "todos os homens são irmãos, cada um deve, segundo a lei natural, vir em auxílio do outro na sua miséria; mas esse dever de solidariedade é muito geral para ser consagrado pelo direito; assim sendo, não será senão em agrupamentos limitados, claramente definidos, que aquele dever de solidariedade dá nascimento a uma obrigação alimentar; o grupo mais restrito, aquele onde essa solidariedade é mais expressiva, é o agrupamento familiar; os membros de uma mesma família são unidos por vínculos de afeição e de interesses particularmente fortes". (1998, p. 33) Tal assertiva confirma o dever de alimentar existente por laços familiares, precursores da obrigação alimentar existente hoje, cujas fontes vão além dos laços consangüíneos, conforme o já referido.

[21] Neste sentido, o artigo 5º da Constituição Brasileira assegura, dentre outros direitos fundamentais, o direito à vida, que somente poderá manter-se, se disponíveis meios possibilitadores, dentre eles os alimentos.

ALIMENTOS – da ação à execução

lhe é (ou deveria ser) a grande garantidora da sobrevivência, possuindo uma função procriativa, econômica e socializadora. Quando a família se desestabiliza e perde tais características, dentre elas sua capacidade econômica, cabe ao Estado garantir a sobrevivência de seus membros, intervindo com o intuito de resgatar tais funções através da prestação jurisdicional ou de outras formas fomentadoras da sobrevivência do grupo.

Tal fato é corroborado quando se observa que a doutrina se orienta no sentido de

> reconhecer o caráter de ordem pública das normas disciplinadoras da obrigação legal de alimentos, no pressuposto de que elas concernem não apenas aos interesses privados do credor, mas igualmente ao interesse geral assim, sem prejuízo de seu acendrado conteúdo moral, a dívida alimentar *veramente interest rei publicae*, embora sendo o crédito alimentar estritamente ligado à pessoa do beneficiário, as regras que o governam, são, como todas aquelas relativas à integridade da pessoa, sua conservação e sobrevivência, como direitos inerentes à personalidade, normas de ordem pública, ainda impostas por motivo de humanidade, de piedade ou solidariedade, pois resultam do vínculo de família, que o legislador considera essencial preservar. (Cahali, 1998, p. 36)

Justamente desta natureza publicística surgem conseqüências que demonstram características fundamentais da obrigação alimentar que dizem respeito ao fato de que as regras gerenciadoras de tal obrigação não podem ser alteradas ou derrogadas por acordo entre as partes, bem como não podem ser objeto de transação ou renúncia, conforme o já abordado anteriormente quando se discutiram as características da obrigação alimentar.

Diante de tais circunstâncias, pode-se entender outros institutos legais, que têm como escopo assegurar o adimplemento da verba alimentar previamente estabelecida, como os que dizem respeito à coerção pessoal restritiva de liberdade ou então aquele que utiliza o patrimônio do executado como garantia da dívida. Na verdade, o objetivo final é garantir que a vida do alimentando não pereça.

2.2. Do caráter patrimonial da obrigação de alimentar

Quando se pretende discorrer sobre a palavra obrigação, deve-se levar em consideração que ela, em sentido coloquial, "se identifica com qualquer espécie de dever moral, social, religioso ou jurídico". (Wald, 1998, p. 25) Para discutir o termo obrigação entrelaçado à prestação alimentar, ou seja, a obrigação de prestar alimentos, é necessário levar em consideração que esta primeiramente era uma obrigação moral, efetuada por quem tinha condições para tanto, em favor daquele que não as possuía. Posteriormente, tornou-se dever legal de quem tem obrigação legal de fazê-lo, em favor de outro necessitado e menos favorecido.

Assim, como conceito geral de obrigação, diz-se que:

> Obrigação é o vínculo jurídico temporário pelo qual a parte credora (uma ou mais pessoas) pode exigir da parte devedora (uma ou mais pessoas) uma prestação patrimonial e agir judicialmente sobre seu patrimônio, se não for satisfeita espontaneamente. (Wald, 1998, p. 26)

Diante de tal afirmativa, deve-se levar em consideração que onde existe uma obrigação existem também os sujeitos: - a parte credora e a parte devedora (que poderão ser, respectivamente, uma ou mais pessoas, naturais ou jurídicas) - e a prestação que eles devem satisfazer (dar, fazer ou não fazer alguma coisa).

Por outro lado, importa observar que esta mesma prestação deve ter conteúdo patrimonial,[22] ser lícita, determinada ou determinável[23] e possível.[24] (Wald, 1998, p. 26)

Quando se discute a verba alimentar, é sempre imprescindível atentar para o fato de que se trata de uma obrigação, mas uma obrigação com peculiaridades, pois diz respeito à manutenção do ser humano. Por deveras que existem grandes e acirradas discussões sobre o caráter patrimonial ou não infligido à prestação de alimentos, sendo que existem três posicionamentos fundamentais a este respeito:

> 1ª, a dos que o consideram *direito pessoal extrapatrimonial*; 2ª, dos que o classificam como *direito patrimonial*; 3ª , a dos que lhe atribuem natureza mista, qualificando-o como um direito de *conteúdo patrimonial e finalidade pessoal*. (Gomes, 1987, p. 412)

Assim, segundo a primeira corrente, tratando-se de manter a vida do alimentando, de direito personalíssimo, não deve a prestação alimentícia ser revestida de cunho patrimonial e sim pessoal.[25]

---

[22] O conteúdo patrimonial aqui diz respeito à expressão econômica que a obrigação deve possuir pois "não é considerado como obrigação o dever jurídico que, no caso de inadimplemento do devedor, não se possa resolver em perdas e danos, fixados necessariamente em dinheiro" (Wald, 1998, p. 39).

[23] Diz-se que uma obrigação deve ser determinada ou determinável pois não pode ficar ao livre arbítrio do devedor a forma e o momento de satisfazê-la. Por outro lado, desta obrigação deve-se extrair título líquido e certo para, no caso de inadimplemento, instruir a devida e necessária execução.

[24] "Esta impossibilidade é ser absoluta ou objetiva, quando existe para todos os membros da coletividade, por motivos físicos ou em virtude da lei. Tal impossibilidade importa em nulidade da obrigação. Já a impossibilidade relativa ou subjetiva é a que só ocorre para o sujeito passivo da relação jurídica, mas não para todas as pessoas, e importa no dever, para o inadimplente, de ressarcir os danos decorrentes do não cumprimento da obrigação assumida". (Wald, 1998, p. 38-39)

[25] Pode-se apoiar tal afirmativa em algumas características da verba alimentar como a: impenhorabilidade, inalienabilidade e imprescritibilidade.

ALIMENTOS – da ação à execução

Neste mesmo sentido, orienta-se pelo fato de que "não pode ser incluída na categoria das relações jurídicas patrimoniais em razão de seu fundamento ético-social" (Gomes, 1987, p. 412).

Tal afirmativa é corroborada por autores que salientam que a inserção da obrigação alimentar no direito de família demonstra o interesse familiar revestido de caráter personalíssimo, com uma característica bastante peculiar: o de fazer parte de relações interprivadas. Este posicionamento vinha apoiado no fato de que o interesse no cumprimento da obrigação alimentar não seria patrimonial mas meramente familiar, levando-se em consideração sempre o caráter social daquele mesmo instituto (Cicu, 1910).

No entanto, conforme a segunda corrente doutrinária já referida, embora caracterizada como um direito pessoal, existindo com o intuito de garantir a sobrevivência de outrem, possuindo caráter familiar e, por isso mesmo, especial, a obrigação de pagar alimentos diz respeito ao adimplemento de uma prestação que, invariavelmente, possui dois sujeitos (credor e devedor) e que tem como resultado o acréscimo do patrimônio de um ante a diminuição do patrimônio do outro. Neste sentido, iguala-se às demais execuções, até mesmo aquelas que fogem ao Direito de Família, pois possuem os mesmos elementos caracterizadores e, em caso de descumprimento, o inadimplente pode ser executado.

Finalmente, pela terceira corrente, pode-se concluir que a obrigação alimentar possui dois elementos: o pessoal e o patrimonial, que existem precipuamente e geram toda a polêmica já mencionada, dividindo a opinião dos doutrinadores. Não obstante tal conclusão, alguns lidadores do Direito procuram encontrar uma escala de importância para ambos e, neste sentido, também se dividem as opiniões sobressaindo-se para alguns o caráter pessoal ao patrimonial e vice-versa. Neste sentido:

> Reconhecida, por inevitável, a presença concomitante dos dois elementos - o pessoal e o patrimonial – na integração da obrigação alimentícia, a especialidade que apresenta o encargo no âmbito do direito privado, induz o reconhecimento da prevalência do primeiro elemento. (Cahali, 1998, p.33)

Por outro lado, importante reconhecer que o caráter patrimonial de tal obrigação apresenta-se com força redobrada quando se trata de débito vencido por mais de três meses consecutivos. Tal afirmativa vem reforçada pelo uso habitual da execução regida pela ameaça de coerção física com relação às prestações vencidas nos últimos três meses, que poderiam ceifar, provisoriamente, a liberdade do devedor, com o intuito de obrigá-lo a cumprir seu dever, garantindo, assim, a sobrevivência do alimentando. Importa salientar que, a jurisprudência e a doutrina mais recente têm combatido tal afirmação, conforme se pode verificar no capítulo dois deste estudo.

Mas, existe também a execução das parcelas vencidas por período superior e que encontra suporte na constrição do patrimônio do devedor. Ocorre que tal interpretação é derivada do fato de que, nesta última execução os valores impagos já fariam parte do patrimônio do devedor, uma vez que o credor já teria sobrevivido à sua falta, tendo garantido sua existência através de esforço próprio ou com a ajuda de terceiros, utilizando-se, então, daquele meio, para reaver um direito seu, integrante agora de seu patrimônio, descaracterizado, pelo passar do tempo, do elemento pessoal. Neste caso, o elemento patrimonial do qual se reveste a obrigação alimentar se sobressai ao pessoal.

Assim, embora, a obrigação alimentar possua os dois elementos já mencionados anteriormente, pessoal e patrimonial, o segundo se apresenta de forma indelével quando se tratar de execução de alimentos por quantia certa, prevista no artigo 732 do CPC e no artigo 18 da Lei de Alimentos enquanto que, na execução do débito pelo artigo 733 do CPC e pelo artigo 19 da Lei de Alimentos, estar-se-ia procurando preservar o caráter pessoal, como direito à vida e à sobrevivência do alimentante.

2.3. Pressupostos da obrigação alimentar

A obrigação alimentar, como qualquer outra obrigação, possui alguns pressupostos (de configuração, de exigibilidade e de potencialidade financeira de pagamento) que dizem respeito aos sujeitos e à prestação em relação à qual estes têm direitos e deveres. Por outro lado, deve-se considerar que aqui se discute apenas a obrigação alimentar proveniente do Direito de Família, prestada em função desses laços e da qual se pode enumerar como pressupostos:

a) Existência de vínculo familiar entre alimentante e alimentando: a existência de tal vínculo é fator preponderante para que se determine a obrigação de prestar alimentos, observando-se que nem todas as pessoas ligadas por laços familiares são obrigadas a prestá-los, restringindo-se aos "ascendentes, os descendentes, os irmãos assim germanos como unilaterais, e os cônjuges." (Gomes, 1987, p. 407)

Por conseguinte, a existência de vínculo familiar é um dos pressupostos de configuração da obrigação de alimentar, pois através deles verifica-se quem pode pedir e quem deve prestar os alimentos.

ALIMENTOS – da ação à execução

b) A necessidade do alimentando: além dos laços familiares ensejadores da obrigação de alimentar, faz-se imprescindível também que se verifique a necessidade[26] de recebê-los por parte do alimentando, conforme artigo 399[27] do CC. Esta última condição deve ser buscada no sentido de não favorecer ao preguiçoso que tenha intenção de, apoiado pela prestação alimentar, deixar de trabalhar. Assim: "a subordinação do direito à prestação de alimentos ao fato de não poder o alimentando manter-se por seu trabalho justifica-se pela necessidade de desencorajar o ócio." (Gomes, 1987, p. 407)

Mas, a impossibilidade do alimentando de prover o seu próprio sustento pode advir de incapacidade física ou mental para a atividade laborativa, doença, idade avançada ou crise econômica e calamidade pública que resulte em absoluta falta de trabalho (Cahali, 1998). No entanto, mesmo que este alimentando trabalhe, isto não impede que possa exercer seu direito à verba alimentar, se o salário auferido não é o suficiente para sua manutenção.

Por outro lado, a comprovação da necessidade de receber alimentos é um dos pressupostos de exigibilidade da obrigação alimentar, pois através dele é que se pode analisar, de forma justa, quem pode exercer tal direito.

c) As possibilidades do alimentante: no entanto, mesmo demonstrada a existência de laços ensejadores da obrigação e a necessidade de quem deve recebê-la, faz-se imprescindível apontar a possibilidade de quem deve prestá-los. Assim, o que se verifica é a importância de se estabelecer e comprovar as condições do alimentante arcar com sua obrigação que, por conseguinte, será estabelecida dentro de suas possibilidades, de modo que possa satisfazê-la.

Este é mais um pressuposto da obrigação alimentar, de modo que, inexistente, diz-se que torna inexeqüível a satisfação do débito. A impossibilidade econômica se evidencia quando o devedor não possui condições de satisfazer a verba alimentar sem que lhe falte o necessário para sua própria sobrevivência. O caminho a ser tomado,

---

[26] Alguns autores, ao discorrer sobre o assunto, referem-se ao alimentando como miserável ou aquele que está em estado de miserabilidade. Entendemos, no entanto, que não se faz necessário que o alimentando seja, ou esteja, miserável e sim que necessite da verba alimentar para assegurar sua sobrevivência em virtude de não possuir condições de fazê-lo por si só. Poderia citar como exemplo o filho menor que estuda e, mesmo exercendo atividade remunerada, o salário auferido não é suficiente para manter os gastos com alimentação, saúde, lazer e com os estudos, sendo, portanto, dever do pai e/ou da mãe auxiliá-lo.

[27] Este artigo vem assim disciplinado no novo Código Civil:
Art. 1695 – São devidos os alimentos quando quem os pretende não tem bens suficientes, nem pode prover, pelo seu trabalho, a própria mantença, e aquele, de quem se reclamam pode fornecê-los , sem desfalque do necessário ao seu sustento.

então, é o ajuizamento de ação judicial que possa revisar os valores pré-fixados, ou mesmo, dependendo das circunstâncias, exonerá-lo da obrigação.

Observe-se que a capacidade econômica do alimentante "subsiste senão em relação ao patrimônio líquido do obrigado, depurado dos débitos, pois somente depois de satisfeitos estes, pode aquele ser compelido a ministrar alimentos." (Cahali, 1998, p. 752)

Não obstante tal posicionamento, entendemos que as circunstâncias do caso concreto devem ser observadas, uma vez que não se admite que o obrigado a prestar alimentos alegue impossibilidade econômica porque seu patrimônio se encontra totalmente comprometido com débitos, se estes dizem respeito tão-somente a dívidas luxuosas. Exemplo seria a aquisição de carro importado, através de consórcio ou financiamento, que, unido às demais parcelas gastas mensalmente pelo alimentante, impeçam o mesmo de prestar alimentos ou que o faça alcançá-los de forma módica. Não se admite que possua condições de manter caprichos em detrimento da sobrevivência do alimentando.

2.4. Da proporcionalidade na fixação da verba alimentar

Assim, torna-se imprescindível que se analise a proporcionalidade regrada pelo artigo 400[28] do CC no concernente a alimentos, respeitadas as necessidades do alimentando e as possibilidades do alimentante. Importa lembrar que deve imperar o bom senso, mesmo em situações difíceis, como, por exemplo, uma separação judicial. Ambas as partes devem ter consciência de que não podem viver com o mesmo nível anteriorrmente mantido, devendo enxugar os gastos e, principalmente por parte do alimentando, que nem sempre é possível viver única e exclusivamente da verba alimentar, sendo estes casos exceções à regra.

Daí dizer-se que o magistrado, ao fixar os alimentos, examinará os pressupostos, observando o binômio possibilidade[29] x necessidade,[30] no intuito de proclamar decisão justa. Usualmente, a pensão alimentícia tem sido fixada em trinta pontos percentuais do salário do obrigado, sendo este de utilização jurisprudencial, não fixado

---

[28] O artigo 400 do atual CC não sofre alterações no novo Código Civil brasileiro, porém, vem disposto junto ao artigo 1.694, como § 1º deste.

[29] Que neste caso diz respeito basicamente ao total de vencimentos do obrigado, observados os gastos mensais com sua própria manutenção.

[30] A necessidade será apontada pelos gastos que o alimentando tem com alimentação, vestuário, remédios, estudo, lazer, dentre outros.

legalmente, ao contrário do que a maioria dos leigos no assunto acreditam. Portanto, não impositivo.

Os alimentos também podem, ainda, ser fixados com base no salário mínimo nacional, uma vez que se tratam de uma dívida de valor.[31] A jurisprudência tem assim entendido, pois poderiam ser atualizados de forma mais fácil, adequando-se à grande demanda de execuções por inadimplemento que assolam o Poder Judiciário, o que facilitaria o cálculo dos valores em atraso e evitaria o ajuizamento de ações revisionais de alimentos em função da desvalorização da verba anteriormente determinada. Por outro lado, esta seria uma forma rápida e fácil de o cidadão chegar aos valores que deve pagar ou receber mensalmente, sem precisar recorrer a terceiros que possam efetuar tal cálculo.

2.5. Incidência do percentual da verba alimentar sobre o salário do alimentante

Tratando-se de verba alimentar fixada em percentual do salário auferido pelo alimentante, é importante que se determine qual sua incidência em relação às parcelas que se integram a sua remuneração tais como décimo terceiro salário, férias e FGTS dentre outros. Tais questões são geradoras de polêmica, uma vez que os entendimentos não convergem todos para uma unanimidade quando tratam de tal assunto.

Conforme refere Cahali, (1998, p. 763), é firme a jurisprudência em considerar que "o termo *vencimentos*, *salários* ou *proventos*, não acompanhado de qualquer restrição somente pode corresponder à totalidade dos rendimentos auferidos pelo devedor no desempenho de sua função ou de suas atividades empregatícias". Devido a tal

---

[31] Os alimentos são considerados dívidas de valor em função do artigo 22 da Lei do Divórcio que trata da forma de atualização das prestações. Tal interpretação serve também para as prestações já vencidas e impagas. Neste sentido: "tanto na doutrina quanto na jurisprudência, tornou-se pacífico o entendimento de que os alimentos (mesmo decorrentes de atos ilícitos) representam caso típico de dívida de valor, admitida em lei a revisibilidade das pensões alimentares mesmo quando as partes tiverem convencionado em sentido diverso" (Cahali, 1998, p. 145)

Por outro lado, com relação ao índice apontado no art. 22 da referida Lei, deve ser utilizada "referindo-se à atualização automática da pensão convencionada ou fixada por sentença *à medida que se forem vencendo ou tornando-se exigíveis* (atualização corretiva das prestações vincendas), aplica-se *sem prejuízo de uma segunda correção* segundo parâmetros comuns, em caso de mora ou inadimplemento das referidas prestações, se não forem pagas no respectivo vencimento" (Cahali, 1998, p. 75).

Porém, o art. 1710 do futuro Código Civil brasileiro refere: "as prestações alimentícias, de qualquer natureza, serão atualizadas segundo índice oficial regularmente estabelecido". O que auxilia a dirimir qualquer dúvida suscitada pelo modo anterior de correção dos valores.

entendimento, o décimo terceiro salário bem como a gratificação natalina, mesmo tratando-se de parcelas periódicas se incorporam a remuneração do servidor incidindo sobre ambos os descontos a título de verba alimentar.[32] Justamente por isso não integram os rendimentos do alimentante os valores por ele recebidos a título de gratificações se estas forem pagas de forma eventual, não caracterizando e nem sendo incorporando à sua remuneração. Então, em sendo tais gratificações alcançadas periodicamente, sobre elas incidem os descontos, pois:

> O apelo da autora quer incidência dos alimentos sobre as gratificações semestrais. Tem razão nesta parte o apelo. A gratificação existe e tem carácter de regularidade, como se vê pela informação da fl. 240. Assim, ração normal e prevista do réu . Nestes termos, deve sobre ela incidir o percentual de alimentos. Sem dúvida aquela gratificação tem natureza remuneratória. Não pode ser comparada, por exemplo, com indenizações trabalhistas ou recebimento de fundo de garantia, dado aqui se cogita de verbas inesperadas e imprevisíveis, o que pode comprometer o carácter alimentar (matéria polêmica), pois alimentos dizem com necessidades de todo o instante, o que não tem a ver com verbas que poderá o alimentante jamais auferir. Apelação Cível nº 595114679 - 8ª Câmara Cível - Porto Alegre RJTJRS 175/629, 632 e 633.

Neste mesmo contexto, excluem-se da verba alimentar os valores percebidos a título de horas extras realizadas pelo alimentante, justamente pelo fato de que não integralizam o salário do alimentante e sim são uma forma de indenizar o esforço despendido por este ao realizar tarefas além de suas obrigações ou em horário além daquele já estipulado. A explicação para tal exclusão salienta:

> E a razão não é porque se trate de elemento aleatório ou eventual, que é coisa relevante à definição da base de cálculo dos alimentos, senão porque a verba é destinada a compensar o esforço e o desgastes excepcionais do devedor. E o significado último do argumento está em que não seria justo desfalcá-lo, nem proveitoso, a quem quer que seja, desestimular-lhe a percepção. (Cahali, 1998, p. 767)

Nesta mesma seara, as verbas de representação, a ajuda de custos oferecida ao empregado que viaja a serviço do empregador também não podem ser considerados como renda para fins de alcance da verba alimentar pelo fato de que também não integram os rendimentos do alimentante justamente pela casualidade da qual se encontram revestidos. Ocorre que Cahali (1998) aponta a possibilidade prevista na jurisprudência de que a gratificação de representação por

---

[32] ALIMENTOS. PERCENTUAL SOBRE SALÁRIO. CONCEITO DE RENDIMENTOS. FÉRIAS E HORAS EXTRAS E 13º SALÁRIO.
Fixados os alimentos em percentual sobre os rendimentos líquidos, incidem sobre verbas de 13º salário, qüinqüênios e horas extras, excetuado o 1/3 de férias e o preço de venda de férias. Apelo em parte provido.
Apelação Cível nº 595055120 - 7ª Câmara Cível - Porto Alegre RJTJRS 176/615 e 616.

possuir caráter geral e permanente integraria os vencimentos do empregado, incidindo sobre ela os descontos da verba alimentar.[33]

Com relação aos valores depositados em favor dos trabalhadores a título de FGTS e PIS/PASEP, é entendimento jurisprudencial dominante de que não são alcançados pelos descontos a título de alimentos, por todos os motivos elencados anteriormente.[34] Além disso, existe a situação de que se trata de valores cujo principal objetivo é socorrer o desempregado sem justa causa quando fica sem emprego, remuneração e à mercê da própria sorte.

Em havendo reclamatória trabalhista ajuizada por parte do alimentante, o pagamento de percentual em favor do alimentando a título de alimentos é discutido, havendo entendimentos favoráveis e outros terminantemente contrários. O primeiro posicionamento afirma que a indenização trabalhista, não sendo considerada salário, não faz parte do rol de descontos a título de verba alimentar, pelos fatos já relacionados anteriormente. Já os que defendem sua inclusão no rol daqueles proventos que devem sofrer a incidência de desconto alimentar embasam seus argumentos no fato de que

> Tratando-se de pensão alimentícia, incide sobre os salários e também sobre ganho auferido pelo alimentante a título de indenização pelo rompimento de contrato de trabalho ajustado em favor do alimentado; rompido o contrato de trabalho, desaparece a garantia do alimentando de serem feitos descontos em folha de pagamento do alimentante até que este logre reempregar-se; nada mais justo, pois, que atribuir ao alimentado, em face dos termos amplos do acordo, participação naquilo que o alimentante recebe naquele momento, ainda mais porque essa indenização tem, ela mesma, a finalidade de garantir-lhe a subsistência nos meses de desemprego. (Cahali, 1998, p. 776)

Por outro lado, o aviso prévio é passível de desconto de percentual dos alimentos em favor do alimentando, por possuir conotação de indenização. Não obstante, a conversão de licença-prêmio ou férias em pecúnia, desde que não seja permanente e sim vantagem casual, não é considerada vencimento e sobre ela não incidem os descontos.

Quanto às obrigações alimentares determinadas ou acordadas por alimentante que exerce funções militares, estas vêm disciplina-

---

[33] 2ª CC, TJMT, 12.04.1993, RT 576/247.

[34] AÇÃO DE ALIMENTOS. PENSÃO ALIMENTÍCIA ADEQUADA À SITUAÇÃO FINANCEIRA DO ALIMENTANTE. NÃO-INCIDÊNCIA SOBRE OS VALORES DEPOSITADOS A TÍTULO DE FGTS - A pensão alimentícia deve estar adequada à verba percebida pelo alimentante, entretanto, não deve incidir sobre os depósitos efetuados em nome deste por seu empregador correspondentes ao FGTS, visto que o Fundo tem caráter pessoal e não constitui salário. Recurso provido em parte. (Apelação Cível nº 596109793 - 8ª Câmara Cível - Tramandaí - Rel. Des. João Adalberto Medeiros Fernandez - Julgada em 29-08-96) RJTJRS 180/390.

das pela Lei 8.237/91, que dispõe sobre sua remuneração afirmando, no artigo 77, que a pensão alimentícia faria parte do rol de descontos obrigatórios, não se sujeitando a qualquer limitação, exceto nos casos de determinação judicial ou convenção contrária. Então, são considerados como parcelas mensais para descontos obrigatórios o soldo ou quotas de soldo, gratificações de tempo de serviço, gratificação de habilitação militar.

Os funcionários ou servidores públicos possuem conceitos como vencimentos, proventos e remuneração delimitados pelo Estatuto dos Funcionários Públicos, sendo que, a partir destes, são determinadas as parcelas nas quais possui incidência o desconto em folha de verba alimentar. Assim, a expressão *vencimentos* vem em sentido genérico, abrangendo tudo o que integra a remuneração. *Proventos*, por outro lado, significam os rendimentos da aposentadoria, e rendimentos é a expressão que oferece maior amplitude. (Cahali, 1998)

Ocorre que os funcionários, sejam eles públicos ou não,[35] que receberam valores por conta do Plano de Demissão Voluntária (PDV) não ficam obrigados a transferir parte destes valores para os alimentandos com os quais estão obrigados pois:

---

[35] ALIMENTOS. DESCONTOS SOBRE INDENIZAÇÃO POR TEMPO DE SERVIÇO (PDV). DESCABIMENTO.
Descabe incidência de descontos de alimentos sobre indenização por tempo de serviço, quer se trate de empregado da iniciativa privada, quer de servidor público que se exonera mediante recebimento de indenização. Tem o PDV (Plano de Demissão Voluntária) a finalidade de incentivar o servidor público a se estabelecer por conta própria na iniciativa privada. Assim, autorizar desconto sobre a indenização, além de não atender ao caráter alimentar - porque ausente a necessidade -, inviabiliza que o alimentante se estabeleça e possa continuar alcançando os alimentos. Agravo provido por maioria.
Dr. Carlos Alberto Alves Marques - Ora, se o Sr. Dr. aderiu ao Plano de Demissão Voluntária, é possível que por algum tempo após seu afastamento da EMBRAPA fique sem auferir ganhos salariais. Haveria então o risco de durante tal período ficarem os agravados sem qualquer recurso para atenderem suas necessidades básicas.
"Logo, levando-se em conta que a indenização decorrente daquele plano se assemelha em muito a uma rescisão trabalhista efetivada nos moldes da CLT e considerando-se que naqueles casos têm entendido nossos tribunais que as verbas e rubricas elencadas constituem "salário", cabível o desconto ora impugnado, em especial como garantia dos alimentados que poderiam ficar sem recursos no período em que o alimentante ficasse desempregado.
Nego provimento ao agravo.
Des. Paulo Heerdt - Pedindo vênia ao eminente Relator dou provimento ao agravo, entendendo que o percentual que vinha sendo descontado, a título de alimentos, de 30%, não pode incidir sobre a verba recebida ou que vier o agravante a receber a título de indenização pelo denominado "Plano de Demissões Voluntárias".
Tenho que, conforme já sustentei no Agravo de Instrumento nº 596127365, o referido desconto não teria caráter alimentar, pois estaria em desacordo com as necessidades da alimentanda.
Segundo a própria finalidade da lei que criou o PDV, esse se destina a indenizar o servidor pelos anos de serviço trabalhados para o Estado e lhe possibilitar que se estabeleça por conta própria na iniciativa privada. Agravo de Instrumento nº 596137547 - 7ª Câmara Cível - Pelotas RJTJRS 180/245 a 247.

ADMINISTRATIVO. SERVIDOR PÚBLICO. PLANO DE DEMISSÃO VOLUNTÁRIA. INDENIZAÇÃO. RETENÇÃO DE VALOR A TÍTULO DE PENSÃO ALIMENTÍCIA: DESCABIMENTO.
O valor pago a servidor público, optante do Plano de Demissão Voluntária, não pode experimentar desconto a título de pensão alimentícia, dada a natureza indenizatória de que se vencendo-se mês a mês a pensão, encontrando-se aquele em dia com o pagamento, e o seu fato gerador não se concretizara. Segurança concedida.
O valor proveniente de pedido de demissão voluntária (PDV), ainda que o servidor viesse tendo descontado de seu vencimento pensão alimentar e desde que se encontre em dia com o seu pagamento, não pode experimentar desconto a esse título. Põe-se ilegal, assim, o desconto operado pelo Estado da pensão alimentar da parcela indenizatória devida ao servidor demissionário, até mesmo porque, vencendo-se a pensão alimentar mês a mês, o fato gerador do desconto não se punha presente, então.
Em conseqüência, não vejo um liame de adequação entre os pressupostos do ato e seu objeto, em conseqüência, o conteúdo do mesmo, aliás plenamente demonstrado nas outras informações.
Debalde, busca a autoridade coatora sustentar a validade e juridicidade de seu ato, quando de suas palavras se vê ausente a relação de adequação entre os motivos e a prescrição do ato, o conteúdo.
Mandado de Segurança nº 596128512 - 2º Grupo Cível - Porto Alegre RJTJRS 180/214, 215 e 217.

No entanto, todas afirmativas supramencionadas podem ser revistas, incluindo ou excluindo-se esta ou aquela parcela quando, no acordo firmado entre as partes ou na sentença prolatada, ficar convencionado ou determinado forma diferente do que prega a jurisprudência, respeitando-se o avençado entre os acordantes ou a determinação judicial.

2.6. Quem é obrigado a prestar alimentos

Analisada a obrigação alimentar, bem como seus pressupostos, o próximo passo é definir quem deve prestá-la, dentre aquelas pessoas ligadas pelo vínculo familiar. Importante é verificar que, devido à reciprocidade da prestação de alimentos, que é uma de suas características, eles são devidos de forma tal que quem fica obrigado a prestá-los também pode requerê-los, desde que existentes os pressupostos intrínsecos da obrigação alimentar.

Conseqüentemente, os alimentos são devidos:

a) primeiramente pelos pais, ou seja, os ascendentes em primeiro grau devem ser os primeiros reclamados em caso de necessidade de verba alimentar;

b) pelos outros ascendentes, na falta dos pais ou diante da incapacidade destes, independentemente se maternos ou paternos, sempre aqueles com maior grau de proximidade;

c) pelos descendentes, na inexistência de ascendentes ou impossibilidade destes, cabe aos descendentes a obrigação alimentar, primeiramente aos filhos, depois aos netos, sucessivamente;

d) pelos irmãos, se não houver descendentes, podendo ser germanos ou unilaterais;

e) pelo cônjuge, que não se encontra "nesta ordem sucessiva, porque deve alimentos em circunstâncias especiais"; (Gomes, 1987, p. 413). Trata-se, pois, de obrigação que não se pode fazer valer na constância do casamento uma vez que cada um deve concorrer para adimplir as despesas do casal.

2.7. A satisfação da obrigação alimentar

O posicionamento mais freqüente na doutrina responde que a obrigação alimentar é alternativa, podendo ser satisfeita de dois modos: a) através do pagamento de prestações periódicas, em espécie ou dinheiro, chamada de prestação alimentícia imprópria; b) dando ao alimentando hospedagem e sustento, em casa do alimentante, conhecida como pensão alimentícia própria (Cahali, 1998).

A opção por uma destas duas alternativas deve passar pela anuência do alimentando, quando este for capaz, principalmente quanto à hospedagem, segundo artigo 403[36] do CC cominado com o artigo 25 da Lei de Alimentos, não sendo necessário que relate os motivos de sua recusa. Com relação ao filho incapaz, cabe ao juiz fixar a forma de prestação, segundo as circunstâncias ensejadoras do processo.

Ocorre que o juiz não pode obrigar nenhuma das partes a prestar ou receber a verba alimentar em forma de hospedagem e sustento, pois:

> Se existe situação de incompatibilidade entre alimentante e alimentário, não pode o juiz constranger o segundo a coabitar com o primeiro sob o mesmo teto. Mas, se nenhuma animosidade existe, cabe ao alimentado aceitar hospedagem e sustento

---

[36] No projeto do novo Código Civil brasileiro este artigo passa a ter a seguinte redação:
Art. 1.701 – A pessoa obrigada a suprir alimentos poderá pensionar o alimentando, ou dar-lhe hospedagem e sustento, sem prejuízo do dever de prestar o necessário à sua educação, quando menor.
Parágrafo único – Compete ao juiz, se as circunstâncias o exigirem, fixar a forma do cumprimento da prestação.

em casa do alimentante, se optou por esta forma de solução do encargo. Se o alimentando não aceitar, exonerar-se-á o devedor. (Monteiro, 1980, p. 305)

A verba alimentar prestada de forma própria, ou seja, através de hospedagem e sustento, deve realizar-se na casa do alimentante, não havendo justificativa para que este interne o alimentando num asilo ou instituição que equivalha, a menos que seja da vontade deste também e em casos especiais como, por exemplo, para estudar.

No entanto, não deve o pai, utilizando-se do artigo 403,[37] do CC, requerer o pagamento da prestação na forma de hospedagem apenas com o intuito de se furtar à sua obrigação de alcançar a verba alimentar em dinheiro ou espécie, periodicamente, conforme se vem observando, via de regra. Do mesmo modo, não pode o filho requerer seja determinada a prestação desta ou daquela maneira, se ficar comprovada a impossibilidade de que isso ocorra.

Neste sentido, qualquer acordo ou determinação judicial pode ser revista do mesmo modo como podem ser revistos os alimentos impróprios, pagos em moeda ou em espécie, desde que motivos existam para tanto.

Os alimentos podem ainda ser pagos através do recebimento de aluguéis, ou qualquer outro rendimento do devedor conforme inteligência do artigo 21 da Lei 6.515 de 26.12.77, posterior ao artigo 7º do Decreto-Lei 3.200, de 19.4.41.

Por outro lado, a verba alimentar também pode ser descontada, através de determinação judicial, do salário do alimentante, devendo ser posteriormente entregue ao alimentado ou depositado em sua conta pela empregadora. Tais assuntos terão abordagem mais aprofundada no capítulo que tratará da execução de alimentos.

---

[37] Ver nota anterior.

3. Alimentos pelo pátrio poder e pelo *jus sanguinis*

3.1. Dever e obrigação de alimentar dos pais

Desde a concepção e até que possua condições de, sozinha, prover seu próprio sustento, a criança depende dos pais, independentemente de viverem unidos ou separados, para obter sua alimentação, vestuário, saúde, educação e lazer.

Tal dever vem configurado pelo vínculo sangüíneo, sendo que Marmitt (1999, p. 52), afirma que tal vínculo possui tamanha força que "os titulares do poder familiar devem alimentos independentemente dos recursos do filho menor" ou seja, mesmo que seja abastado, possuindo bens e rendas suficientes para se manter, estas permanecem intocadas, a menos que os pais passem por necessidades, impossibilitados de trabalhar e manterem a si e ao filho. Tal exemplo serve para ilustrar os casos em que os filhos, ainda que menores, possuem patrimônio ou rendas próprios, sendo este administrado pelos pais.[38] Então,

> O titular do pátrio poder, ainda que não tenha o usufruto dos bens do filho, é obrigado a sustentá-lo, mesmo sem o auxílio das rendas do menor e ainda que tais rendas suportem os encargos de alimentação: a obrigação subsiste enquanto menores os filhos, independentemente do estado de necessidade deles, como na hipótese, perfeitamente possível, de se disporem eles de bens (por herança ou doação) enquanto submetidos ao pátrio poder. (Cahali, 1998, p. 543)

O dever alimentar não pode ser transferido a terceiros, sejam eles parentes, tais como avós, ou estranhos. É obrigação dos pais

---

[38] Neste caso, em precisando da utilização daqueles bens para manutenção do filho, por impossibilidade financeira dos pais, podem estes ajuizar a ação competente objetivando, por exemplo a venda judicial de algum bem imóvel, sendo que esta pode ser deferida obedecendo aos seguintes critérios: "a) o dinheiro obtido com a transação será depositado em agência bancária, de preferência oficial, e à disposição do juízo, com o melhor critério de rendimentos; b) o juiz irá deferindo levantamentos periódicos, na medida da necessidade do sustento do pai, ou da mãe, e do filho menor; c) a cada novo levantamento ficará condicionado à prestação de contas do anterior, em tudo intervindo o representante do Ministério Público." (Marmitt, 1999, p. 52).

sustentar e manter sua prole, não podendo relegar tal dever a outrem. Este dever diz respeito ao filho biológico independentemente de ter nascido de união estável, duradoura ou não, e ao filho adotivo, observando-se o preceito constitucional que equipara todas as espécies de filiação, vedando toda e qualquer discriminação entre elas, conforme artigo 227, § 6º, da Constituição Federal de 1988.

Mas, a doutrina identifica duas ordens de obrigação alimentar: uma advinda do pátrio poder, embasada na obrigação de sustento da prole durante a menoridade, conforme artigo 231,[39] inciso IV, do CC; a segunda diz respeito ao vínculo de parentesco em linha reta, estando desvinculada ao pátrio poder.[40] Quando discorre sobre estas duas formas de obrigação, Marmitt (1999, p. 53) salienta que

> a primeira inclui os cuidados com educação e ensino, e a segunda começa onde termina a primeira; a primeira finda com a maioridade, o mesmo não ocorrendo com a segunda, que pode perdurar pela vida toda; a primeira emana só dos deveres paternos, ao passo que a segunda é recíproca entre pais e filhos; a primeira promana dos deveres inerentes ao poder familiar, e a segunda deriva da obrigação *ex jure sanguinis*: a primeira está liberta do princípio da condicionalidade, segundo o qual os alimentos se condicionam à possibilidade de outro enquanto que a segunda a ela se junge, estando adstrita a ele.

Dessa forma, deixar de sustentar o filho implica violação dos deveres do pátrio poder, podendo provocar a perda ou a suspensão do mesmo, conforme artigos 394[41] e 395[42] do CC, no entanto, em

---

[39] Este artigo vem exposto sob número 1.566 do novo Código Civil:
Art. 1.566 - São deveres de ambos os cônjuges:
I – fidelidade recíproca;
II – vida em comum;
III – mútua assistência;
IV – sustento, guarda e educação dos filhos;
V – respeito e considerações mútuos.

[40] Segundo Cahali (1998, p. 542), a obrigação de sustento tem sua causa no pátrio poder que existe para "permitir aos pais o desempenho eficaz de suas funções... são direitos a eles atribuídos, para lhes permitir o cumprimento de suas obrigações em relação à prole; não há pátrio poder senão porque deles se exigem obrigações que assim se expressam: sustento, guarda e educação, dos filhos."

[41] Art. 1.637 do futuro Código Civil brasileiro:
Art. 1.637 – Se o pai, ou a mãe, abusar de sua autoridade, faltando aos deveres a eles inerentes ou arruinando os bens dos filhos, cabe ao juiz, requerendo algum parente, ou o Ministério Público, adotar a medida que lhe pareça reclamada pela segurança do menor e seus haveres, até suspendendo o poder familiar, quando convenha.
Parágrafo único – Suspende-se igualmente o exercício do poder familiar ao pai ou à mãe condenados por sentença irrecorrível, em virtude de crime cuja pena exceda a dois anos de prisão.

[42] Redação dada ao art. 395 do atual CC:
Art. 1.638 – Perderá por ato judicial o poder familiar o pai ou a mãe que:
I – castigar imoderadamente o filho;
II - Deixar o filho em abandono;
III – praticar atos contrários à moral e aos bons costumes;
IV – incidir, reiteradamente, nas faltas previstas no artigo antecedente.

acontecendo tal destituição ou suspensão, os pais permanecem obrigados a sustentar o filho. (Cahali, 1998)

A extinção do pátrio poder se opera, por sua vez, com a morte dos pais ou do filho, com a maioridade deste, pela adoção ou pela emancipação. No entanto, nem sempre significa a extinção do dever alimentar, o que pode ser ilustrado com o exemplo do filho que, mesmo tendo atingido a maioridade, necessita de alimentos prestados por seus pais por possuir grave deficiência limitadora de sustento próprio. Tais alimentos diriam respeito agora ao vínculo sangüíneo existente entre alimentante e alimentado.

Cahali (1998) diz existirem outras duas formas de prestar alimentos, diferenciando-as em obrigação de sustento e alimentar, dizendo que a primeira se define com uma obrigação de fazer e a segunda, de dar, e vai além, afirmando que apenas quando não é possível a coabitação dos obrigados (pais), mantendo-se o menor na companhia de apenas um deles ou de terceiros, é que a obrigação de sustento (obrigação de fazer) se resolve na equivalente, à de alimentar (obrigação de dar).

Vista assim, a obrigação de alimentar prestada por um dos genitores ou por ambos existe como forma de possibilitar ou complementar a subsistência e educação do filho. É justamente por este motivo que pode a mãe, que até então era detentora da guarda do filho menor executar alimentos em nome próprio, quando existe alteração da guarda passando esta a ficar sob a responsabilidade do outro genitor ou de terceira pessoa ou quando este, ao atingir a maioridade, deixar de ser beneficiado por tal verba por possuir condições de prover sozinho seu sustento. Os alimentos até então devidos pelo pai e inadimplidos podem ser cobrados pela mãe por ter assegurado sozinha a manutenção do filho, entendendo-se, agora, no direito de ser ressarcida pelos gastos que despendeu.[43]

3.2. Dever e obrigação alimentar em favor do nascituro

Havendo gestação, existem grandes possibilidades de que o bebê venha a nascer com vida, tornando-se um ser com capacidade jurídica. No entanto, para que a gravidez seja levada a termo, ocorrendo o nascimento com vida do bebê, faz-se necessária uma série de cuidados que vão desde a alimentação da mãe, até o acompanhamento médico através de consultas e da realização de exames obje-

---

[43] Neste sentido: 5ª CC, TJSP, 20.10.1966, RJTJSP 1/25; 1ª CC TRPR, 25.04.1978, RT 546/226.

ALIMENTOS – da ação à execução

49

tivando detectar anomalias e doenças fetais e o seu tratamento precoce, protegendo, assim, a vida do feto e de sua genitora.

Considerando tais aspectos, o nascituro[44] possui uma série de direitos, nas exatas palavras de Cruz (1956, p. 79),

> "é sem dúvidas o de ser alimentado e tratado para poder viver; assim pode a mãe pedir alimentos para o nascituro, hipótese em que, na fixação, o juiz levará em conta as despesas que se fizerem necessárias para o bom desenvolvimento da gravidez, até seu termo final, incluindo despesas médicas e de medicamentos."

Assim, a doutrina se encaminha no sentido de resguardar não só o patrimônio do nascituro mas também para lhe permitir exigir alimentos garantidores de uma gestação tranqüila e de um nascimento digno e com vida. Calcados na interpretação do artigo 4º[45] do CC, que afirma que a personalidade civil do homem tem início com o nascimento com vida, pondo a salvo os direitos do nascituro desde a sua concepção, é este o entendimento, dentre outros, de Bittencourt, (1979) e Moura (1975, p. 553), sendo que este último, ao discutir a falta de personalidade jurídica do nascituro para o ajuizamento da ação, salienta que "nada conspira contra a possibilidade de a mãe, que traz o filho concebido, promova a ação em representação ao nascituro."

No entanto, existem posicionamentos dissonantes, como o de Wald (2000), que refere a impossibilidade de se deferir alimentos ao nascituro porque, este só é considerado pessoa viva quando se tratar de assunto de seu interesse, salientando que se verifica a existência deste (interesse), mas afirmando que estaria a descoberto de tutela jurídica, ante a falta de personalidade civil.

No entanto, Cahali (1998, p. 558) resume a polêmica quando refere que ao nascituro, diante da condição de nascimento com vida:

> Somente se lhe reconhece direito a alimentos no sentido das coisas necessárias à sua manutenção e sobrevivência, de *modo indireto*, compondo os valores respectivos à pensão deferida à esposa; sendo inviável, deste modo, a ação direta do nascituro ilegítimo contra o indigitado pai, na medida em que, não tendo a própria genitora, - como companheira ou concubina, direito de alimentos, também aquele não pode pleitear judicialmente o seu reconhecimento antes do nascimento com vida.

---

[44] Segundo Alves, (1972, p. 108) "nascituro é aquele que irá nascer, em outras palavras, o feto durante a gestação; não é ele ser humano, não preenche ainda o primeiro requisito necessário à existência do homem, isto é, o nascimento; mas desde a concepção já é protegido, no terreno patrimonial, a ordem jurídica, embora não reconheça no nascituro um sujeito de direitos, leva em consideração o fato de que, o será, e, por isso, protege, antecipadamente, direitos que ele virá a ter quando for pessoa física."

[45] Este artigo permanece com a mesma redação junto ao novo Código Civil
Art. 2º A personalidade civil do ser humano começa do nascimento com vida; mas a lei põe a salvo, desde a concepção, os direitos do nascituro.

Justo, pois, tal posicionamento. Existindo relacionamento estável, verificado pelo casamento ou pelo concubinato, nada mais correto que, estando separados os genitores, o pai pague verba alimentar, representada por alimentos no sentido lato, ou seja, alimentos civis[46] à mãe que se encontra em período gestacional. Tal realidade se dá ao fato de que de nada vale a legislação vigente pôr a salvo, desde a concepção, os direitos do nascituro, se não lhe possibilita uma gestação sadia e protegida que possa levá-lo ao nascimento com vida, o que lhe possibilitaria exercer, então, tais direitos.

3.3. A maioridade e a obrigação de prestar alimentos

Anteriormente, já se discorreu sobre as duas formas de prestar alimentos à prole: a que advém do pátrio poder, vinculada diretamente ao artigo 231,[47] inciso III, e do artigo 233,[48] inciso IV, ambos do CC e a advinda da relação de parentesco mais ampla e fundamentada no artigo 397,[49] também do CC.

Acertou-se, da mesma forma, que o dever alimentar com escopo no pátrio poder se extingue quando o filho alcança a maioridade, ou se emancipa, sendo esta obrigação unilateral, ou seja, representada pelo vínculo entre pai e filho, não se transfere a outros membros da família e não é recíproca entre os dois, sendo prestada sempre pelo genitor à sua prole. Já a relação alimentar resultante do vínculo de parentesco é recíproca entre pai e filho, podendo ser estendida aos demais parentes consangüíneos, respeitando-se sempre o binômio necessidade x possibilidade.

---

[46] "Incluem-se nos alimentos a adequada assistência médico-cirúrgica pré-natal, em sua inteireza, que abrange as técnicas especiais, (transfusão de sangue, em caso de eritroblastose fetal, amniocentese, ultrassonografia) e cirurgias realizadas em fetos, cada vez com mais freqüência, alcançando, ainda as despesas com o parto." (Almeida, *in* Cahali, 1998, p. 553)

[47] Ver nota n. 39.

[48] O novo Código Civil prevê alterações quanto a chefia da sociedade conjugal levando em consideração o princípio constitucional da igualdade entre os cônjuges, dispondo:
Art. 1.565 – Pelo casamento, homem e mulher assumem mutuamente a condição de consortes, companheiros e responsáveis pelos encargos da família.
...
§ 2º O planejamento familiar é de livre decisão do casal, competindo ao Estado propiciar recursos educacionais e financeiros para o exercício desse direito, vedado qualquer tipo de coerção por parte de instituições privadas ou públicas.
Art. 1.568 – Os cônjuges são obrigados a concorrer, na proporção de seus e dos rendimentos de seu trabalho, para o sustento da família e a educação dos filhos, qualquer que seja o regime patrimonial.

[49] Este artigo permaneceu inalterado no novo código civil brasileiro, sob número 1.696.

Cabe aqui ressaltar a discussão gerada pelo art. 5º do novo Código Civil Brasileiro, Lei 10.406/02, que reduz a capacidade civil para 18 anos. Cahali (1998) ressalta ao fato de que o genitor seria o grande beneficiado com a redução da idade, uma vez que seu dever de sustento pelo pátrio poder acabaria mais cedo. Outro fator que, vem em benefício do alimentante, e somente em favor deste, é o fato de que aos 16 anos o menor poderia ser emancipado o que o eximiria do dever de prestar alimentos. Desta feita, conclui que a maioridade atingida aos 18 anos somente beneficiaria ao alimentante, se observada sob o prisma da obrigação alimentar pelo pátrio poder.

Estando extinto o pátrio poder, fica exonerado o pai de pagar alimentos ao filho agora já maior e capaz. Ocorrendo, no entanto, a necessidade de pagamento da verba alimentar para manutenção deste, por estar impossibilitado de prover seu próprio sustento, seja por doença, seja por falta de tempo para exercer atividade remunerada, por causa dos estudos, pode ser fixada verba alimentar agora com base no vínculo de parentesco, observando-se sempre a possibilidade de quem paga e a necessidade de quem recebe do mesmo diploma legal.

Outra discussão já feita anteriormente diz respeito à necessidade ou não de ajuizamento de ação exoneratória de alimentos, para fins de restar comprovada a possibilidade de o filho manter-se sozinho, sem a necessidade de auxílio financeiro do genitor. É entendimento predominante dos tribunais a necessidade de ajuizamento de ação exoneratória de alimentos, proporcionando-se o contraditório e a ampla defesa para fins de serem apuradas as reais necessidades de quem recebe e as possibilidades de quem efetua o pagamento dos alimentos. Buscando uma decisão mais justa e equilibrada para ambas as partes, alguns tribunais têm entendido em manter o pagamento da verba alimentar por período suficiente para que o filho possa "autoprover-se".[50]

Por outro lado, no momento em que fica exonerado do encargo alimentar o alimentante não se exonera da verba alimentar vencida anteriormente e impaga, uma vez que deve adimplir aquelas parcelas, sob risco de ser executado sob coação pessoal ou com penhora de bens objetivando ver satisfeito o débito.

3.4. Alimentos à prole na separação e no divórcio dos pais

Se os genitores são responsáveis pelo sustento dos filhos enquanto mantida a união da qual estes advieram, necessário que, se

---

[50] 8ª CC do TJRJ, 26.05.1977, RD Civil 5/275.

extinta a relação, continuem a ser protegidos e sustentados por ambos, independentemente de quem mantém sua guarda. Segundo Marmitt, (1998, p. 57), os pais têm obrigação duplicada de sustentar e manter os filhos: "a) como titulares do poder familiar; b) como pais, em função da paternidade, em qualquer tempo, quando os filhos estiverem necessitados".

Justamente por este motivo, o artigo 20 da Lei do Divórcio deixa clara a necessidade de que aos filhos seja prestada verba alimentar independentemente de culpa pelo término da união. Nesse sentido, Ramos (1978, p. 73) opina esclarecendo que:

> ... a redação deste artigo (art. 20) é, no nosso direito positivo, um grande passo à frente. O direito anterior estabelecia que o juiz deveria fixar a cota com que, para a criação e educação dos filhos, tivesse que concorrer o cônjuge culpado, ou ambos, se um ou outro o fossem (art. 321). Assim, a obrigação de alimentos aos filhos estava ligada diretamente à idéia de culpa, o que permitia a teratológica conclusão de que tal obrigação pudesse não existir por parte do genitor considerado inocente.

Estabelecido tal dispositivo, a discussão deixa de existir no concernente ao pagamento de verba alimentar em função da culpa de um dos genitores pela separação do casal, passando a discorrer sobre as possibilidades que possuem, bem como as necessidades de quem irá recebê-la, para fins de fixar o montante.

Por outro lado, o artigo 1121, inciso III, do CPC, deixa claro que a petição de separação deve conter o valor de contribuição para criar e educar os filhos. Tal afirmativa parte do pressuposto de que é perfeitamente possível que se ajuste nos autos de separação ou divórcio a verba alimentar, sem qualquer dificuldade quanto ao rito.[51] Também salienta ser impossível que os separandos acordem a dispensa, quiçá a renúncia, da verba alimentar em favor dos filhos, independentemente dos motivos. Certo é que não podem os genitores renunciar a direito que não é seu e que pertence aos filhos havidos da união que se encerra.

Neste sentido, a jurisprudência é expressiva ao confirmar a necessidade de que sejam estipulados alimentos por ocasião da sepa-

---

[51] CUMULAÇÃO DE DEMANDAS. Possível cumular-se a ação de separação judicial com a demanda de alimentos em favor dos filhos. Agravo provido.
A Desembargadora Maria Berenice Dias votou no seguinte sentido: Além de não vedada na lei, de todo recomendável a postura adotada pela agravante, ao cumular com ação de separação judicial a pretensão alimentícia em favor dos filhos.
O término do vínculo matrimonial torna indispensável que se decida, além da partilha dos bens e uso do nome, também a guarda dos filhos, a gerar, por via de consequência, a obrigação de fixar o valor dos alimentos a serem atendidos por quem não fica com a prole em sua companhia.
Ainda que a legitimação para a busca de alimentos seja dos menores, não tendo eles integrado o pólo ativo da ação, tal não autoriza que se afaste o pedido de alimentos. Agravo de instrumento nº 598108181 - 7ª Câmara Cível - Gravataí RJTJRS 189/288 e 289.

ALIMENTOS – da ação à execução

ração ou da dissolução de união estável havida entre os genitores.[52] Por conseguinte, também não poderia impor-se limite ao pensionamento devido a filho, aprazando-se data para seu término. Então, "o limite imposto, no caso, de dezoito anos para os filhos homens não pode ser tolerado, por ilegal, eis que se trata de matéria de ordem pública; tal cláusula, pois, não se deve ter por escrita" (7ª CC do TJSP, 28.06.1989, RJTJSP 122/224). Alinhado a esse pensamento, Cahali (1998, p. 576) expõe que:

> a) a autodeterminação da vontade dos desquitados, na separação consensual restringe-se aos direitos de que tenham disponibilidade entre os quais não se inclui o direito de renúncia ou dispensa dos alimentos devidos aos filhos menores... b) via de conseqüência, e por imperativo legal, tendo os filhos ficado sob a guarda de um dos cônjuges ou de terceiros, devem ser determinadas, com precisão, as responsabilidades do outro cônjuge.

Contrariando tal posicionamento, existem entendimentos que vêem como possível a homologação de acordo de separação ou mesmo dissolução de união estável sem que este contenha cláusula dispondo sobre alimentos para os filhos, uma vez que, a qualquer tempo, estes poderiam ajuizar ação competente para verem a obrigação atendida, uma vez que se trataria apenas de dispensa temporária da mesma.[53] Tais entendimentos teriam como base a possibilidade de as partes convencionarem, dentro de suas necessidades, sobre a criação e mantença dos filhos.[54]

---

[52] 7ª CC, TJSP, 28.06.1989, RJTJSP 122/224; 4ª CC, TJMG, 21.06.1990, RT 663/153.

[53] SEPARAÇÃO CONSENSUAL. ALIMENTOS. FILHO MENOR.
Não é obrigatória a cláusula alimentar para os filhos menores na petição inicial de separação consensual. Divergência sobre o tema. O magistrado, no caso concreto, verificará se a ausência daquela previsão prejudica, ou não, o menor. Apelo a que se nega provimento.
É parte do voto do desembargador Sérgio Gischkow Pereira: Refleti sobre o assunto e concluí no sentido em que os alimentos não precisam, obrigatoriamente, constar na petição de separação consensual, com toda a vênia da compreensão adversa, que também conta com o apoio sólido de doutrinadores de peso e com inúmeros julgados. No caso concreto, tenho que o magistrado deve verificar se a ausência dos alimentos seria prejudicial ao filho ou filhos menores; é o ensinamento de Yussef Said Cahali, que me parece sábio e razoável: obra, tomo e número citado, p. 293.
"Cumpre ao Juiz examinar cada hipótese, na sua individualidade, no sentido de verificar se da omissão resulta imediato prejuízo para o prole; a rigor, assim, somente o acordo injustificadamente omisso quanto à pensão a cargo do genitor que não mantém os filhos sob sua guarda deixaria de preservar suficientemente o interesse dos mesmos; se disto estiver convencido o Juiz, através do exame dos fatos demonstrados nos autos ou da audiência pessoal dos cônjuges, poderá então recusar a homologação com base no art. 34, § 2º, da Lei nº 6.515/77...". (pp. 293 e 294).
Mas quero acrescentar algumas poderações. A exigência sempre da cláusula alimentar aos filhos seria uma exarcebação formalística conducente à hipocrisia e a resultados injustos ou absurdos. Suponhamos que, ficando os filhos com a mãe, fosse ela rica e o pai pobre; ora, mesmo assim seria imprescindível constassem os alimentos do pai para os filhos! Apelação Cível nº 595146069 - 8ª Câmara Cível - Lajeado RJTJRS 177/381, 382 e 383.

[54] 3ª CC TJSP, 09.10.1969, RT 409/159; 6ª CC TJSP, 10.02.1983, RT 572/62.

Certo é, porém, que Lei 6.515/77, em seu artigo 20, bem como a Constituição de 1988, ao igualar os sexos, reafirmam a obrigação materna de auxiliar no sustento e manutenção da prole, amainando os efeitos do artigo 1.121, inciso III do CPC, possibilitando ao magistrado que, no momento de decidir pela homologação ou não de acordo entre os genitores que estabelece a dispensa do pagamento de verba alimentar ou então seu pagamento de forma simbólica, verifique se tal acarretaria prejuízo para os menores, bem como se estes estariam deixando de preservar seus direitos (Cahali, 1998).

Neste caso, é importante analisar com quem os filhos ficarão, quais são as condições financeiras de quem permanecerá com a guarda e quais as possibilidades de adimplir a verba alimentar de quem possui tal obrigação, assim como os motivos da dispensa ou da fixação simbólica, para fins de decidir de forma justa. Assim: "... quero acrescentar que a exigência sempre da cláusula alimentar aos filhos seria uma exacerbação formalística conducente à hipocrisia e a resultados injustos ou absurdos..." (8ª CC DO TJRS, 09.11.1995, rel. Sérgio Gischkow Pereira, RJTJRS 177/381)

Por conseguinte, na separação ou dissolução de união estável, o acordo vertido entre as partes e homologado judicialmente, em princípio, deve conter o valor da verba alimentar fixada para a prole, bem como a data e forma através da qual seu pagamento deve ocorrer. Qualquer alteração no sentido de homologar tal acordo sem a fixação ou com fixação de valores simbólicos deve ser observada com atenção redobrada por parte do magistrado, para fins de só homologar cláusula que não ponha em risco os direitos dos filhos.

Por outro lado, em se tratando de litígio, deve a parte que pretende ficar com a prole buscar a fixação de verba alimentar a favor desta como meio de assegurar-lhes uma existência digna. Neste caso, as provas a serem produzidas, no sentido de comprovar o binômio necessidade x possibilidade podem ser aquelas já discutidas anteriormente, desde a oitiva de testemunhas, até a juntada de documentos requeridos pelas partes e determinados pelo juízo, dentre outros. A verba alimentar pode então ser fixada por sentença, ou através de acordo homologado judicialmente, vertido entre as partes.

3.5. Alimentos, direito de visitas e prestação de contas

No momento da separação, ajustam-se a guarda, os alimentos e o direito de visitas daquele que não permanece com o filho, podendo este ajuste acontecer na forma de acordo homologado entre as partes ou de sentença proferida pelo magistrado. O artigo 15[55] da Lei 6.515/77 é claro quanto à possibilidade de visita do genitor que não permanece com a guarda do filho, podendo tê-lo em sua companhia.

Assim, o direito de visitas é regulado conforme as possibilidades dos genitores e necessidades da criança, sendo respeitados seus horários de estudo, descanso e alimentação. Podendo haver prejuízo ao menor, cabe ao magistrado determinar a forma como as visitas devem acontecer, ajustando dias e horários para as mesmas. Ainda, pode haver determinação judicial de que as visitas sejam acompanhadas por uma assistente social ou conselheira integrante do Conselho Tutelar ou, inclusive, proibidas em caso de mau comportamento do genitor que deveria efetuá-las.

No entanto, não é motivo para que se impeça o genitor de visitar o filho ou de tê-lo consigo o fato de que está inadimplente com a verba alimentar, conforme Cahali (1998, p. 591): "o descumprimento do dever de pagar pensões alimentícias devidas não é de modo a autorizar a suspensão do direito de visitas, pois esta infração dos deveres paternos poderá ser sanada com as medidas judiciais próprias."

Por outro lado, existem posicionamentos divergentes, como é o caso de Peluso ([s.d.], p. 20), também citado por Cahali (1998, p. 590) que salienta:

> outra causa de suspensão ou exclusão do direito de visitas está na inadimplência alimentar. De ordinário, o pai, que apresenta condições financeiras e não solve a obrigação de alimentos aos filhos insiste na pretensão de exercer o direito de visitas, como se tratasse de qualificações jurídicas independentes.

Nosso entendimento é no sentido de que não se deve proibir o direito de visitação, mesmo que inadimplemente o genitor, pois isto seria prejudicar o desenvolvimento saudável do filho, uma vez que, além de privado da verba alimentar, tão importante para que se possibilitasse a ele um desenvolvimento completo, estaria também privado da companhia de um dos pais, o que poderia acarretar-lhe seqüelas psicológicas e dissabores emocionais irrecuperáveis.

Ouro ponto de contravérsia é aquele que diz respeito à possibilidade de haver controle e prestação de contas dos valores pagos a título de pensão alimentícia ao filho menor daquele que detém sua guarda e por sua vez administra o dinheiro. Peluso ([s.d.], p. 20) também se manifesta neste sentido quando ensina: "e no direito de fiscalização da guarda, criação, sustento e educação da prole atribuí-

---

[55] O artigo 1.589 do futuro Código Civil brasileiro ressalta que: "O pai ou a mãe, em cuja guarda não estejam o filho, poderá visitá-los e tê-los em sua companhia, segundo o que acordar com o outro cônjuge, ou for fixado pelo juiz, bem como fiscalizar a sua manutenção."

da ao outro cônjuge ou a terceiro, está ínsita a faculdade de reclamar em juízo a prestação de contas daquele que exerce a guarda dos filhos, relativamente ao numerário fornecido pelo genitor alimentante".

Cahali (1998, p. 593/594), por sua vez, depois que afirma ser induvidoso o direito do próprio filho de reclamar as contas de quem detém sua guarda e administra os valores da pensão, resume os meios possibilitadores de que a prestação de contas seja requerida e alcançada:

> a) se incontroverso direito do próprio filho de reclamar as contas daquele que o tem sob sua guarda (genitor ou terceiro), a legitimidade do genitor decorre da sua condição de co-titular do pátrio poder...b) a mãe ou pessoa que tem em sua companhia os filhos do alimentante (titular do pátrio poder) administra, reconhecidamente, bens e valores, inclusive as pensões recebidas, que não as pertencem mas sim aos filhos do alimentante, que os representa e tem sobre eles o pátrio poder; c) o próprio curador do interdito ainda que pai e mãe do curatelado, está obrigado a prestar contas de sua administração (art. 455, § 3º, do CC, que o dispensa apenas do balanço periódico do art. 435)

Não obstante tal colocação, parece-nos que esta necessidade de prestação de contas ou a determinação de que a mesma ocorra deve ser analisada caso a caso, uma vez que não se pode exigir prestação de contas de verba alimentar paga mensalmente no valor de meio salário mínimo, como muitas vezes é a mesma ajustada. Com tal numerário mensal, o genitor guardião do menor mal consegue suprir suas necessidades básicas (se é que consegue), sendo-lhe impossível que existam valores que possam ser gastos de forma dissoluta, em prol de outras coisas que não aqueles que dizem respeito ao menor.

3.6. Alimentos entre ascendentes e descendentes

A obrigação alimentar prevista nos artigos 397[56] e 398[57] do CC repousa no vínculo de solidariedade entre pessoas do mesmo sangue, sendo recíproco entre pais e filhos e se estendendo a todos os ascendentes, recaindo nos mais próximos em grau, uns à falta de outros. Assim, importante que se considere a existência de ligação estreita entre o alimentante e aquele que será alimentado, levando-se em consideração para a fixação da verba alimentar um conceito mais

---

[56] Ver nota 49.

[57] O novo Código Civil brasileiro traz este artigo com a seguinte redação, apenas suprimindo a palavra "germanos":
Art. 1.697 Na falta dos ascendentes cabe a obrigação aos descendentes, guardada a ordem de sucessão e, faltando estes, aos irmãos bilaterais ou unilaterais.

restrito de família, ou seja, aquele que compreende os parentes mais próximos.

Marmitt (1999, p. 50) classifica o encargo alimentar com base nas relações consangüíneas dispondo:

a) pais e filhos, reciprocamente, desimportando que estes últimos sejam legítimos ou ilegítimos, entre estes incluídos os adotivos, e os que se vinculem através de casamento ou de união estável;
b) na falta destes, os ascendentes, na ordem de sua proximidade com o alimentário, ou seja, os demais ascendentes, na ordem de proximidade;
c) os ascendentes, na mesma ordem, excluído o direito de representação;
d) os irmãos sejam eles germanos ou unilaterais, isto é, irmãos unilaterais ou bilaterais.[58]

Observa-se, então, que a obrigação de prestar alimentos recai nos parentes mais próximos, em linha reta, sendo possível que, mesmo que o pai já tenha sido acionado e preste alimentos ao filho, o avô também o seja, se verificadas as poucas condições do primeiro e as necessidades preementes do alimentando.[59]

Por outro lado, ainda se discute a obrigação alimentar vinculada ao direito sucessório, sendo descartada, porém, tal vinculação

do ponto de vista legal, pois há pessoas que se devem reciprocamente a pensão não existindo direito sucessório entre elas...; e carece de fundamento também do ponto de vista racional, pois os alimentos são devidos exatamente às pessoas para as quais aquele que paga delas nada pode esperar, pois se pressupõe a miséria das mesmas. (Beudant, apud Cahali 1998, p. 701)

Evidencia-se o fato de que a ordem de sucessão se estabelece devido aos vínculos de afeição presumidos entre o falecido e seus herdeiros, mas considerando também as relações políticas e sociais.

---

[58] Tal ensinamento pode ser sumarizado com a leitura dos artigos 396 a 398 do CC, indicando como primeiros obrigados o pai e a mãe, depois os demais ascendentes, os descendentes; os colaterais, ou seja, os irmãos, germanos ou unilaterais. No futuro CC a previsão legal vem expostas nos artigos 1.694, 1.696 e 1.697.

[59] ALIMENTOS PROVISÓRIOS. OBRIGAÇÃO ALIMENTAR DA AVÓ PATERNA.
Alimentos podem ser exigidos dos avós, mesmo existentes os pais, inclusive com utilização do rito da Lei nº 5.478/68, o que implica deferimento de provisórios. Caráter não-solidário, mas, sim, divisível da obrigação alimentar. Fatores que conduzem à concessão inicial.
Voto do Desembargador Sérgio Gischkow Pereira: Apesar de a responsabilidade alimentar primeira ser dos pais, não há mais dúvida de que a ação de alimentos pode ser dirigida também contra os avós, se os pais não têm condições de pagar os alimentos ou se não os podem pagar no valor integral necessário. A propósito, a obrigação alimentar, segundo a doutrina e jurisprudência mais modernas, não é solidária, mas, sim, divisível, sendo que cada coobrigado pagará dentro de suas possibilidades, ou seja, se for o caso, apenas uma parte dos alimentos que deveriam ser recebidos pelo alimentado.
Se a ação de alimentos pode ser intentada contra avós, e sendo estes parentes, nada impede a aplicação da Lei nº 5.478/68. Este diploma legal, em seu art. 2º, ao exigir a prova de parentesco, não restringe este ao parentesco de 1º grau. Agravo de Instrumento nº 597157940 - 7ª Câmara Cível - Porto Alegre RJTJRS 186/188 e 189.

Ocorre que os alimentos são estabelecidos levando-se em consideração também a necessidade de quem os recebe e a possibilidade de quem os presta.

Ainda, com relação a diferenciação entre a ordem sucessória e a obrigação alimentar, percebe-se que na primeira os mais próximos excluem os mais remotos, o que não sucede com relação aos alimentos onde os parentes mais afastados, como os avós, só serão chamados a prestar verba alimentar quando os mais próximos estiverem impossibilitados ou quando inutilmente se buscou destes o seu adimplemento.[60]

Por outro lado, justa e recebida pela jurisprudência é a possibilidade de os avós serem acionados se o pai, embora obrigado a prestar alimentos e sendo executado para tanto, não o faz, esquivando-se de sua obrigação, chegando inclusive a cumprir prisão civil por deixar de adimplir seu débito.[61] Deste modo, mesmo que estejam obrigados os parentes mais próximos a prestar verba alimentar, nada impede que os demais venham a complementá-la se aqueles não podem suprir a mesma a contento.

No entanto, não é permitido ao alimentando ou ao seu representante legal que escolha aquele a quem pretende acionar para receber a verba alimentar, devendo todos colaborarem na medida de suas possibilidades, uma vez que

> A lei não admite que a alimentanda escolha a avós a ser chamada à prestação, carece que todos os ascendentes do mesmo grau sejam instados a satisfazê-la, vez que o encargo é extensivo a todos, na proporção das respectivas possibilidades. Embora a prestação alimentícia não se distribua em parcelas aritmeticamente iguais, cada obrigado deve concorrer com o que for compatível às suas condições materiais. (8ª CC do TJRS , 24.08.1995, RJTJRS 174/209)

---

[60] Então: "o simples fato de ser mais cômoda ou mais fácil para a alimentanda dirigir-se ao avô não justifica excluir da obrigação o pai. O direito não protege comodismo; comodismo não pode, portanto, gerar qualquer direito (2ª CC, TJSP, EI 104.160-1, 13.03.1999). Ainda, pode a ação de alimentos ser proposta contra o pai e o avô "se evidenciado que aquele não teria condições de arcar, sozinho, com a obrigação alimentar" (5ª CC do TJRS, 01.07.1986, RJTJRS 118/421). Nesta seara: ALIMENTOS. OBRIGAÇÃO DA AVÓ PATERNA – Não estando o genitor a atender o encargo limentar, encontrando-se em lugar incerto, já que foragido em face de condenação, a obrigação é de ser atendida, em caráter suplementar pelos ascendentes. Agravo desprovido. (Agravo de Instrumento nº 70000475707 - 7ª Câmara Cível - Santa Rosa - Relª Desª Maria Berenice Dias - Julgado em 23-02-2000) RJTJRS 200/386 e 387.

[61] "Se o pai não cumpre com a obrigação, é justo que os avós, que têm condição para tal proporcionem aos netos a tão almejada educação. È pois, perfeitamente possível que se condene pais e avós, solidariamente, ao custeio de tais despesas." (AC 208.695 – 1, 29.11.1995, 7ª CC TJSP). Ainda: ALIMENTOS – AVÔ – Impossibilidade de o menor receber alimentos do pai. A responsabilidade alimentar do avô tem como pressuposto a "falta" dos pais (art. 397 do C. Civil), a ela equiparada a incapacidade de o pai cumprir com sua obrigação, inadimplente durante meses, e sem que o credor tivesse algum êxito no processo de execução em curso. Recurso conhecido e provido para admitir a legitimidade passiva do avô paterno. (STJ – REsp 169.746 – MG – 4ª T. – Rel. Min. Ruy Rosado de Aguiar – DJU 23.08.1999).

Observe-se ainda que, se o direito de receber alimentos de acordo com os artigos 397[62] e 398[63] do CC é recíproco entre pais e filhos, também podem os primeiros acionar os segundos quando houver a necessidade de prestação alimentar. Tais circunstâncias acontecem normalmente quando os pais, já idosos, não possuem mais condições de, sozinhos, arcar com sua manutenção, seja por insuficiência de proventos (normalmente aposentadorias com rendimentos que não ultrapassam um salário mínimo), ou por doença grave, com medicação de uso contínuo ou internação hospitalar prolongada. Nestes casos, os filhos já adultos e com situação financeira definida são chamados a ajudar seus genitores, alcançando-lhes aquilo que é de sua possibilidade para auxiliá-los no sustento. Também nestes casos todos os filhos devem ficar obrigados segundo suas condições.

Mas, sendo ajuizada a ação em favor de pais necessitados contra apenas um dos filhos de uma prole numerosa, Cahali (1998, p. 717) entende que,

> o chamamento dos demais filhos para que integrem o pólo passivo da lide não pode ser colocado em termos de litisconsórcio necessário, resolvendo-se em juízo de simples conveniência no interesse do alimentando para não expor-se ao risco de ver a pensão fixada apenas na proporção do correspondente à responsabilidade do filho demandado: admite-se hodiernamente, consoante a melhor doutrina, que a dívida alimentar não é solidária, nem indivisível, podendo, de conseguinte, a contribuição de cada obrigado ser de acordo com seus recursos, com sua condição social.

Desse modo, os alimentos sempre são devidos entre os parentes mais próximos, respeitado o estabelecido pelos artigos 396[64] e seguintes do CC, sendo eles recíprocos, uma vez que estabelecidos pelo vínculo sangüíneo, podendo ser pagos do ascendente para o descendente e vice-versa, conforme as necessidades de um e as possibilidades de outro, observando-se o estipulado no artigo 400 do mesmo diploma legal.

3.7. Alimentos entre colaterais e afins

Conforme já referido quando se fez alusão ao artigo 398[65] do CC, em sua parte final, diante da inexistência de ascendentes ou

---

[62] Vide nota 49.

[63] Vide nota 57.

[64] O art. 1.694, *caput*, do novo Código Civil prevê:
Art - 1.694 – Podem os parentes ou os cônjuges pedir uns aos outros os alimentos de que necessitam para viver de modo compatível com a sua condição social, inclusive para atender as necessidades de sua educação.

[65] Vide nota 57.

descendentes, podem os alimentos ser cobrados dos irmãos, independentemente de serem germanos ou unilaterais.

Para Monteiro (1980), o encargo alimentar, na linha colateral, vai até o segundo grau,[66] colidindo assim com o direito sucessório que, segundo nossa legislação, vai até o quarto grau, sendo esta mais uma forma de diferenciação entre ambos. Então, pode um irmão ficar obrigado a prestar alimentos a outro se este não tiver mais a quem recorrer e se não possuir condições de, sozinho, manter sua subsistência.

Mas, é importante verificar se existe alguma ordem de preferência com relação aos irmãos germanos e aos irmãos unilaterais. Havia entendimento de que deveria prevalecer o vínculo existente entre os irmãos germanos, firmando-se em primeiro lugar a obrigação destes para só depois estendê-la aos demais. Ocorre que Cahali (1998, p. 721) combate tal entendimento quando leciona que:

> ...*Primo*, no consenso unânime da doutrina moderna, o *onus alimentorum* não coincide, necessariamente com o *emolumentum sucessionis* , o que desautoriza o símile analógico de parâmetros específicos do direito sucessório em matéria de obrigação alimentar[67] ... e, *secundo*, a admitir-se tal entendimento, estar-se-ia constituindo uma classe distinta de devedor alimentar, postado em último ligar, na escala da lei; assim, os arts. 397 e 398 estariam sendo interpretados como tendo estabelecido a seguinte ordem de preferência: I) Pais e filhos; II) Ascendentes; III) Descendentes; IV) Irmãos germanos; V) Irmãos unilaterais.

Estaria, então, segundo o autor já referido, ocorrendo discriminação entre os irmãos germanos e unilaterais (aqui também entendidos aqueles havidos por adoção), o que afrontaria o artigo 398[68] CC bem como o sistema de lei nacional, uma vez que o código foi cauteloso ao especificar a ordem de prioridades dentre os obrigados à prestação alimentar.

Também na ação que objetiva buscar a fixação de verba alimentar entre os colaterais deve o alimentante ajuizá-la contra todos os possíveis obrigados, caracterizando aquilo que Cahali (1998, p. 723) chama de "litisconsórcio impropriamente facultativo", observando-se que, neste caso, o credor "não está impedido de ajuizar apenas contra um dos coobrigados – caso em que se sujeitará às conseqüências de sua omissão, até porque a exclusão de um dos litisconsortes só se legitima ao nível do exame de mérito."

---

[66] A jurisprudência também entende assim: ALIMENTOS - Ação promovida contra sobrinhos. Descabimento, eis que a obrigação, na linha colateral, não passa do segundo grau (CC, art. 398). Apelação desprovida. (Apelação Cível nº 595031303 - 7ª Câmara Cível - Passo Fundo - Rel. Des. Alceu Binato de Moraes - Julgada em 23-08-95). RJTJRS 174/391.

[67] Anteriormente já se discorreu neste sentido no primeiro capítulo.

[68] Vide nota 57.

Já com relação ao vínculo de afinidade, nosso direito não legitima a obrigação alimentar nesta seara, sendo tal posicionamento também pacificado pela jurisprudência e pela doutrina,[69] servindo de exemplo a impossibilidade de fixação de alimentos entre sogro e nora, ou então, entre sogra e genro.[70]

Excetuando-se as relações alimentares existentes pelo pátrio poder, aquelas marcadas pelo *jus sanguinis*, e as decorrentes da relação conjugal, não existe outra obrigação de prestar alimentos entre parentes, ficando elas restritas aos casos apreciados.

No entanto, vislumbra-se com clareza a possibilidade de prestação alimentar não por imposição legal mas por consciência do dever moral existente entre os parentes, no intuito de não deixar terceiro perecer por falta de recursos para sua sobrevivência. Diante destes pressupostos é que se consideram obrigados a prestar alimentos os expressamente referidos no texto legal.

3.8. Alimentos na guarda, adoção e tutela de menor

Os alimentos prestados em função do deferimento de termo de guarda de menor a terceira pessoa, nos casos previstos pelo Estatuto da Criança e do Adolescente, Lei 8.069/90, pagos, a *priori*, pelo guardião, uma vez que este se sujeita como tal a prestar alimentos, podendo estes ainda ser pagos pelo titular do pátrio poder. Cahali (1998, p. 729), neste sentido, salienta que:

> a) a guarda não pressupõe prévia suspensão ou destituição do pátrio poder, eis que não incompatível com este; b) a guarda obriga à prestação de assistência material, moral e educacional à criança ou ao adolescente (Estatuto, art. 33, primeira parte) de tal modo que a guarda transfere ao guardião, a título precário, o atributo consoante art. 384, I CC, no sentido de que lhe compete dirigir a criação e educação do menor (art. 384, VII, do CC).

Já com relação à tutela, a subsistência do menor correrá a suas próprias expensas se possuir patrimônio ou rendas suficientes que possibilitem sua manutenção, administrados pelo tutor. Então, os

---

[69] É este o entendimento de Monteiro (1980) dentre outros.

[70] Neste sentido é a decisão da 7ª CC do TJSP, AC 106.930-1, rel. Leite Cintra, 14.12.1988) que salienta a impossibilidade de pessoa que aufere renda própria ajuizar ação de alimentos contra filha que não trabalha, calcada no fato de que o genro, cônjuge desta, aufere rendimentos substanciosos, sob a afirmação de que "inviável, contudo a pretensão. Os alimentos aqui reclamados têm origem no *jus sanguinis*, restringindo-se às pessoas mãe e filha, sabendo-se que o parentesco meramente civil não impõe a obrigação alimentar. E não há como se dizer que o dever de mútua assistência do artigo 231, III, CC imponha tal obrigação ao parente por afinidade, aqui o parentesco entre sogra e genro. Tal dever vigora apenas entre os cônjuges, jungindo-os e não entre estes e os parentes do outro cônjuge. (Cahali, 1998, p. 726)

alimentos somente são devidos na tutela: "se os bens do pupilo não bastarem, ou não produzirem renda suficiente, ao contrário do que sucede no poder familiar, onde a necessidade se presume *juris et de juris"* (Marmitt, 1999, p. 55)

Do caso contrário, os alimentos podem ser prestados pelo tutor ou por outra pessoa da família que possua condições para tanto. Importante, porém, é observar que o menor cujos pais foram destituídos ou tiveram suspenso o pátrio poder, "conserva o direito de exigir destes o cumprimento da obrigação alimentar" (Cahali, 1998, p. 728) uma vez que os pais não ficam liberados da obrigação alimentar com relação ao filho.

Na adoção, os alimentos são devidos pelo pai adotivo ao filho, visto que a Constituição Federal de 1988, em seu artigo 227, § 6º, impede qualquer tipo de distinção entre filhos biológicos ou adotivos, sendo que ambos têm direito à prestação alimentar, segundo Marmitt (1999, p. 50),

> pela adoção alguém recebe outrem como filho. E este filho, pela Carta Magna, em nada difere do filho consangüíneo. Operou-se, assim, uma como que desbiologização da paternidade. Com esta equiparação entre filhos de sangue e filho adotivo houve tal nivelamento entre filiação civil e filiação biológica, fato que por si só eliminou a adoção simples.

Conseqüentemente, não há de se fazer distinção entre alimentos para filhos biológicos ou para filhos adotivos, legítimos, ou não, sendo reconhecidos. Todos são filhos e como tal têm direito a alimentos, podendo e devendo buscar a ação própria para ver fixada e, se necessário, adimplida a verba alimentar.

3.9. Alimentos e filiação ilegítima

Até 1988, os filhos nascidos entre pessoas que não tivessem contraído matrimônio entre si eram chamados filhos ilegítimos. Esta filiação ilegítima era chamada de *natural*, "quando inexistia impedimento dirimente entre os pais para se casar um com o outro, e *espúria* (adulterina ou incestuosa),[71] quando, em virtude de já estar casado um dos pais ou de existir entre ambos relação de parentesco, tal casamento não poderia acontecer" (Wald, 2000, p. 181)

---

[71] A filiação incestuosa era aquela resultante do relacionamento entre parentes, sendo este o impedimento para o casamento dos pais. Já a filiação adulterina era aquela que dizia respeito a filhos nascidos entre pessoas compromissadas com casamentos anteriores com terceira pessoa que não o outro genitor da prole. (Wald, 2000)

Wald (2000), ao mesmo tempo em que refere a possibilidade de a filiação ilegítima ser dividida em natural e espúria, afirma que somente a filiação existente entre pais não casados, mas sem qualquer impedimento para que o matrimônio acontecesse, poderia ser chamada propriamente de ilegítima, uma vez que os genitores da prole poderiam vir a constituir matrimônio se quisessem.

Somente aos filhos ilegítimos era dado o direito de buscar, através de ação própria, o reconhecimento de sua paternidade ou maternidade, por força da ação de investigação de paternidade. Este posicionamento veio com o Código Civil de 1916, ainda em vigor. Mas, o Decreto-Lei 4737/42 e depois a Lei 883/49 admitiram o reconhecimento da paternidade ou mesmo a investigação da mesma se já estivesse dissolvida a sociedade conjugal que era o motivo de impedimento para o casamento entre os genitores.

No entanto, mesmo que reconhecido o filho adulterino, este teria direito apenas à metade da herança que fosse recebida pelo filho legítimo, por força do artigo 2º da Lei 883/49. Ocorre que tal discriminação foi extinta pelo artigo 51 da Lei 5.516/77, que impunha fosse a herança do genitor dividida em partes iguais entre os filhos, independentemente da natureza da filiação.

Já a Lei 7.250/84 veio alterar a o artigo 1º da Lei 883/49 criando "dois regimes distintos aplicáveis respectivamente aos filhos naturais não adulterinos e aos filhos adulterinos" quando impunha que

os primeiros, filhos naturais, podiam ser reconhecidos e investigar a paternidade. Os segundos só poderiam ser reconhecidos ou investigar a paternidade quando dissolvida a sociedade conjugal ou quando o seu genitor, ou genitora, estivesse separado de fato do respectivo cônjuge há mais de cinco anos (Wald, 2000, p. 189)

Aquela Lei (7.250/84) acentuou ainda mais a possibilidade de reconhecimento da paternidade da prole advinda por uniões não consagradas pelo matrimônio. Era o início de um processo que culminou com a promulgação da Constituição Federal de 1988, que alterou tal situação, facultando o reconhecimento de todos os filhos ilegítimos, independentemente do estado civil dos seus genitores ou de seus vínculos de parentesco.[72]

Conseqüentemente, a ação de investigação de paternidade tornou-se viável para toda a prole não reconhecida pelo genitor, sendo

---

[72] Wald (2000, p. 192) cita em sua obra a forma de decidir do STF a partir da nova constituição: "I – Em face da nova ordem constitucional, que obriga o princípio da igualdade jurídica dos filhos, possível é o ajuizamento da ação investigatória contra genitor casado.
II – Em se tratando de direitos fundamentais de proteção à família e à filiação, os preceitos constitucionais devem merecer exegese liberal e construtiva, que repudiem as discriminações incompatíveis com desenvolvimento e a evolução jurídica" (Decisão do Resp 7.631, de 17-9-1991)

faculdade dela ajuizar tal demanda para ver-se reconhecido como filho, ter direito ao patronímico da família, receber verba alimentar e ter direitos sucessórios dentre outros.

Atualmente, o filho nascido ou não do matrimônio tem os mesmos direitos à prestação alimentícia que os nascidos na constância daquele, desde que reconhecido, havendo possibilidade para tal e não podendo mais existir discriminações. Por conseguinte: "reconhecido o filho, legitima-se ele para o exercício da *ação especial de alimentos* da Lei 5.478/68, com todos os benefícios e conseqüências que daí resultarem, em paridade absoluta com os filhos legítimos." (Cahali, 1998, p. 606)

Decorre daí, pois, o pressuposto de que a paternidade, seja ela conseqüência de união estável ou relacionamento passageiro, pode ser reconhecida, independentemente de qualquer vínculo matrimonial existente entre os genitores do menor e terceira pessoa. No entanto, era entendimento pacífico de que, mesmo não "tendo o filho ilegítimo direito ao reconhecimento da filiação, mas, no tocante aos alimentos, inegável sua qualidade para reclamá-los judicialmente, desde que disponha de elementos para em juízo comprovar a paternidade atribuída ao alimentante." (Monteiro, 1980, p. 298)

Então, admitia-se a obrigação alimentar em prol do filho não reconhecido judicialmente e que não poderia vir a sê-lo desde que houvesse provas suficientes da paternidade confortadoras da condenação do pai ao pagamento de verba alimentar. Mas, importante salientar que tal condenação não importava em reconhecimento do filho ilegítimo nem sua possibilidade de vir a integrar a sucessão do alimentante.

Ocorre que, com a possibilidade de reconhecimento dos filhos ditos ilegítimos, a partir da revogação do artigo 358[73] do CC pela Constituição Federal de 1988, especialmente quando um dos genitores se encontrava atrelado, através do matrimônio, a terceira pessoa, viabilizou-se também a possibilidade de ajuizamento da ação de alimentos baseada na Lei 5.478/60.

No entanto, existe orientação do STJ no sentido de que o filho ilegítimo poderia demandar "o pretenso pai para dele obter alimentos mesmo que a filiação não estivesse juridicamente reconhecida, bastando, apenas, a existência de fortes indícios e presunções quanto à respectiva paternidade" e continua quando afirma incabível que a

---

[73] O novo Código Civil brasileiro, recebendo as disposições da Constituição Federal de 1988 dispõe sobre os filhos havidos fora do casamento determinando:
Art. 1.607. O filho havido fora do casamento pode ser reconhecido pelos pais, conjunta ou separadamente.

tal pretensão "se imprima o rito especial da Lei 5.478/68 quando negada a relação de parentesco, mas sim o rito ordinário através do qual se abre a oportunidade aos litigantes para ampla realização de provas." (Cahali, 1998, p. 617)

Realmente, permitir que o filho não reconhecido juridicamente possa ajuizar demanda alimentar baseada na Lei 5.478/68, poderia resultar em inúmeras injustiças, uma vez que a verba alimentar seria fixada provisoriamente e exigida até sentença final que julgasse improcedente a ação por inexistência de provas suficientes da paternidade, podendo o pretenso pai, inclusive, ter sido coagido a pagar através de ameaça de prisão civil, despendendo valores para manutenção de filho que não seria seu. Perigoso, portanto, é fazer tal afirmativa.

Resumindo, Cahali (1998, p. 618) afirma que:

> proclamando não ser a Lei 5.478/68 a via idônea para o filho ilegítimo pleitear alimentos contra o indigitado pai, não se prestando, portanto, para a investigação de paternidade, ainda que *incidenter tantum*; no caso só se admite o rito ordinário, com ampla dilação probatória, ainda que com vistas apenas a uma simples pretensão alimentar fundada na paternidade de fato, sem a colimação da paternidade de direito para outros efeitos jurídicos; sendo inadmissível, assim, no caso, a concessão de alimentos provisionais à falta de suporte de fato (de parentesco).

Por outro lado, não menos perigoso é permitir a possibilidade, de ajuizamento, atualmente, de ação ordinária de alimentos, conforme Lei 883/49, em prol de filho ilegítimo. Perigoso não para o pretenso pai que somente seria condenado à prestação alimentar após o exame de amplo conjunto probatório, através de rito ordinário, facultada às partes a produção de todos os meios de prova em direito admitidas, sem que, no decorrer da dilação probatória, exista a obrigação de adimplemento de verba alimentar. Para o pai inexistem prejuízos, mas para o filho muitos são os perigos.

Utilizar o ajuizamento de ação de rito ordinário para comprovar a filiação e ver fixada a verba alimentar, sem que a procedência da mesma determine o reconhecimento jurídico da condição de filho ao menor é por deveras perigoso para este. Pode-se, então, questionar a validade e a necessidade de tal peticionamento quando este tem a possibilidade de ajuizar ação de investigação de paternidade cumulada com alimentos e, se possuir prova robusta da alegada paternidade, ver fixada verba alimentar de forma provisória até o trâmite final do feito.

Importante, pois, questionar: melhor ajuizar ação de investigação de paternidade cumulada com alimentos, onde, além da possibilidade de fixação provisória da verba alimentar, existe também o reconhecimento do filho para todos os fins de direito, inclusive sucessórios, dentre outros? Tal indagação deve ser considerada diante do fato de que ambos os ritos são ordinários, sem privilégios e possibilidades de que a ação ordinária de alimentos tenha término antes da investigação de paternidade. Quais seriam as reais vantagens para o menor? Teria direito a verba alimentar, mas não seria filho juridicamente reconhecido por quem lhe presta alimentos.

Parece-nos que tal entendimento, não obstante ser defendido pela doutrina e pela jurisprudência, é retrógrado e pode causar sérios danos ao filho. Ainda, é perfeitamente possível o ajuizamento de ação de investigação de paternidade cumulada com pedido de alimentos conforme jurisprudência pátria:

INVESTIGATÓRIA DE PATERNIDADE/ALIMENTOS
Conjunto probatório favorável à definição pela paternidade do investigado em relação à investigante. Alimentos devidos a partir da citação. Incidência do art. 13 da Lei 5.478/68. Vencido nesta parte o relator, no entendimento de que os alimentos eram a partir da sentença. (Apelação Cível nº 597183466 – 7ª CC – Três Passos – RJTJRS 187/332-333)[74]

Por outro lado, parece-nos palpitante o fato de que, havendo ação própria, a paternidade deve ser buscada junto à mesma, podendo ser cumulada com o pedido de verba alimentar.[75] Qualquer entendimento contrário estaria dando o menos quando se poderia

---

[74] Ainda: APELAÇÃO CÍVEL. AÇÃO DE INVESTIGAÇÃO DE PATERNIDADE CUMULADA COM ALIMENTOS. JULGADA PROCEDENTE. Alimentos devidos a contar da citação, e não da data da sentença. Deram provimento ao apelo. (Apelação Cível nº 7000024101 – 1ª CC – Canela – Rel. Des. Luiz Felipe Brasil Santos – J. 24.11.99, RJTJRS 197/380)

[75] INVESTIGAÇÃO DE PATERNIDADE. ALIMENTOS PROVISÓRIOS. EXAME DO DNA. RECUSA DO RÉU. A recusa motivada do réu em submeter-se a exame de DNA constitui precioso elemento de convicção quanto à paternidade. As regras da experiência comum, subministradas pela observação do que ordinariamente acontece, permitem que a conduta processual da parte seja considerada, também elemento de prova. Inteligência do art. 335 do CPC. Havendo indicativo da paternidade, bem como a necessidade do alimentando e a possibilidade do alimentante, correto o deferimento dos alimentos provisórios, pois o processo já se arrasta por três anos aproximadamente. Recurso desprovido. (AI nº 5991133881 – 7ª CC – Porto Alegre – RJTJRS 195/269.
Com este mesmo entendimento: FAMÍLIA. FILIAÇÃO. INVESTIGAÇÃO DE PATERNIDADE. ALIMENTOS. CUMULAÇÃO DE AÇÕES. FIXAÇÃO DOS ALIMENTOS INDEPENDENTEMENTE DE PEDIDO NA PETIÇÃO INICIAL. LEI 8.560, DE 29/12/92, ART. 7º. EXEGESE.
EMENDA OFICIAL: Investigação de paternidade. Alimentos. Cumulação de ações.
A sentença de procedência da ação de investigação de paternidade pode condenar o réu em alimentos provisionais ou definitivos, independentemente de pedido expresso na inicial. Art. 7º da Lei 8.560, de 29/12/92.
Recurso não conhecido.
Rec. Esp. 257.885 - RS (2000/0043140-0)- Rel.: Min. Ruy Rosado de Aguiar - Recte.: Gustavo Porta Sabalos - J. em 21/09/2000 - DJ 06/11/2000 - STJ JBSTFSTJ Série Millenium Vol. 186 página – 120)

ALIMENTOS – da ação à execução

alcançar o mais, ou seja, estaria propiciando alimentos quando se poderia obtê-los juntamente com a condição de filho ou como decorrência desta, ainda que na mesma ação.

4. Acesso à justiça nas demandas alimentares

4.1. Obstáculos no acesso à justiça nas demandas alimentares

Quando se fala em dever alimentar, fala-se, também, de sobrevivência humana, uma vez que o pagamento de alimentos pressupõe que uma das partes da relação não possua condições de, sozinha, angariar o suficiente para manter-se. Assim, esta parte hipossuficiente precisa de que lhe seja possibilitado o acesso à justiça no intuito de buscar direito seu, fixando-se o *quantum* a ser pago a título de alimentos.

Muitos são os limites que dificultam e até impossibilitam este acesso á justiça, sendo eles de ordem econômica, social ou mesmo cultural. Ocorre que estes limites precisam ser superados tendo para isto sido criadas legislações específicas, possibilitadoras do acesso à justiça no momento em que regram a forma de requerer e os casos em que deve ser deferida a gratuidade judiciária, criando, ainda, órgãos prestadores destes serviços, como as Defensorias Públicas.

Analisar estes limites, ditos entraves no acesso à justiça bem como a legislação facilitadora é o que se pretende, no intuito de apreciar a aplicabilidade do dispositivo legal na prática como facilitador na busca da tutela jurisdicional.

4.1.1. Obstáculos econômicos

Um dos maiores entraves no acesso à justiça diz respeito aos custos para o ajuizamento e acompanhamento de um procedimento que vise à busca da tutela jurisdicional do Estado. Estes são, pois, obstáculos econômicos, pois a maioria dos cidadãos brasileiros não possui condições de arcar, com as custas processuais, afastando, assim, essa parcela da população do judiciário.

Se para o cidadão comum é penoso arcar com os custos de um processo, redobradas ficam as dificuldades quando o autor da ação é pessoa que não possui condições de, sozinha, manter sua sobrevi-

ALIMENTOS – da ação à execução

vência, o que impõe a busca de verba alimentar de quem por direito deve prestá-la.

Como principais obstáculos econômicos podem-se relacionar as *custas diretas*, ou seja, as custas processuais e os honorários advocatícios, e os *custos indiretos*, aqueles que sofrem um aumento ainda maior com relação a ações de pequeno valor, vitimando-se duplamente as classes populares em face da administração da justiça, ocorrendo o que se pode denominar de custo diferido, uma vez que a lentidão dos processos judiciais pode ser facilmente convertida em custo econômico adicional e este é mais gravoso para o cidadão de menos recursos (Santos, 1988).[76]

Para Rodrigues (1994), a desigualdade econômica gera, em termos de acesso à justiça, dois problemas:

> a) dificulta o acesso ao Direito e ao Judiciário, tendo em vista a falta de condições materiais de grande parte da população para fazer frente aos gastos que impõe uma demanda judicial; e b) mesmo quando há esse acesso, a desigualdade material, em contraste com a igualdade formal prevista no ordenamento jurídico, acaba colocando o mais pobre em situação de desvantagem dentro do processo. (p. 35)

Estes problemas acabam afastando o cidadão hipossuficiente do judiciário e levam-no por outros caminhos: ou ele esquece o seu direito passando a ignorá-lo, desacreditando ainda mais na justiça, ou resolve o problema segundo o seu próprio código, com suas próprias leis, que muitas vezes são antagônicas às instituídas para reger a sociedade.

O que se verifica quando se trata de demandas alimentares é que ou o alimentando sobrevive a duras penas, muitas vezes sem o mínimo necessário, ou resolve de forma alternativa, como são os casos em que a mãe entrega a criança para adoção por falta de condições financeiras para mantê-la, porque o pai não paga espontaneamente a verba alimentar e porque não possui condições de acioná-lo para que pague através de sentença judicial. Por outro lado, importante é salientar que sempre é observada a necessidade financeira dos menores alimentandos e não apenas de sua genitora, podendo aqueles primeiros ser beneficiários da justiça gratuita, en-

---

[76] No entanto, a alegada falta de condições financeiras deve ser comprovada, não sendo este, porém, o entendimento único. Neste sentido: "ASSISTÊNCIA JUDICIÁRIA GRATUITA. Necessário aferir-se as condições peculiares da parte, para se detectar a capacidade de socorrer-se da justiça sem comprometer sua subsistência. Embargos rejeitados. (5 fls) (EMI nº 70000598201, Quarto grupo de Câmaras Cíveis, TJRS, Rel. Des. Maria Berenice Dias, jul. em 14/04/2000). Em sentido contrário: "GRATUIDADE DA JUSTIÇA. DEFERIMENTO – A concessão do benefício da gratuidade da justiça não exige prova de miserabilidade ou penúria do postulante, bastando a alegação de que não pode prover as despesas judiciais sem desfalque de seu próprio sustento. Exegese do art. 4º da Lei 1.060/50. (Agravo de instrumento n 597203322 – 7ª CC – Sapucaia do Sul – j.18-02-98 – RJTJRS 187/382)

quanto a última não faz jus àquele benefício, sendo ele, mesmo assim, deferido.[77]

4.1.2. Obstáculos sociais e culturais

Quanto aos obstáculos sociais e culturais, pode-se encontrá-los nas classes menos favorecidas, onde os cidadãos tendem a conhecer pior os seus direitos, ou até mesmo desconhecê-los por completo, encontrando dificuldades para identificar um problema que os afeta como problema jurídico. Em segundo lugar, mesmo que reconheçam esse direito, hesitam muito em propor a ação, já que boa parte da população muitas vezes tem receio de entrar no Fórum, investidos da concepção de que pobre que lá se encontra é criminoso. (Santos, 1988)

Quando se investigam as relações jurídicas entre os cidadãos e as formas pelas quais eles obtêm o acesso à justiça, percebe-se que "entre os excluídos não há senão que os excluídos econômicos, há também os excluídos jurídicos que são os excluídos do direito, que têm direitos e não os fazem valer porque não os conhecem." (Bouchet, 1995, p. 5, *apud* Spengler, 1998)

Na verdade, resignam-se a sua própria sorte, desconfiando da justiça. Dois fatores contribuem para que estes sentimentos negativos se instalem: experiências anteriores que resultaram em decepção com relação ao mundo jurídico ou uma situação geral de dependência e de insegurança que produz o medo de represálias ao se recorrer aos tribunais.

Vale aqui ressaltar o exemplo da mãe que não ajuíza ação de alimentos representando o filho menor porque o pai, irresponsável, que não paga alimentos, faz ameaças no sentido de intimidá-la dizendo que, se não tem condições de manter o filho sozinha, vai tirar-lhe a criança, provando tal situação ao magistrado.

Aqui, vale ressaltar a posição de Watanabe, citado por Rodrigues (1994, p.36), que ensina: "a efetiva igualdade supõe, antes de mais nada, um nivelamento cultural através da informação e orientação, que permita o pleno conhecimento da existência de um direito".

Por outro lado, assim como na medicina, a justiça é muito mais curativa do que preventiva. Não existem informações ou orientações que possam conscientizar a população sobre seus direitos, de como

---

[77] Neste sentido: 'ASSISTÊNCIA JUDICIÁRIA – Deferido o benefício aos menores, autores da execução de alimentos, por ser ilegítima a impugnação dirigida contra a mãe dos autores, desimporta a situação econômica da representante das partes para a concessão da assistência judiciária gratuita. Apelo provido." (Apelação cível nº 598009702 – 7ª Câmara Cível – Porto Alegre – Relª Desª Maria Berenice Dias – Julgada em 13-05-98)

buscá-los, ou como evitar que se percam, sem que para isso seja necessário acionar o judiciário. É preciso que se leve em conta não só a importância do acesso à justiça mas também do acesso aos direitos, sem o qual o cidadão não saberá que seu conflito é jurídico. O que se tem feito atualmente é resolver os litígios judicialmente, sem buscar antes a prevenção dos mesmos ou a resolução extrajudicial.

Em conjunto, estes estudos revelam o quanto os fatores sociais, econômicos e culturais impedem o acesso à justiça por parte do cidadão menos favorecido, sendo para isto criado institutos inovadores como as Defensorias Públicas que, dentre outros possibilitam a informação e a busca da tutela jurisdicional do Estado como forma de resolver e solucionar litígios.

É necessário, pois, colacionar que muita coisa já foi feita na tarefa de possibilitar o acesso à justiça para todos os cidadãos, mas um longo caminho ainda precisa ser percorrido. Assim, pode-se perceber que as reformas do processo ou mesmo do direito substantivo não terão muito significado se não forem complementadas com outros dois tipos de reformas: sócio-cultural e econômica, para que o cidadão possa conhecer e usufruir os benefícios que conquistou no decorrer de sua história.

4.2. Acesso à justiça e dever alimentar: Lei 5.478/68 como solução

Diante das dificuldades, leiam-se custos, da insuficiência e inoperância do aparelho judiciário, algumas soluções foram alcançadas, através da criação de legislação federal, no sentido de solucionar os problemas existentes historicamente e possibilitar o acesso à justiça.

Assim, na legislação aplicável, encontra-se a Lei nº 5.478/68, Lei de Alimentos, criada ainda na década de sessenta para assegurar os direitos do alimentando e possibilitar-lhe acessar os alimentos de forma gratuita. Neste sentido, o artigo 1º da Lei referida assegura à parte que não tiver condições de pagar as custas do processo o benefício da gratuidade judiciária, diante de sua simples afirmativa perante o juiz.

Não obstante o esforço do legislador no sentido de possibilitar o acesso à justiça através da norma legal, o artigo 2º da mesma lei dispõe que pode a parte comparecer diante do juiz competente e, verbalmente ou através de advogado, postular alimentos. No entanto, o § 3º desse artigo refere que, se o credor comparecer pessoalmente sem indicar profissional que possa assisti-lo no feito, o juiz designará, desde logo, alguém que possa fazê-lo.

Diante do dispositivo legal mencionado, a postulação pessoal dos alimentos perante o magistrado é uma faculdade permitida à parte que "não passa do termo inicial" (Marmitt, 1999, p. 146), devendo posteriormente ser assistido por advogado para dar andamento ao feito. Realmente, deve-se levar em conta que a vida profissional deste operador jurídico possui estreitas relações com a ciência jurídica, o que já foi deveras sacramentado no artigo 133 da Constituição Federal de 1988, bem como o artigo 2°, *caput*, do Estatuto da OAB, que reitera aquele dispositivo.

Conforme estes artigos, pode-se perceber que a indispensabilidade do advogado à administração da justiça é total, uma vez que não foram postos na Constituição Federal de 1988 e no Estatuto da OAB por puro corporativismo da classe dos advogados e sim para garantir, mais à parte do que ao próprio profissional, o acesso à justiça e a igualdade de condições na obtenção da tutela jurisdicional. Assim, comprovando-se a insuficiência de recursos, cabe ao Estado prestar Assistência Jurídica integral e gratuita igualando as partes e proporcionando àquelas hipossuficientes o acesso à justiça.

Partindo desta premissa, Cappelletti e Garth, em seu livro *Acesso à Justiça* (1988), citam três "ondas", ou movimentos que emergiram como solução para os problemas de acesso à justiça nos países ocidentais.

A primeira onda foi a assistência judiciária para os pobres,[78] a segunda a representação jurídica para os interesses "difusos"[79] e a terceira e mais recente é o "novo enfoque de acesso à justiça",[80] uma vez que inclui os posicionamentos anteriores mas vai além destes (Cappelletti e Garth, 1988, p. 31), abrindo caminho para a revisão da

---

[78] "Este sistema é importante, já que vai em direção à população pobre para auxiliá-la a reivindicar seus direitos, através da prestação de serviços de advogados eficientes..., ainda existem limites no concernente ao acesso à justiça, devendo ser levado em conta, nestes modelos, a necessidade de um grande número de profissionais disponíveis... necessário é que o profissional seja bem remunerado, para que faça um trabalho de boa qualidade objetivando oferecer aos pobres uma assistência judiciária gratuita mais competente, que faça jus às suas necessidades e expectativas." (Spengler, 1998, p. 29-30)

[79] "Surgiram novas técnicas, ou novas formas de buscar a proteção dos interesses difusos, como a técnica do procurador geral privado e do advogado particular de interesse público, a assessoria pública e o advogado público, que podem auxiliar e possibilitar a reivindicação eficiente dos interesses difusos" (Spengler, 1998, p. 32).

[80] "Deve ter um aspecto mais amplo, criando-se para isso uma terceira *onda* de reforma, incluindo a advocacia judicial e extrajudicial, seja por meio de advogados particulares ou públicos, bem como novas formas de resolução de conflitos, como a arbitragem e a mediação... Estas mudanças, também dizem respeito a ações que visem à informação e à orientação da população a respeito dos novos direitos ou então sobre aqueles que não sejam tão novos assim, mas que ainda não chegaram ao conhecimento de muitos cidadãos. Assim, poder-se-ia evitar o ajuizamento de muitas ações, através da prevenção, fazendo com que a população obtivesse o acesso à justiça e, conseqüentemente, desafogando o Judiciário". (Spengler, 1998, p. 32-33)

ALIMENTOS – da ação à execução

jurisdição do Estado como método exclusivo para a solução de litígios.

Destas três ondas, a de maior utilização quando se pretende discutir alimentos judicialmente é a primeira, que diz respeito a assistência judiciária gratuita para os pobres, representada diretamente pelos serviços das Defensorias Públicas, dos Gabinetes de Assistências Judiciárias ou Escritórios Modelos,[81] e ainda por advogados atuantes e que se disponham a patrocinar causas gratuitas.

Assim, mesmo depois da criação da Lei nº 5.478/68, podendo a parte requerer a gratuidade judiciária quando não puder custear as despesas com o processo, os obstáculos no acesso á justiça para o alimentando não desapareceram. A dificuldade permanece na medida em que, muitas vezes, falta orientação e informação a esta camada da população sobre seus direitos e a forma de tutelá-los. Ainda, os trabalhos desenvolvidos pelas Defensorias Públicas são insuficientes para atender a demanda cada vez mais crescente de litígios, obrigando a constatação de que, não obstante a lei permitir a gratuidade judiciária, muitas vezes as pessoas não buscam a tutela jurisdicional por inexistência de profissionais habilitados que atuem de forma gratuita.

Conseqüentemente, pode-se verificar que a Lei nº 4.578/68 poderia ser utilizada de forma eficiente como facilitadora do acesso à justiça se houvesse, paralelamente, um trabalho de conscientização de direitos e de formas pelas quais estes podem ser acessados, bem como incentivo às Defensorias Públicas, modernizando suas instalações, técnicas de trabalho e fomentando a criação de convênios com entidades privadas como as universidades, no intuito de ver instalados serviços de assistência judiciária gratuita criados e mantidos por estas, com o objetivo de oferecer ao acadêmico uma carga maior de experiências jurídicas através do atendimento e ajuizamento de ações de forma gratuita.

4.3. Da citação nas ações de alimentos

Em sendo necessário o ajuizamento de ação ou execução de alimentos em prol do alimentando, o alimentante deve ser citado[82]

---

[81] Tais instituições são criadas e mantidas pelas universidades, no intuito de proporcionar experiências jurídicas aos seus acadêmicos, atendendo uma parcela considerável da população hipossuficiente das Comarcas onde estão instaladas.

[82] "Citação é a comunicação que se faz ao sujeito passivo da relação processual (réu ou interessado), de que em face dele foi ajuizada demanda ou procedimento de jurisdição voluntária a fim de que possa, querendo vir se defender ou se manifestar." (Nery e Nery Júnior, 1997, p. 498)

para que tome conhecimento e venha a integrar a relação processual, triangularizando a mesma. Assim, tal citação deve ocorrer junto ao endereço do requerido quando este for conhecido e, em não se conhecendo o paradeiro do alimentante, pode ser feita por edital. Pelo teor do artigo 5º da Lei n. 4.578/68, o escrivão remete, no prazo de 48 horas, cópia da petição inicial de alimentos ou termo, bem como a cópia do despacho do magistrado comunicando dia e hora para a realização da audiência de conciliação e julgamento. Diante de tal dispositivo, passou-se a efetuar a citação postal nas ações de alimentos, o que, para Cruz (1956, p. 34), não foi a escolha mais acertada, pois

> se pretendia simplificar o processo, melhor seria manter a citação com o oficial de justiça, que a faria em prazo curto, como 24 horas. Isso na hipótese da residência do devedor no mesmo Estado. Quando o devedor residisse em outro Estado ou no estrangeiro, aí se faria a citação pelo Correio, como, aliás, manda a lei.

Na verdade, atualmente, busca-se ampliar a citação pelo correio devido à diminuição dos custos e a rapidez com que esta se efetiva, no entanto, nos casos em que o citando não seja encontrado, não assine o aviso de recebimento ou crie constrangimentos para tanto, a citação é feita então por oficial de justiça. Para Spengler Neto (2001, p. 110), o principal requisito para a perfeccionalização da citação pela via postal é aquele que diz respeito ao fato de que "a correspondência deve ser postada para entrega, pelo carteiro, ao citando, em mãos" e complementa:

> A maior angústia dos autores, quando o procedimento citatório for o denominado citação pelo correio, é a efetivação (ou talvez melhor seria dizer não efetivação) do ato por meio de pessoa estranha à relação processual. O texto processual de forma objetiva afirma que o dever de entregar a carta ao citando (art. 223, § único, primeira parte), o que, por vezes, não ocorre.[83]

Por outro lado, Nogueira (1995, p. 29), afirma a possibilidade de citação do alimentante com a entrega da carta, em sua residência, mediante recibo, mesmo que esta seja recebida por familiar ou empregado seu e não pessoalmente, pois "entender-se de modo contrário é frustar a própria intenção legal". E arremata afirmando que a citação pela via postal, vem cumprindo com seu papel, acelerando o

---

[83] E complementa: "CITAÇÃO POR VIA POSTAL EM AÇÃO DE DESPEJO, CUMULADA COM COBRANÇA DE ALUGUÉIS – RECEBIMENTO POR TERCEIRA PESSOA, QUE NÃO OS FIADORES, QUE NÃO TOMARAM PARTE DO PROCESSO DE CONHECIMENTO – Citação nula que se decreta, e, de conseqüência, se declara, extinto o processo de execução, com arbitramento de honorários advocatícios, a serem pagos por quem promoveu a execução contra os fiadores. Entendimentos jurisprudenciais. Recurso conhecimento e provido. TAPR – AI 129.659-7 – 2ª C.Civ. Rel. Juiz Moraes Leite – Unânime – DJPR 06.08.1999, RT 266/124.

ALIMENTOS – da ação à execução

andamento do feito com poucos embaraços que podem ser contornados na prática.

Pode-se encontrar um entrave na citação pela via postal quando se verifica um grande número de mudanças de residência efetuadas pelo citando, mais facilmente verificada junto à camada menos favorecida da população. Nestes casos, em não sendo encontrado o citando, o aviso de recebimento é devolvido informando que o destinatário não reside mais naquele local. No entanto, se a citação é feita por oficial de justiça, este normalmente diligencia junto aos vizinhos no sentido de descobrir o atual paradeiro do citando, podendo efetuar sua citação no local indicado ou então certificar nos autos se o endereço fornecido não for muito preciso. Posteriormente, pode a parte autora fornecer o endereço.

No entanto, não sendo possível efetivar a citação pela via postal, esta deve ser realizada através do oficial de justiça que tem fé pública para, no caso de o citando negar-se a receber e exarar assinatura, dá-lo por citado, certificando que este negou-se a assinar o mandado.

Maiores problemas e entraves ocorrem quando o requerido não é encontrado no endereço fornecido pela parte autora na inicial e, mesmo depois de várias diligências efetuadas, sua localização não é encontrada, restando, pois, como única forma de citação a editalícia.

4.4. Citação por edital nas ações de alimentos com benefício da Justiça gratuita

A citação editalícia ocorre sempre que a parte demandada em uma ação não é localizada para ser citada pessoalmente, vindo integrar a lide, ou então quando sua localização, apesar de conhecida, é inacessível, sendo que, para Spengler Neto (2001, p. 119), a informação sobre a ignorância do paradeiro do réu deve vir aos autos de duas formas:

> a) pela própria indicação do autor, afirmando não saber o local onde se encontra; b) pela tentativa de localização, por carta ou por oficial de justiça, o qual certificará não tê-lo encontrado e não saber onde se encontra.

Quando declinado endereço do citando pela parte autora da ação, aquele mesmo autor salienta a necessidade de que o oficial de justiça esgote os meios necessários para sua localização,[84] no entanto,

---

[84] Neste sentido, Spengler Neto (2001, p. 120-121) ressalta que: "ao oficial de justiça incumbe a procura do Réu, importando isso que ele esgote os meios necessários à localização do citando, não se adstringindo a apenas verificar se ele se encontra no endereço fornecido pelo Autor" (Dall'Agnol, 2000, p. 543). Por outro lado, faz o contraponto, citando outro autor que

não obtendo êxito em sua tarefa a citação por edital é a única forma de chamá-lo ao processo.

Nestes caso, o artigo 5º da Lei n. 5.478/68, em seus § 4º e 5º, dispõe sobre a citação editalícia nas ações de alimentos, quando não localizado o citando para que aconteça pessoalmente. Ocorre que, conforme salienta Nogueira (1995, p. 29):

> a Lei de Alimentos é anterior ao vigente Código de Processo Civil, que prevê a publicação do edital de citação no órgão oficial uma vez e duas vezes em jornal local, onde houver, com prazo que variará entre vinte e sessenta dias, correndo da data da primeira publicação (art. 232, III e IV).

Apesar das alterações trazidas pelo CPC, a citação editalícia não tem alcançado bons resultados, sendo poucas as vezes em que o citando vem integrar a lide por força de sua publicação. Então

> pretender que a publicação de editais de citação seja forma de publicizar, de dar conhecimento ao réus da existência de ação judicial em tramitação, não passa, nos dias de hoje de fantasiar o direito de um perfeccionismo inexistente. Trata-se de formalismo jurídico que outrora talvez pudesse ser indispensável e útil, mas que atualmente não passa de instrumento de encarecimento do processo , sem qualquer resultado prático. (Spengler Neto, 2001, p. 124)

Aqui se toca em ponto nevrálgico e mais polêmico ainda: aquele que discute a citação editalícia (tida como inexitosa na grande maioria das vezes, com a publicação de três editais), feita em processos que tramitam sob o benefício da justiça gratuita,[85] quando a publicação do edital ocorre apenas uma vez, no órgão oficial, conforme rezam os artigos 232, § 2º, do CPC e artigo 3º da Lei n. 1.060/50, com acréscimo do parágrafo único dado pela Lei nº 7.288/84.

Na verdade, a introdução do parágrafo único no mencionado artigo veio resolver um impasse criado diante dos tribunais a respeito do fato de a parte autora ser hipossuficiente e não poder arcar com os custos de publicação do edital por três vezes. Assim, havia três possíveis soluções : "a) o beneficiário custeia a publicação do edital no órgão de imprensa oficial; b) o Estado arca com o custo dessa publicação ou impõe aos jornais que a façam gratuitamente; c) os juízes desobrigam da publicação, quando o assistido não a possa pagar." (Zanon, 1990, p. 53).

---

salienta que: "a obrigação de o oficial de justiça procurar o réu é limitada pelas informações trazidas pelo autor ou colhidas em sua diligência, não existindo para o funcionário o dever de comportar-se como detetive a fim de localizar o citando, pois não tem tempo, meios e formação profissional para agir dessa forma." (Vidigal, 1999, p. 46).

[85] Por justiça gratuita entende-se a gratuidade de todas as custas e despesas referentes ao processo e todos os seus atos. Isenta de toda e qualquer despesa o beneficiário, abrangendo além das custas relativas aos atos processuais, todas as demais despesas ocorridas com a efetiva participação processual." (Spengler, 1998, p. 74).

ALIMENTOS – da ação à execução

A opção foi pela terceira solução pois não sobrecarregaria o hipossuficiente, o estado, ou a imprensa, com custos que todos não poderiam arcar, uns porque sem condições financeiras para tanto, outros porque completamente alheios aos acontecimentos, de modo que seria injusto submetê-los a tal empreitada.

No entanto, a solução escolhida como a mais justa e menos onerosa para todos é a que

> Atinge exatamente aquela camada populacional mais necessitada não apenas econômica, mas social e culturalmente. Aqueles que mais necessitam do suporte estatal para a compreensão dos atos judiciais, seja para a efetivação do seu acesso á justiça, seja para possibilitar o exercício de sua defesa, ficam mais desamparados. É esta mais variada gama de cidadãos, com direitos e deveres iguais aos econômica e socialmente mais avantajados, que não têm acesso ao Diário da Justiça para a leitura diária. São eles que mais necessitariam de poderem ser comunicados pela imprensa normal. (Spengler Neto, 2001, p. 129)

O que se pode perceber então é que, por um lado, buscou-se facilitar o acesso à justiça da população carente que pretende pleitear verba alimentar utilizando a citação editalícia para dar conhecimento a outra parte da demanda que é movida contra si. Neste caso, o edital é publicado em órgão oficial apenas uma vez e sem ônus nenhum ao hipossuficiente beneficiário da justiça gratuita. Por outro lado, esta situação também prejudica-o diante da pouca possibilidade de o citando obter acesso ao órgão veiculador dos editais, especialmente por sua condição financeira, social e até mesmo cultural, refletida aqui na falta de informação e na pouca orientação.

Em caso de o citando não vir integrar a lide, o que a rigor jamais se sabe se por desinteresse, por não querer contestar a ação ou por não saber da existência da mesma, é-lhe nomeado um curador, de acordo com o artigo 9º do CPC, no entanto tais profissionais realizam um trabalho

> meramente técnico de defesa dos interesses do curatelado, tão somente munidos das informações constantes nos autos, ou seja, com aqueles subsídios que o próprio autor já informou ao juízo (e, por força de corolário lógico, são do seu – autor – interesse). (Spengler Neto, 2001, p.131)

E o mesmo autor, conclui dizendo que

> ... fácil concluir que a citação editalícia não vem respondendo o objetivo pelo qual foi criada, em especial quando os feitos já tramitam sob a égide da gratuidade judiciária. Uma única publicação de editais nos Diários oficiais, jornal não lido pelo cidadão comum, desejando que a parte citanda se dê por citada e intimada, não passa de mero formalismo, sem qualquer resultado prático. A ampla defesa do réu vai resguardada tão-somente para fins de lei. (Spengler Neto, 2001, p. 137)

As propostas de solução aos feitos com trâmite sob a gratuidade judiciária importam na constatação de que a citação editalícia feita de acordo com o artigo 232, inciso III, do CPC é de difícil aplicação prática, agravando-se a situação quando esta se refere aos artigos 232, § 2º e artigo 3º da Lei n. 1.060/50. Tal agravante se dá justamente porque a publicação única buscou solução para a impossibilidade financeira daqueles que recorrem à justiça gratuita sem poder pagar as custas com os editais, procurando não onerar por sua vez o estado nem a imprensa. Por outro lado, deixa a possibilidade de que maiores injustiças aconteçam com o tramitar de feitos sem que uma das partes tenha conhecimento deles e venha integrá-los para fins de se formar o contraditório e ampla defesa. Mas,

> Se os éditos fossem publicados conforme a regra da não gratuidade, ou seja, duas vezes nos meios de comunicação escritos locais, teríamos situação diversa? Muito embora não existam pesquisas sobre o tema, paira, com força a expectativa de que sim. Ora, os jornais do interior são mais lidos do que os da capital, em sua área de circulação. Assim, a probabilidade de ver-se presente ao feito réu citado por edital, atendendo tão-somente a publicação, é insuperavelmente maior nos casos de assistência judiciária gratuita. Ademais, se o próprio citado não ler, alguém, certamente tratará de avisá-lo. (Spengler Neto, 2001, p. 144)

Tal proposta é muito atraente de vários pontos de vista: primeiro, o citando pode tomar conhecimento da lide com mais facilidade; segundo, se não souber da mesma por si só, pode ser comunicado por conhecidos, uma vez que o edital seria publicado no jornal de circulação do local onde ele reside; por outro lado, os custos, ainda assim, apesar de mais dispendiosa do que aquela prevista no artigo 232, § 2º, do CPC e artigo 3º da Lei nº 1.060/50, não seriam tão elevados como nas citações editalícias preconizadas por aquele mesmo artigo no seu inciso III.

No entanto, custos ainda existiriam e agora com relação a publicações feitas na imprensa privada e não mais oficial. Quem arcaria com estes custos? Spengler Neto (2001) sugere o Estado como resposta óbvia, afirmando que parte deste valor estaria diluído ante a não publicação no jornal oficial, apontando que outra possibilidade, esta instituída por força de lei, criada para tanto, seria a "participação social dos meios de comunicação escritos com a assunção de parte das despesas", cumprindo seu papel ao possibilitar a defesa de todos os cidadãos. Acrescenta que a redução de custos dos éditos no órgão oficial poderia ser também repassada à imprensa privada pagando então um dos editais. Esta, por sua vez, deixaria de ter total prejuízo, encontrando-se ainda a expectativa de aumento na tiragem do jornal local.

ALIMENTOS – da ação à execução

Não obstante a bela solução encontrada, que pode resolver o problema com a publicação dos editais, possibilitando ao menos assistido financeira, social e culturalmente seu acesso à justiça, o problema persiste quanto à falta de orientação e informação[86] deste, no sentido de que pode vir a sofrer uma ação judicial contra si e que sua citação pode acontecer via edital se ignorado pela parte autora seu endereço. Em esta acontecendo e tomando ciência de que deve integrar a lide, torna-se necessário que procure profissional habilitado que possa defender seus direitos; se pobre, a Defensoria Pública ou os serviços de assistência judiciária gratuita prestados por entidades privadas. Não se pode perder de vista é que, nas exatas palavras de Bouchet (1995, p. 7, *apud*, Spengler, 1998), este cidadão "se quiser, deve poder conhecer e exercer seus direitos"

---

[86] "Em ocorrendo este trabalho de informação, poder-se-ia atacar três flancos: um primeiro quando se evitariam litígios através da prevenção; um segundo, onde a população seria orientada sobre seus direitos e as formas de usufruí-los ou assegurá-los; terceiro oferecendo alternativas à resolução dos conflitos." (Spengler, 1998, p. 128).

5. Da ação de alimentos

5.1. Da petição inicial

A Lei de Alimentos, nº 5.478, de 25 de julho de 1968, institui rito especial, sumário, para as ações através das quais as pessoas interligadas por vínculos de parentesco ou em função do casamento vêm buscar seu direito à verba alimentar, acionando quem por direito deve prestá-la.

Este rito especial está previsto no artigo 1º, independendo o pedido de prévia distribuição, que pode ser determinada posteriormente, pois as partes hipossuficientes gozam do benefício da gratuidade judicial. Recebido o pedido em três vias, uma delas é utilizada para a citação do alimentante.

Vale ressaltar, porém, que a ação de alimentos pode ser movida de forma inversa. Assim, por exemplo, o pai, cônscio de seus deveres como tal, pode ajuizar o procedimento com o intuito de vir oferecê-los ao filho, sabedor de sua condição de necessitado. Neste caso, a ação é processada da mesma forma, devendo o pai ajuizá-la em relação ao filho, por si, ou, se menor, representado/assistido, conforme o caso, por sua mãe. Todos os documentos devem ser juntados, bem como deve ser evidenciado o binômio necessidade x possibilidade, como se faria na ação tradicional, onde o alimentando requerer alimentos em face do alimentante.

A petição que dá início ao procedimento em tela, consoante o artigo 2º da Lei 5.478/68, deve ser formulada em três vias[87] de igual teor e ser assinada pela parte autora ou por advogado que a represente, devendo conter a indicação do juiz a quem é endereçada, o nome e a qualificação completa do alimentando e do alimentante, a

---

[87] Destas três vias, uma serve para comprovar a entrega da petição à distribuição do foro, diretamente ao cartório ou ao magistrado, desde que devidamente protocolada com recebimento; outra serve para instruir o feito, devendo ser acompanhada por todos os documentos que a parte autora entender necessários e a terceira deve ser entregue ao requerido, no momento de sua citação.

exposição dos fatos e motivos que ensejaram o ajuizamento da ação, relacionando as necessidades de recebimento da verba alimentar, bem como as possibilidades do requerido e sua renda mensal.

Acompanhando a petição inicial vêm os documentos (artigo 159 do CPC) que comprovam os vínculos que tornam o requerido obrigado à prestação de verba alimentar, documentos que possam comprovar as necessidades do alimentando e as possibilidades do alimentante. A exceção aqui fica por conta do artigo 2º, § 1º, da lei mencionada, que diz respeito a notas, registros, repartições ou estabelecimentos públicos ou quando ocorrer demora na obtenção destas, quando estiverem em poder do alimentante ou de terceiro residente em lugar incerto e não sabido.

Ainda, a petição inicial pode ser recebida pelo magistrado através de solicitação verbal, sem advogado, sendo este designado pelo primeiro para que assista ao autor e providencie na produção da peça processual inicial em três vias conforme o requerido. Outra forma de reclamar alimentos é fazê-lo por termo quando o defensor designado ou o representante do Ministério Público acha conveniente reproduzir por escrito a solicitação verbal anteriormente feita, através do escrivão, que assina, juntando-se os documentos necessários.

5.2. Da desnecessidade de prévia distribuição

De acordo com a referência feita anteriormente, a ação de alimentos obedece a rito especial, previsto em seu artigo 1º com objetivo único de facilitar a pronta resolução do litígio através da tutela jurisdicional do Estado.

Por sua vez, o artigo 2º da Lei de Alimentos determina que o autor, por si mesmo ou através de advogado, se dirija ao juiz competente para fazer processar a ação. Mas, conforme refere Oliveira e Cruz (1956, p. 21) "e onde houver mais de um juiz competente? Como está redigido o texto, poderá a parte escolher o juízo, o que provocará, na prática, alguns inconvenientes, como o acúmulo de serviço nos cartórios mais escolhidos". Ainda, o mesmo doutrinador evidencia outro problema existente no texto legal, o que também faz dificultar o seu cumprimento, que diz respeito ao fato de que o § 1º do mesmo artigo diz que a distribuição será determinada posteriormente por ofício do juízo, inclusive para o fim de registro. "Por que o inclusive?", questiona "Se a ação independe de prévia distribuição o ato posterior só servirá para efeito de registro" e sugere: "a disposição deveria ser aplicada em harmonia com o disposto no artigo 50, § 1º, do CPC" que nada mais regulamenta senão a possibilidade de, depois de apresentada a petição ao juiz escolhido pela parte, este, verificando se o pedido e os documentos estão em ordem, decide sobre alimentos provisórios, e determina, posteriormente, a distribuição regular do feito.

O que na prática tem acontecido é que a parte autora peticiona, através de advogado, sendo seu pedido distribuído normalmente, por dependência ou por sorteio, e só depois de autuado o processo junto ao cartório competente é que seus autos vão conclusos ao juiz, para que este possa apreciar o pedido de alimentos provisórios. A entrega do pedido direto ao juiz ou mesmo sua elaboração sem a lavra de advogado são exceções que, por raras vezes, são encontradas.

Ocorre que, ao processar tal feito de forma ordinária, como se fosse qualquer ação, deixa-se de cumprir com os objetivos da norma legal: facilitar e viabilizar o deferimento de verba alimentar ao necessitado, de forma célere, evitando maiores prejuízos para ele, uma vez que, a rigor, sua sobrevivência dependeria de tal medida.

Diante de tais perspectivas, cria-se um impasse. Se por um lado, pretende-se evitar o acúmulo cartorário que pode ser fomentado pela norma legal criada, por outro, deve-se priorizar a sobrevivência do alimentando. Assim, chegar a um consenso que pudesse evitar prejuízos para ambas as partes seria a solução ideal de forma que "mais fácil seria estabelecer-se a pronta distribuição, do feito, com prioridade a qualquer outro" (Bittencourt, 1979, p. 135). Evidentemente que a priorização das ações de alimentos seria uma forma de resolver aquele impasse, encontrando solução para ambos os problemas, assim "irá o juiz, diante de uma ação de alimentos, imprimir-lhe a velocidade cabível entre outras medidas, dando-lhe preferência em termos de designação de datas" (Sergio G. Pereira, 1983, p. 46). Mas, é complicado falar em priorização junto a cartórios abarrotados de processos, junto a juízes com a mesa repleta de feitos conclusos e pautas lotadas de audiências, junto ao Poder Judiciário que se encontra em crise,[88]

---

[88] As crises do Poder Judiciário são citadas por José Eduardo Farias (1995). Neste sentido, "verifica-se que o maior desafio do Judiciário brasileiro é exatamente readquirir a confiabilidade perdida no decorrer da história, atacando duas crises notórias e graves: a de eficiência e a de identidade. A *crise de eficiência* diz respeito ao descompasso existente entre a procura e a oferta de serviços judiciais, que podem ser traduzidos na lentidão com a qual tramita a maioria dos processos, levando, muitos deles, anos para estarem concluídos. Além da crise de eficiência, a *crise de identidade* pode ser demonstrada através de grandes problemas: a intensidade e o surgimento de novos conflitos carentes de uma legislação moderna ou específica, obrigando a magistratura a aplicar normas ultrapassadas; a falta de conhecimento tecnológico apropriado por parte dos operadores jurídicos, dentre outros. Podem ser citados como exemplo o Código Comercial de 1850, bem como o Código Penal e Processo Penal de 1940 e 1941, respectivamente, e o Código Civil de 1916." (Spengler, 1998, p. 44/45).

ALIMENTOS – da ação à execução

incapaz de responder a toda gama de litígios que esperam pela jurisdição estatal para se verem resolvidos.

Assim, diante de tal quadro, quem continua a sofrer com o descumprimento da lei (que, apesar das dificuldades para ser posta em prática, institui rito especial à Lei de Alimentos no intuito de priorizar a solução dos litígios que versam sobre esse tema) é o alimentante, que depende da verba alimentar para ver assegurado direito seu, a sobrevivência, e que acaba esperando (muito embora não precise, basta fazer-se cumprir a lei) pela lentidão da máquina judiciária.

5.3. Da competência em relação ao foro e ao juízo nas ações de alimentos

Com relação ao foro competente para o ajuizamento da ação de alimentos, o artigo 100 do CPC instituiu como sendo o do domicílio do alimentando, o que excepciona a regra contida na norma legal que o fixa como sendo o do domicílio do réu.

Na verdade, trata-se de um benefício criado a fim de favorecer o alimentante que, em função da sua insuficiência financeira para se manter, possui o privilégio de poder ajuizar a ação competente na comarca onde mora, para ver amparada sua sobrevivência. Mas, observe-se que, se assim o desejar, o futuro autor da ação, mesmo possuindo foro privilegiado, pode abrir mão dele e preferir demandar a outra parte no domicílio[89] dela.

Mesmo em se tratando de ação de investigação de paternidade cumulada com alimentos, a competência ainda é do foro do autor da ação, em virtude do que entabulou a Súmula nº 1 do STJ: "O foro do domicílio ou da residência do alimentando é o competente para a ação de investigação de paternidade, quando cumulada com o pedido de alimentos".

Assim, podendo acionar o alimentante no foro de seu próprio domicílio, o alimentando deixa de despender maiores esforços (sejam financeiros, de locomoção ou outros) para ajuizar ação de alimentos buscando ver reconhecido seu direito de recebê-los, possibilitando a aplicação da tutela jurisdicional do Estado.

O artigo 1º da Lei de Alimentos estatui que a ação de alimentos independe de prévia distribuição. Na prática, tal circunstância não ocorre, sendo comum a distribuição de tais ações, descumprindo-se

---

[89] Isto ocorre pelo fato de que "a regra do artigo 100 CPC é de alternatividade da escolha, e não de subsidiariedade, competindo ao alimentando a opção." (Cahali, 1998, p. 797).

Fabiana Marion Spengler

flagrantemente o texto legal que tem como escopo agilizar a resolução do litígio com o objetivo de ver sanada a necessidade do alimentando.

Já com relação ao juízo competente, nas Comarcas menores, onde existe, apenas uma vara judicial, esta recebe e processa todo e qualquer feito, independentemente de sua natureza, estando, assim, resolvido o juízo para o qual deve ser endereçada a ação. Tratando-se de Comarca maior, onde existe vara especializada de família, ou na inexistência desta, varas cíveis, nelas devem ser processadas tais ações.

Existem dúvidas e posicionamentos controversos quanto a serem as varas da Infância e Juventude competentes para processar ações de alimentos, sendo que o posicionamento majoritário da jurisprudência direciona-se para o sentido de que somente seriam competentes em se tratando de menores nas condições do artigo 98 do Estatuto da Criança e do Adolescente, ou seja, que estivessem com seus direitos violados ou ameaçados "por falta, omissão ou abuso dos pais ou responsável". A expressão "pais" é entendida aqui como pai e mãe conjuntamente. Neste sentido não abrange a competência da Vara da Infância e Juventude a ação proposta por crianças representadas por um de seus genitores, que detenham sua guarda. (Cahali, 1998, p. 802)

Por outro lado, as ações que versam sobre alimentos não são suspensas por ocasião das férias forenses, conforme versa o artigo 174 do CPC (devido à sua natureza), uma vez que, através delas o alimentando busca os meios para garantir sua sobrevivência, sendo de extrema importância a celeridade imprimida ao feito no intuito de ver efetivada a tutela jurisdicional do Estado.

5.4. O menor como autor na ação de alimentos

Quando, na ação de alimentos se pretende fixar verba em favor de filho menor, deve este ser autor do petitório, representado por sua genitora ou por quem detém sua guarda, quando absolutamente incapaz (impúbere, com menos de 16 anos). Por outro lado, deve ser assistido quando menor relativamente capaz (púbere, maior de 16 e menor de 21 anos).[90] Tal representação/assistência se estende a to-

---

[90] Segundo Moraes (O Direito de Família e o novo Código Civil brasileiro *in* www.google.com.br, "a maioridade plena será aos dezoito anos segundo o previsto no artigo 5º do futuro Código Civil brasileiro:

Art. 5º - Aos dezoito anos completos acaba a menoridade, ficando habilitado o indivíduo para todos os atos da vida civil."

Da mesma forma, o art. 4º fala da incapacidade relativa, enumerando, dentre outros, os maiores de dezesseis e os menores de dezoito anos.

ALIMENTOS – da ação à execução

dos os atos do processo, inclusive quanto à possibilidade de dar recibo e quitação de débito, no caso de execução da verba alimentar.[91]

No entanto, se erroneamente a petição foi ajuizada em nome da mãe ou guardião do menor, sem que este figure como autor da ação, pode o juiz recebê-la e determinar que seja regularizado o pólo ativo da demanda de acordo com os artigos 267, IV, §3º, e 13 do CPC.

Não podem o pai ou a mãe requerer alimentos representando/assistindo o filho, se este não estiver sob sua guarda, sendo esta prerrogativa reservada ao seu guardião, que, mesmo em face do artigo 33, § 2º,[92] do Estatuto da Criança e do Adolescente, que numa interpretação mais liberal, diz ser possível desfrutar a tutela legal sem que para isso precise buscar autorização prévia, provando-se, no decorrer da ação de alimentos, se efetivamente o menor se encontra sob a guarda daquele que o representa/assiste ou não. (Cahali, 1998)

Assim, o direito de pleitear verba alimentar só cabe ao alimentando, assistido ou representado por quem de direito, se for menor. Tal fato se deve ao caráter personalíssimo que envolve os alimentos.

5.5. Da comprovação do vínculo de parentesco ou da obrigação alimentar

O artigo 2º da Lei de Alimentos corrobora a necessidade de comprovação do vínculo de parentesco ou da obrigação alimentar entre alimentando e alimentante, ou seja, entre o Autor e o Réu.

No caso de vínculo consangüíneo, a comprovação é feita através da documentação competente que possa comprová-lo, tais como certidão de casamento ou nascimento.

Por isso, quando a criança não é reconhecida pelo pai, impõe-se, primeiramente, o ajuizamento de ação de investigação de paternidade, que pode ser cumulada ou não com alimentos, para fins de comprovar os laços consangüíneos, e, em conseqüência, a obrigação alimentar, para, posteriormente, fixar seu *quantum*. Isto ocorre por-

---

[91] EMENTA: EXECUCAO DE ALIMENTOS. CONFLITO DE INTERESSES. MENOR DESASSISTIDA. E INEFICAZ A DECLARACAO DE MENOR DESASSISTIDA, QUITANDO DÉBITO ALIMENTAR PRETÉRITO, FEITA A SEU PAI DEVEDOR DOS ALIMENTOS. FLAGRANTE O CONFLITO DE INTERESSES. AGRAVO DE INSTRUMENTO DESPROVIDO. (5 FLS) (Agi nº 70000767608, Oitava Câmara Cível, TJRS, Relator: Des. Jose Ataides Siqueira Trindade, Julgado em 13/04/2000).

[92] Tal artigo refere-se à necessidade de deferimento ao guardião "do direito de representação para a prática de atos determinados".

que é *conditio sine qua non* para a concessão de qualquer espécie de alimentos que verse sobre a relação parental o vínculo consagüíneo, sob pena de o feito não prosperar por carência de ação. Por outro lado, é "fácil imaginar a grande injustiça possível de ocorrer com a concessão de alimentos baseada em mera alegação de paternidade, se, após recebidos por longo tempo, restar reconhecida a inexistência de parentesco." (Marmitt, 1999, p. 60)

5.6. Das provas a serem produzidas pelo alimentando

O autor da ação de alimentos deve comprovar sua pretensão, demonstrando, além da existência da obrigação alimentar, sua necessidade de receber tal verba, bem como a capacidade da parte demandada de provê-la.

Tais provas são facilmente carreadas aos autos quando o alimentando exerce atividade remunerada, sendo funcionário de alguma empresa, pública ou privada, onde exista folha de pagamento ou qualquer outra forma de comprovação de seu salário. Os problemas têm início quando o requerido se encontra desempregado ou é profissional autônomo, pois em ambas as circunstâncias torna-se extremamente difícil comprovar sua renda. No primeiro caso, porque a documentação[93] do profissional autônomo nem sempre condiz com a realidade; no segundo, porque a renda pode não existir.

Assim, possuindo o alimentante emprego fixo, recebendo aposentadoria ou benefício previdenciário, e desconhecendo o alimentando o valor dos rendimentos, pode requerer, desde já, na petição inicial, que seja oficiada a empresa onde aquele exerce sua atividade laborativa, ou ao INSS, para que venha aos autos do processo informar o valor dos rendimentos.

No caso de estar desempregado, é importante verificar se se encontra recebendo seguro desemprego. Se negativa a resposta, deve-se investigar a possibilidade de estar exercendo algum "biscate" ou trabalho eventual, que pode ser comprovado pela oitiva de testemunhas, cujo rol, segundo artigo 8º da Lei de Alimentos, independe de prévia apresentação. Saliente-se que, diante de tais fatos, a verba alimentar fixada provavelmente pode ficar em valor menor

---

[93] Como documentação entende-se, aqui, a comprovação do recolhimento de contribuição previdenciária, ou os escritos contábeis, se for, por exemplo, comerciante, titular ou sócio de uma empresa, dentre outros. Neste caso, a jurisprudência tem entendido que podem ser requisitadas informações via judicial sobre tais rendimentos, superando-se a personalidade jurídica para fins de obedecer aos princípios da amplitude da prova. Tal assunto vem mais amplamente debatido no capítulo 10.

do que a expectativa, em face do desemprego do alimentante, circunstância que pode ser revista, através de ação própria, assim que este voltar a exercer atividade remunerada.

Ainda, certidões obtidas junto ao Cartório de Registro de Imóveis e documentos do Detran podem comprovar a propriedade de bens imóveis ou de veículo, que podem mensurar, se não a renda do alimentante, sua capacidade financeira, afinal, não pode alegar ser pobre, se possui automóvel do ano ou propriedades valorizadas.

No caso de o alimentante ser proprietário de estabelecimento comercial, industrial ou outro negócio do gênero, pode o alimentando requerer perícia contábil para fins de investigar os reais rendimentos auferidos na atividade que exerce. Mas tal comprovação deve ser considerada com cautela, uma vez que se pode verificar "minguadas retiradas a título de pró-labore que se alega receber, prática que, como se sabe, usualmente encobre e dissimula os reais ganhos da pessoa no mundo dos negócios." (Cahali, 1998, p. 846)

Mesmo com tais prerrogativas, comprovar a possibilidade do alimentante nem sempre é tarefa fácil. Ainda, tende a tornar-se mais difícil diante da irresponsabilidade de alguns que não medem esforços para esconder suas reais possibilidades, fazendo-se de surdos aos apelos do alimentando que, sozinho, não pode prover sua sobrevivência.

Por isso, importa que venha a petição bem embasada, contendo, além das provas elencadas anteriormente (quanto às possibilidades do pólo passivo), também as necessidades (do pólo ativo), observando-se o artigo 400[94] do CCB. Tais comprovações podem vir através de notas de supermercado, receitas e notas de farmácia que comprovem seu aviamento, atestados médicos que refiram doenças crônicas, comprovantes da compra de material escolar, bem como do pagamento de mensalidade ou qualquer outra contribuição existente no educandário freqüentado pelo alimentando, comprovante de salário (se exercer atividade laboral remunerada), enfim, de todos aqueles instrumentos hábeis a comprovar o custo de sua sobrevivência e sua impossibilidade de arcar com ela sozinho.

5.7. Do valor da causa

O artigo 259 do CPC estabelece que o valor da causa sempre constará da petição inicial e, no seu inciso VI, que, versando esta

---

[94] Vide nota 28.

sobre alimentos, será o somatório de doze prestações mensais pedidas pelo autor.

No entanto, observe-se que, não obstante a letra da lei, mesmo sendo a ação ajuizada de forma inversa, ou seja, quando o alimentante oferece verba alimentar ao alimentando, neste caso *oferecendo* e não *pedindo* alimentos, o valor da causa é fixado da mesma forma, sendo também a soma de doze prestações mensais. O mesmo serve para o acordo de alimentos, vertido entre as partes e levado à homologação judicial.

Agora, se a ação ajuizada disser respeito a dois pedidos, feitos de forma cumulativa,[95] como, por exemplo o pedido de reconhecimento de paternidade e, posteriormente, fixação de alimentos, qual será o valor da causa? Os doutrinadores se inclinam no sentido de que

> se os pedidos poderiam ser formulados em processos separados, o valor é a soma dos pedidos. Se a cumulação é sucessiva, igualmente se somam. Se a cumulação é alternativa, e os pedidos se situam no mesmo plano, atende-se ao pedido de maior valor; se há relação de subsidiariedade, o valor é o do pedido principal. (Passos *apud* Marmitt, 1999, p. 102)

Importante é acrescentar que o valor da causa é utilizado para fins de fixar os honorários advocatícios nas causas que versam sobre alimentos e que pode ser impugnado em feito apartado, autuado em apenso, tendo sobre esta cinco dias o autor para se manifestar. Tal impugnação não suspende o feito principal, uma vez, que mesmo alterado o valor da causa, não haverá alteração com relação à competência ou procedimento[96] adotado para o processamento daquele.

5.8. Do processamento da ação de alimentos

Ajuizada a ação de alimentos, ou reduzido a termo o pedido inicial feito pela parte diretamente ao cartório judicial ou ao magistrado, instaura-se o procedimento com o objetivo de ver fixado o *quantum* a ser pago a título de verba alimentar. Se não juntados, no momento do pedido ou do ajuizamento da ação, os documentos

---

[95] A cumulação de vários pedidos num só processo, contra o mesmo réu, atende ao princípio da economia processual. Ela é admitida, mesmo que inexista conexão entre as postulações, contanto que sejam compatíveis entre si; que seja competente para delas conhecer o mesmo juízo; que seja adequado para todos os pedidos o tipo de procedimento. (Marmitt, 1999, p. 101)

[96] Segundo Sérgio Gischkow Pereira "esta última situação acontece em relação ao rito sumaríssimo do CPC, no caso do inciso I do artigo 275, o que provocou perplexidade diante dos exegetas, pelo menos inicialmente." (1983, p. 59)

comprovadores do vínculo de parentesco e os que dizem respeito à comprovação do binômio necessidade X possibilidade, devem ser carreados aos autos junto com o requerimento dos demais meios de provas a serem produzidas.

Por outro lado, cabe salientar que a Lei 5.478/68 estabelece rito especial para as ações de alimentos, objetivando o célere andamento do feito; no entanto, em não sendo acatado tal dispositivo pelo magistrado, a jurisprudência tem entendido como possível a ordinarização do rito, assim:

> ALIMENTOS. PRELIMINAR DE CERCEAMENTO. DEFESA - Embora o rito adotado não tenha sido o da Lei de Alimentos, a escolha do rito ordinário não acarreta nulidade do feito, se não comprovado o prejuízo. Tal irregularidade, se houvesse, deveria ser sido arguida em audiência - primeira oportunidade da parte para se manifestar. (Apelação Cível nº 596062521 - 7ª Câmara Cível - Tramandaí - Rel. Des. Paulo Heerdt - Julgada em 18-09-96 RJTJRS 180/ 392 e 393)

Então, tem início o processamento da ação de alimentos, instaurando-se o contraditório através da citação válida da parte requerida, assunto a ser discutido a seguir.

5.9. Despacho inicial e a citação do alimentante

Após recebido o pedido, segundo o artigo 4º da Lei de Alimentos o juiz despacha fixando desde logo os alimentos provisórios[97] a serem pagos pelo devedor. Determina a citação da outra parte que compõe a lide e normalmente também aprecia o pedido de justiça gratuita, deferindo-o ou não.

Após o despacho inaugural, segundo art. 5º, o escrivão remete ao réu a segunda via da petição inicial ou do termo, juntamente com cópia do despacho do juiz e a comunicação de dia e hora em que será realizada a audiência.

Quando se trata de citação que envolve a matéria alimentar, permite-se que a citação seja feita através de carta com aviso de recebimento, em função da celeridade que deve ser imprimida ao feito. Ocorre que a carta é enviada pelo correio e deve ser entregue pessoalmente ao Requerido, devendo este exarar sua assinatura, comprovando assim que a recebeu. Se a correspondência for recebida por outra pessoa a citação não se efetiva, devendo ser repetida. Assim:

> Sem prova inequívoca de que o chamamento judicial chegou ao conhecimento do citando, a citação não se efetiva, e lide não se instaura. Não se trata, então, de citação

---

[97] Sobre alimentos provisórios e provisionais ver, subcapítulo específico.

nula, mas de citação inexistente. O ato citatório não chega a ingressar no mundo jurídico. (Marmitt, 1999, p. 96-97)

Neste caso, se o processo tiver prosseguimento, sem que se renove a citação, todos os atos realizados a partir dela serão nulos. A citação efetuada deste modo, ou seja, por carta com aviso de recebimento, possui vantagem no que diz respeito a ser mais econômica, uma vez que não envolve os custos de deslocamento do oficial de justiça nem a possibilidade de demora no cumprimento do mandado, como se verifica atualmente .

Por outro lado, dependendo das circunstâncias, ela pode, ao contrário de seus objetivos, tornar o processamento do feito mais lento, no caso de a carta ser entregue a outra pessoa que não o citando, hipótese na qual ela deve ser refeita para ter eficácia, o que acarreta mais perda de tempo. Tal situação pode ser agravada ainda mais se, após a citação mal feita, for realizado algum ato que posteriormente, comprovada a nulidade, deve ser refeito.

Mesmo que a tendência seja ampliar a citação por via postal, tais entraves podem continuar a se repetir, uma vez que o funcionário das agências de correio e telégrafos não possui conhecimento suficiente para evitar que exare a assinatura pessoa estranha à lide.

No entanto, se não encontrado o citando, mesmo depois de esgotadas as possibilidades de localização do mesmo,[98] sendo enviada correspondência e determinada sua citação por oficial de justiça, esta pode ser realizada através de edital. Este é afixado na sede do juízo e publicado uma vez no órgão oficial e duas vezes em jornal local onde houver.[99]

A citação deve ocorrer antes da data de audiência, uma vez que é através dela que a parte ré toma ciência da existência do feito, da audiência aprazada, bem como da possibilidade de oferecer defesa. Quando se diz antes da audiência, o que se pretende afirmar é que se faz necessário que o alimentante receba a citação com prazo hábil, de, no mínimo dez dias, para que possa providenciar sua resposta. Não existe prazo mínimo estipulado entre a data da citação e a data da audiência, utilizando-se, neste caso, do bom senso do magistrado. Neste sentido:

---

[98] Dentre as formas de buscar a localização do citando encontra-se o requerimento ao juiz competente para que determine a expedição os ofícios às fornecedoras de energia elétrica, as companhias de água e esgoto, às empresas de telecomunicações para que, analisando seus cadastros, venham aos autos indicar o endereço atual onde pode ser o mesmo localizado, se lá encontrarem alguma informação.

[99] No capítulo 04 discute-se o acesso à justiça proporcionado pela Lei nº 5.478/68, onde este assunto é amplamente abordado.

ALIMENTOS – da ação à execução

Ao Juiz compete assinar o prazo ao alimentante para a sua resposta, tendo em vista as especialidades do litígio e as características da comarca e do juízo. Se deixar de determinar aludido prazo, através de despacho, ele se estenderá até a audiência, ou seja a resposta deve ser oferecida em audiência. (Marmitt, 1999, p. 98)

Observe-se, aqui, que o doutrinador, faz referência ao fato de que a maioria dos juízes, conforme já referido, ao receber as ações de alimentos, determinam a citação da parte contrária para oferecer resposta e só posteriormente marcam a data de audiência. Não havendo prazo fixado, este expira por ocasião da audiência. Faz referência de que deve usar o bom senso atendendo às peculiaridades da comarca de origem para marcar a data da mesma, ou determinar o prazo para oferecer a defesa.[100]

Tal interregno, normalmente, tem sido de dez dias. "Este prazo para contestar, num momento de pouca inspiração deixado *ad libitum* do juiz, não pode ser inferior a um decêndio". (Marmitt, 1999, p. 98-99)

Havendo problemas com a citação, seja quanto à dubiedade de datas para a audiência, seja com relação ao seu prazo de cumprimento (um dia antes da mesma, por exemplo), ocorre cerceamento de defesa, o que implica nulidade do processo.

Observa-se, aqui, situação diferenciada daquelas acontecidas no decorrer de procedimento ordinário, onde, se o réu comparece á audiência, supre a irregularidade ou a falta de citação, justamente, por se tratar de rito especial onde a defesa do mesmo se desenvolve naquele ato.[101]

5.10. Dos alimentos provisórios e provisionais

Os alimentos provisionais nada mais são do que aqueles deferidos no sentido de regulamentar uma situação processual já posta, pretendendo garantir a manutenção do Autor ou mesmo sua possibilidade de levar o processo adiante, determinando momentaneamente sejam tais prerrogativas mantidas através de prestação alimentar pelo Réu.

---

[100] Cahali refere que o bom senso utilizado pelo magistrado diz respeito "aquela norma genérica que confere ao juiz o poder de aumentar os prazos da lei 'os dias necessários para a defesa', conforme peculiaridades à comarca do domicílio ou de residência do citando (art. 182 do CPC atual)". (1998, p. 830)

[101] Segundo Cahali (1998, p. 617) fica "violado o artigo 5º, § 1º da Lei 5.478/68, sendo inaproveitável na espécie o artigo 214, § 1º do CPC, por não atender ao disposto no artigo 36 do CPC".

Com relação especificamente aos alimentos provisionais, sua regulamentação encontra-se inserida no artigo 852 do CPC, sendo que sua prestação diz respeito ao sustento, habitação, vestuário, bem como ao custeio das despesas para processar a demanda.

Para Marmitt (1999, p. 31), a decisão de fixar tais alimentos depende do "implemento de dois requisitos: a) aparência do bom direito e da justiça na causa principal; b) o fator necessidade, a falta de condições para se alimentar e custear as despesas do processo."

Assim, evidencia-se o dever do autor de demonstrar sua necessidade em receber liminarmente a verba alimentar e a possibilidade do réu de adimpli-la. Além de demonstrar o equilíbrio do binômio necessidade x possibilidade, o autor também deve demonstrar a existência de vínculo de parentesco, o *fumus boni juris e o periculum in mora*. A fixação de alimentos provisionais tem como objetivo evitar que o direito do autor pereça até o deslinde final da ação, garantindo-lhe meios de sobrevivência e resguardando-o de maiores prejuízos.

Já os alimentos provisórios encontram-se disciplinados pelo artigo 4º da Lei 5.478/68, quando afirma que, ao despachar a demanda, o juiz os fixa, a menos que o credor expressamente declarar que deles não necessita.[102] Cahali (1998, p. 890) afirma:

> Na ação especial de alimentos, o *fumus boni juris* é condição da própria ação, representado pela prova pré-constituída da relação de parentesco ou conjugal; e o *periculum in mora* é presumido, quando não dispensados os alimentos expressamente pelo credor.

A mesma regra dos alimentos provisionais serve para os provisórios com relação ao magistrado no momento de fixação do *quantum* a ser suportado pelo Réu, observando também a possibilidade deste e a necessidade daquele.

Na verdade, pela inteligência do artigo 4º da Lei 5.478/68, quando recebe o pedido, o juiz fixa desde já os alimentos provisórios, exceto nos casos onde o juiz não vislumbrar comprovação do vínculo de parentesco, da necessidade do autor ou quando este declarar que deles não precise.

Entretanto, existem algumas confusões quando da conceituação e da utilização de ambas as terminologias e seus significados, pois

---

[102] Aqui, devido a ambigüidade do texto, discute-se se o deferimento de alimentos provisórios deve acontecer somente quando o Autor requerer os mesmos ou se estes podem ser fixados pelo magistrado mesmo que não haja requerimento expresso. Este é o posicionamento da jurisprudência majoritária: "a Lei de Alimentos (art. 4º) propicia o arbitramento imediato dos provisórios para atender situação de necessidade premente do alimentando" TJSP, 8ª CC, AI 124.894-1, 01.11.89.

para alguns doutrinadores, existem diferenças apenas de nomenclatura, sendo que ambos os institutos resultam na mesma coisa. Neste sentido Pereira (1983, p. 49) afirma:

> Se o procedimento seguido for o da Lei 5.478/68, a hipótese é de alimentos ditos provisórios, conforme o artigo 4º daquele diploma legal. Se for o ordinário, é a de alimentos provisionais, como ação cautelar típica, preceituada nos artigos 852 a 854 do CPC. A diferença entre as duas espécies são apenas terminológicas e procedimental; em essência, em substância, são idênticas, significando o mesmo instituto, a saber, a prestação destinada a assegurar ao litigante necessitado os meios de se manter na pendência da lide.

Observe-se que outras diferenças podem ser evidenciadas entre os dois institutos tais como o fato de que os alimentos provisórios são pedidos durante o decorrer do feito, enquanto que os provisionais podem ser postulados antes do ajuizamento daquele. Ainda, da decisão que fixa os alimentos provisionais cabe recurso de apelação, enquanto que daquela que fixa os provisórios cabe agravo de instrumento.

Iara de Toledo Fernandes, citada por Cahali (1998, p. 887) conceitua alimentos provisórios e provisionais ao mesmo tempo que os diferencia:

> A distinção entre alimentos provisionais e provisórios ganha foro de cientificidade, não de mera elocubração acadêmica terminológica quando ligada ao nível estrutural. Assim, alimentos provisionais são imanentes à tutela cautelar e afinados ao quadrame doutrinário-legal de tutela de segurança...Os alimentos provisórios prendem-se a uma tutela plena, definitiva, seja através do rito sumário, específico da Lei 5.478/68, seja nas ações de rito comum ordinário onde não há cumulação de ações... Os pontos de contato fixa-se quanto a função: há um sentido (essência) de provisão tanto nos provisionais quanto nos provisórios. Dessa nota comum ressoam os critérios da possibilidade de prestá-los e da necessidade de suplicá-los, o dogma da irrepetibilidade, etc.

Independentemente de serem alimentos provisórios ou provisionais, a data de início de sua prestação também é assunto polêmico reiteradamente discutido. Para alguns doutrinadores, como Theodoro Júnior (1976), ambos são devidos desde a data da citação, conforme artigo 13, § 2º da Lei 5.478/68.[103] No entanto, a grande maioria

---

[103] Assim também prega a jurisprudência: ALIMENTOS PROVISÓRIOS. DATA DE INÍCIO DE VIGÊNCIA. REDUÇÃO PELO SEGUNDO GRAU. RETROAÇÃO À DATA DA CITAÇÃO. ABRANGÊNCIA DOS NÃO-PERCEBIDOS. Os alimentos fixados provisoriamente vigem da data da citação do alimentante ou da intimação, se não ocorreu citação. Modificando-os o segundo grau, o valor passa a vigorar a partir da citação (art. 13, § 2º da Lei de Alimentos), abrangendo apenas aqueles ainda não-percebidos, em face da irrepetibilidade de obrigação alimentar. Agravo provido. (Agravo de Instrumento nº 595066606, 7ª Câmara Cível do TJRS, Porto Alegre, Rel. Des. Paulo Heerdt. Agravante: F. C. L. C. F. Agravados: D. L. C. C. e T. L. C. C., menores, representados por sua mãe, L. M. L. C. C. j. 09.08.95, un.).

dos estudiosos defendem que são devidos desde o despacho que os fixou, como é o caso de Marmitt (1999) e Pereira (1983), sendo que este último reformulou seu posicionamento que anteriormente seguia aquela primeira corrente.

O entendimento que defende este último posicionamento opta "por beneficiar o alimentando necessitado, alcançando-lhe alimentos com mais presteza, tão-logo seja intentado o pedido" (Marmitt, 1999, p. 37). Assim, em sendo determinante a data a partir da qual devem ser pagos os alimentos provisória ou provisionalmente fixados, parece-nos mais acertado que retroajam à data do despacho que os fixou, pois trata-se de garantir a sobrevivência de seres humanos que dependem da tutela jurisdicional do Estado para ver fixado o *quantum* da verba alimentar a que têm direito.

Convêm, aqui, citar Cahali (1998, p. 901) quando este refere que aquele posicionamento deve ser tomado com certas precauções pois:

> o entendimento jurisprudencial que faz retroagir o termo inicial dos alimentos provisórios ou provisionais *à datado arbitramento* deve ser mantido com certa cautela reservando-se exclusivamente para aqueles casos em que o reclamante tenha o cuidado eficientemente da imediata citação do réu, frustada esta em razão de expedientes procrastinatórios do devedor.

Por outro lado, quando a fixação ocorre observando-se a proporção possibilidade x necessidade,[104] e posteriormente advindo sentença definitiva alterando aqueles alimentos determinados anteriormente devem ser pagos ou executados, em caso de inadimplemento, pelo valor fixado na sentença definitiva.

5.11. Da resposta do alimentante

Recebida a citação, sendo esta válida, de acordo com o artigo 5º, § 1º da Lei 5.478/68, deve o alimentante oferecer resposta[105] em audiência já aprazada para tanto. Conforme o já referido no item anterior, o prazo entre o recebimento da citação e o oferecimento de

---

[104] Uma vez que o magistrado tome conhecimento de que a situação relatada pelo autor na inicial e que deu origem à fixação da verba alterou-se ou não existe conforme aquele relato, poderá, a qualquer momento, reduzir ou majorar o *quantum* fixado, enquanto alimentos provisórios ou provisionais e antes da sentença que os torne definitivos. Posteriormente, a única hipótese de alteração é o ajuizamento de ação competente para tanto.

[105] Utiliza-se, aqui, a expressão "resposta" para nomear a defesa oferecida pelo alimentante até a audiência de conciliação e julgamento uma vez que a lei utiliza-se deste termo, e não contestação ou defesa, mas resposta, segundo artigo 9º da Lei 5.478/68: "Aberta a audiência, lida a petição, ou o termo, e a resposta, se houver, ou dispensada a leitura, o juiz ouvirá as partes litigantes e o Ministério Público, propondo conciliação."

resposta por parte do alimentante deve ser de 10 dias, sendo que nenhuma disposição legal especifica o mesmo.

A contagem deste prazo para oferecer resposta ocorre:

a) na citação postal, do dia da juntada aos autos do AR atendido na forma da lei;
b) na citação através de oficial de justiça, pessoalmente ou com hora certa, da data da juntada aos autos do mandado devidamente cumprido;
c) na citação por carta precatória ou rogatória, da data de sua juntada aos autos, depois de regularmente operada a diligência;
d) na citação por edital, após transcorrida a dilação assinada pelo magistrado. (Marmitt, 1999, p. 100)

No entanto, não comparecendo à audiência, apesar de devidamente citado, a pena de revelia se impõe, bem como a confissão quanto à matéria de fato, de acordo com o artigo 7º da Lei nº 5.478/68. Mas, a determinação de revelia e a aplicação de seus efeitos devem ser analisados com vagar, uma vez que nem sempre estes fatos representam a total procedência da ação.

Tal afirmativa pode ser feita levando-se em consideração que a demanda alimentar é ação de estado da pessoa e, como tal, fundada no estado de família, sendo que a confissão ficta, segundo a melhor doutrina, "não cobre a matéria de direito substantivo. Assim, por exemplo, quem não é obrigado a alimentar por não ser parente, não poderá ser declarado responsável, simplesmente porque não compareceu". (Prunes, 1978, p. 184).

Corroborando tal assertiva, Bittencourt (1979) ressalta que a revelia nem sempre conduz à condenação pois esta decorre do direito do autor devidamente reconhecido através das provas carreadas ao processo juntamente com o fato de que, não comparecendo o réu á audiência, reputam-se como verdadeiros os fatos descritos na peça exordial. Mesmo diante de tais fatos, o juiz não se vê obrigado a acolher obrigatoriamente o pedido exarado, principalmente no concernente ao *quantum*.

Ainda, a ausência das partes por ocasião da audiência pode ocorrer por motivos alheios à sua vontade, justos e de força maior, como uma enfermidade grave ou um acidente de trânsito no trajeto utilizado para comparecer ao átrio do fórum. Diante de tais fatos, pode o magistrado deixar de decretar a revelia e aplicar os seus efeitos desde que o pedido da parte venha devidamente instruído com documentos que corroborem suas afirmações.

Vencidas tais dificuldades e ofertada resposta por parte do alimentante, esta pode produzir a oposição ao pedido, sendo esta total, se comprovar que não possui obrigação alimentar, ou parcial, quando demonstra a impossibilidade do pedido em sua íntegra, principalmente, com relação ao *quantum* requerido em termos de verba alimentar.

Para Marmitt (1999, p. 106), a defesa pode sustentar que:

a) que se encontra sem condições de fornecer alimentos , e que o postulante deles não necessita;

b) que o pedido é escorchante, fora da realidade, devendo ser reduzido ao patamar correto;

c) que a requerente não faz jus ao pedido, por ter-se unido a outro homem através de casamento ou união estável, ou que recebeu fortuna em herança ou loteria;

d) que o alimentário atingiu maioridade ou emancipação, tendo recusado emprego que lhe foi oferecido.

Assim, deduzida a resposta do Alimentante, os fatos por ele alegados devem ser provados, diante do fato de que o que não está nos autos não existe. A forma de carrear tais provas se verificará adiante.

5.12. Da prova

Além da prova do vínculo de parentesco, e, conseqüentemente, de obrigação alimentar, o Autor deve observar sempre ao ajuizar a ação que possui o ônus probatório da necessidade, sendo este de obrigação daquele, o que pode ser feito segundo o já exposto.

Por outro lado, cabe ao réu fazer prova de sua impossibilidade de pagar a verba alimentar ou o montante pleiteado, anexando, para isso, provas documentais suficientes que comprovem tal fato. Além de documentos, também pode fazer prova através de perícias[106] e pela oitiva de testemunhas.

Outro meio de prova é o depoimento pessoal das partes, sendo que para Cahali (1998, p. 628 – 629), estes não são imprescindíveis, por força do artigo 9º, § 2º da Lei nº 5.479/68, visto que a segunda parte daquele dispositivo legal possibilita ao juiz poder "julgar o feito sem a mencionada produção de provas (especificada na primeira parte), se as partes concordarem".

Quando se tratar de autor absolutamente incapaz, como é o caso dos menores de 16 anos ou dos interditos, estes são representados por seus genitores no ajuizamento do pedido. Assim, em caso de tomada de depoimento pessoal, será ouvido o representante legal do mesmo em juízo.

---

[106] Quando o réu precisar comprovar, por exemplo, que, apesar de titular ou sócio de empresa, não possui condições de pagar o que lhe é requerido, uma vez que se encontra à beira da falência, utilizando-se de perícia em sua escrita contábil para tanto, o que também pode ser requerido pelo autor, conforme o já citado anteriormente.

ALIMENTOS – da ação à execução

As testemunhas são ouvidas normalmente em número não superior a três para cada parte, coletando-se seus depoimentos em audiência de conciliação e julgamento, se inexitosa a primeira possibilidade, e no decorrer da segunda. Por outro lado, se residentes em outra comarca, são ouvidas através de carta precatória expedida, que posteriormente é juntada aos autos do feito.

Quanto aos demais meios de prova, podem ser, conforme já referido, documental ou pericial, sendo reservado ao Réu da ação as mesmas prerrogativas que o Autor possui, evitando-se, assim, desequilíbrio na relação judicial, bem como na tentativa de compor o conflito, sendo exarada sentença justa, após acolher e observar todos os meios probatórios.

5.13. Da audiência de conciliação e julgamento

A partir do artigo 6º até o artigo 11 da Lei nº 5.478/68, encontra-se disciplinada a audiência de conciliação e julgamento em processos que dizem respeito à verba alimentar. Este mesmo artigo diz que àquele ato devem estar presentes autor e réu. Se o primeiro não comparecer, é o feito arquivado por desinteresse da parte autora, entendendo-se que não pretende mais permanecer litigando. Esta ausência não deve ser motivada por força maior.

Posteriormente, nada impede que o mesmo autor ingresse com nova ação em juízo pretendendo ver fixados alimentos, já que o feito anterior foi arquivado sem julgamento do mérito, mas por não-comparecimento injustificado em audiência, o que implica desistência presumida do pedido.

Se ausente o alimentante, parte requerida na audiência, aplica-se a pena de confesso, sendo este posteriormente intimado da sentença. Mas, se anteriormente à audiência, o Réu apresentou contestação, não se decreta sua revelia, sendo que apenas ocorre a dispensa das provas por ele requeridas (Cahali, 1998) .

No entanto, a presença do advogado é discutida. Para uma corrente doutrinária, da qual é exemplo Cahali (1998) é imprescindível, uma vez que a única possibilidade de a parte demandar sozinha em juízo diz respeito ao pedido inicial que pode ser feito verbalmente ou por termo, sendo que posteriormente devem os demais atos ser assistidos por profissional habilitado. A exceção aqui se refere aos casos em que as partes transacionam, podendo ambas, ou apenas uma, realizar tal ato sem a assistência de um advogado.

No entanto, outra corrente entende que a audiência pode-se desenvolver sem a presença de profissional habilitado, podendo as partes sozinhas realizar todos os atos processuais, como perguntas às testemunhas e debates. Tal corrente vem representada por Pereira (1983), Carneiro (1969), Oliveira e Cruz (1956). Um dos argumentos que confortam tal posicionamento diz respeito ao fato de que o artigo 11 afirma que as alegações finais serão produzidas pelas partes e não pelos advogados das partes, o que enseja a possibilidade de estas participarem da audiência desacompanhadas.

Acontece que a ausência de advogado à audiência de conciliação e julgamento não é prática comum junto ao Judiciário, a menos que durante a realização daquele ato as partes entabulem acordo que posteriormente é homologado. Tal posicionamento se explica quando se percebe que grande parte da população que comparece ao átrio do Fórum para reclamar a tutela jurisdicional do Estado no sentido de fixar verba alimentar é carecedora de condições para efetuar a defesa de seus interesses sozinha. Nestes casos, torna-se imprescindível a presença de profissional do direito que possa questionar testemunhas, debater, interpor agravos retidos, dentre outros atos que são do conhecimento jurídico e que dificilmente podem ser desenvolvidos de maneira competente por outra pessoa.

A audiência de conciliação e julgamento nas ações baseadas na Lei 5.478/68 deve ser una e contínua, conforme artigo 10 daquela legislação. O objetivo daquele dispositivo é que o legislador realiza com celeridade o ato para que possa sentenciar e fixar, assim, o valor dos alimentos em favor do necessitado.

No entanto, nem sempre é possível acabar a instrução no mesmo dia em função da ausência de alguma testemunha ou de prova pericial a ser realizada para apurar os fatos. Nestes casos, a nova audiência será aprazada com o máximo de urgência para a próxima data disponível, com o intuito de evitar maiores prejuízos às partes.

Presentes as partes, no momento em que é aberta a audiência o juiz propõe a conciliação, segundo estipula o artigo 9º da lei em comento. Em caso de não haver conciliação, o feito é instruído e posteriormente, depois de aduzidas as alegações finais, o juiz novamente renova a proposta conciliatória conforme artigo 11. Aqui encontra-se ponto controvertido daquele dispositivo, uma vez que a renovação da proposta de conciliação para uns é imperativa e para outros, torna-se faculdade do magistrado.

Tal controvérsia gerou três correntes doutrinárias. A primeira entende que, em sendo a conciliação benéfica para as partes, a proposição desta deve ser renovada com base, principalmente, na expressão utilizada pelo texto legal (o juiz renovará a proposta de conciliação). Defensor desta corrente, Oliveira e Cruz (1956) diz que, se não procedido desta forma, poderá ser gerada uma nulidade processual por ato contrário à lei que assim o estabelece.

Já para uma segunda corrente, representada por Nogueira (1995), não existe finalidade na renovação da proposta de conciliação, uma vez que, na prática, se a mesma já foi rejeitada uma vez, não será aceita posteriormente. Parece-nos que tal corrente não possui suporte, pois pode a parte alterar seu posicionamento e aceitar a conciliação depois de coletados os depoimentos pessoais, ou produzida a prova testemunhal. Estando o feito favorável ao acolhimento dos argumentos da parte contrária, pode a primeira entender ser-lhe mais favorável, agora sim, a conciliação.

Finalmente, existe uma terceira corrente, intermediária, que compreende a existência ou não de nulidade sob a dependência de prejuízo que a parte poderá sofrer em não sendo renovada a proposta conciliatória. Tal corrente tem como adepto Bittencourt (1979) que completa referindo que "a nulidade apenas pela omissão da formalidade é inaceitável".

Assim, parece-nos de bom alvitre a renovação da tentativa de conciliação, após a instrução do feito e coleta de debates, por parte do magistrado, explicando suas vantagens para as partes, que poderão, ainda, aceitá-la ou não. Em caso de composição da lide através de acordo, Pereira (1983, p. 65) ressalta alguns pontos que devem ser observados:

> a) especificar qual a parte dos filhos e qual a da mulher, ou, em forma genérica, qual a parcela correspondente a cada um dos alimentandos; b) fazer constar a modalidade de reajuste anual dos alimentos, se não fixados em maneira pela qual a majoração decorra automaticamente (como é o caso do emprego do salário mínimo, valor de referência, ORTN, UPC, INPC, etc). c) estipular o local e data dos pagamentos; d) não esquecer as dificuldades quase invencíveis que podem advir da colocação de alimentos em percentual de ganhos de autônomo, o que às vezes, inadvertidamente sucede; e) discriminar se a incidência do percentual ou cota-parte, correspondente aos alimentos, recai sobre a parte bruta ou líquida do que aufere o alimentante; f)cautelas ao utilizar os vocábulos vencimento, estipêndio, remuneração, salário, soldo, face à diversidade conceitual de cada espécie, com o que a terminologia talvez venha a não se harmonizar com a intenção dos acordantes.

Entabulado o acordo, observadas as sugestões expostas, faz-se constar em ata o mesmo e posteriormente, após intervenção do Ministério Público, é homologado judicialmente.

5.14. Da sentença

Cahali (1998, p. 849), ao discorrer sobre a sentença de alimentos, cita Chiovenda referindo que este salienta ser aquela uma sentença dispositiva, uma categoria especial de sentenças constitutivas:

> Kirsch distingue esta categoria de sentenças que não se limitam a declarar o dever de uma prestação já existente, nem tampouco constituem uma nova relação jurídica; constituem somente ou modificam o conteúdo ou um elemento de uma relação já existente; daí denominarem-se *determinativas* (ou segundo Otto Mayer, *dispositivas*).

Na verdade, o que se pretende demonstrar é que diante de tal citação percebe-se que as decisões sobre alimentos são remetidas pela lei ao poder discricionário do juiz, que teria sua atividade assemelhada ao de um arbitrador. (Cahali, 1998). Assim, a obrigação alimentar existe decorrente, por exemplo, do pátrio poder,[107] de modo que a sentença apenas vem fixar o valor a ser pago a título de alimentos.

Por isso é que se pode diferenciar a sentença que versa sobre alimentos, chamada *dispositiva*, das demais sentenças *constitutivas*, pois a primeira pode ser revista a qualquer tempo, seja através de acordo entre as partes seja por ação competente para tanto, enquanto que a segunda produz coisa julgada de caráter absoluto.

No entanto, adotou posicionamento diferente a 3ª CC TJSP, referida por Cahali (1998, p. 850) :

> A sentença de alimentos, como a ação em que ela é proferida, se compõem virtualmente de três partes ou elementos. É sentença declaratória, constitutiva e condenatória .*Declara* o fundamento da pretensão da obrigação, isto é, a relação jurídica que pretende o alimentante ao alimentando; *constitui* a pensão e o seu quantum; e *condena* o alimentante a pagar a prestação assegurando ao alimentando a via executiva.

No entanto, a diferença de posicionamento também, no entender de Cahali, (1998) não é contraditória entre si, independentemente da carga de eficácia que a sentença venha a possuir, mesmo que haja opção de preferência por uma ou outra. Na verdade, quando se afirma que a sentença de alimentos é constitutiva, já se está afirmando que possui conteúdo e eficácia declaratória intrínsecos, sendo, ainda, necessário fixar o valor que o alimentante vai ser condenado a desembolsar.

Intimamente ligada à discussão sobre a eficácia da sentença de alimentos, encontra-se a que diz respeito ao termo inicial do qual

---

[107] O que neste caso deverá ser devidamente comprovado pela juntada dos documentos competentes como a certidão de nascimento do filho, autor da ação, que vem pleitear alimentos contra o pai. Assim, seu direito à verba alimentar vem comprovado, existe e é latente, cabendo apenas ao magistrado, arbitrar o *quantum* a ser pago pelo pai, após analisado o binômio necessidade *x* possibilidade.

ALIMENTOS – da ação à execução

passa a ser devida a verba alimentar. Então, se não cabe ao magistrado determinar o dever alimentar, uma vez que este já existe quando acionado o judiciário, bastando apenas ser comprovado, o valor a ser arbitrado por este diz respeito ao binômio necessidade x possibilidade que deve ser demonstrado no decorrer da ação, para que o *quantum* seja estabelecido de forma justa.

Em função disto, conforme o artigo 13 da Lei 5.478/68, os alimentos retroagem à data da citação. O que também vem confirmado pelos Tribunais:

> Alimentos. Termo *a quo*. Os alimentos sao devidos a contar da data da citação do devedor, e não da data de sua fixação. Improvada a data em que ocorreu o ato citatório, não há como impor-se o pagamento pretendido. Apelo improvido. (5fls) (APC nº 70000946236, Sétima Câmara Cível, TJRS, Relator: Desª. Maria Berenice Dias, Julgado em 07/06/2000)[108]

---

[108] Exemplo desta forma de decidir é o Agravo de Instrumento nº 595066606, 7ª Câmara Cível do TJRS, Porto Alegre, Rel. Des. Paulo Heerdt. Agravante: F. C. L. C. F. Agravados: D. L. C. C. e T. L. C. C., menores, representados por sua mãe, L. M. L. C. C. j. 09.08.95, un. Onde o Desembargador Paulo Heerdt em seu voto, salienta: A primeira questão diz com o termo inicial da vigência dos alimentos fixados provisoriamente. Sustenta o agravante, secundado em sua tese pelos representantes do Ministério Público em ambos os graus, que devem as prestações ser calculadas a partir de 18.08.93, data da intimação do devedor e porque assim decidiu esta Câmara no Agravo de Instrumento nº 593155377, quando também foram reduzidos os alimentos para 40% da remuneração do alimentante. Neste primeiro aspecto, assiste razão ao agravante.
Embora o acórdão não tenha-se manifestado a respeito, é certo que, nos moldes do disposto no art. 13, § 2º, da Lei nº 5.478/68, os alimentos retroagem à data da citação, e não à data da fixação. No caso concreto, não foi o alimentante citado, mas compareceu espontaneamente aos autos em 18.08.93, suprindo a citação, de acordo com o disposto no art. 214, § 1º, do CPC. Logo, a partir desta data são devidos os alimentos. O segundo aspecto diz com os valores devidos, porque o juízo de primeiro grau os fixara em 8 salários mínimos mensais, e esta Câmara os reduziu para 40% dos rendimentos percebidos pelo agravante.
No particular, também assiste razão ao agravante, pois incide a mesma regra do art. 13 da Lei de Alimentos.
Leciona Yussef Said Cahali que: "Se alterados os alimentos provisórios em pedido de redução, eles substituem os anteriormente fixados, abrangendo ainda os que não foram percebidos" ("Dos Alimentos", 1ª ed., p. 562). Invoca a respeito decisão da 5ª Câmara Cível do TJRJ, publicado em "RT", 542/228.
Assim, somente aqueles alimentos ainda não pagos não são atingidos pela modificação do valor, mercê do princípio da irrepetibilidade dos alimentos.
A mesma regra se aplica à hipótese em que a redução foi decidida em grau de recurso.
Nem se poderia pensar de modo diverso, pois não poderia haver dúvida quanto à retroatividade na hipótese de que viessem a ser majorados, caso em que a fixação retroage à data da citação. Assim, até por questão de isonomia, deve a redução retroagir.
É ainda Cahali, enfrentando a questão que modifica os alimentos fixados provisoriamente, quem ensina: "Como os alimentos provisórios podem ser revistos a qualquer tempo e, como, em qualquer caso, os alimentos fixados retroagem à data da citação (art. 13, §§ 1º e 2º, da Lei nº 5.478/68), também a sentença opera a substituição ex tunc dos alimentos provisionais pelos definitivos, ressalvada apenas a irrepetibilidade daquilo que já tiver sido pago pelo devedor..." (ob. cit., p. 563).
Por tais razões, dou provimento ao agravo no sentido de que seja refeito o cálculo, contando-se os alimentos a partir de 18.08.93, no valor fixado por esta Câmara, isto é, de 40% dos rendimentos líquidos do alimentante, respeitado o mínimo de três salários mínimos.

Por outro lado, também nas investigatórias de paternidade quando fixados alimentos, a maioria dos entendimentos é de que estes são devidos a partir da citação, conforme pode-se verificar na ementa citada:

> Investigatória de paternidade/alimentos. Conjunto probatório favorável à definição pela paternidade do investigado em relação à investigante. Alimentos devidos a partir da citação. Incidência do art. 13 da Lei nº 5.478/68. Vencido nesta parte o Relator, no entendimento de que os alimentos eram a partir da sentença. RJTJRS 187/332 à 337 Apelação Cível nº 597183466 - 7ª Câmara Cível - Três Passos.

5.15. Da homologação do acordo de alimentos

A Lei nº 5.478/68 não prevê a possibilidade de as partes, através de consenso, entabularem acordo de alimentos que verse sobre verba alimentar a ser paga em favor do cônjuge ou da prole. Não obstante tal "esquecimento" legal, os acordos de alimentos são corriqueiramente utilizados para dispor sobre a vontade das partes.

Devem ser entabulados, devidamente assinados pelas partes e instruídos com os documentos necessários, tais como certidões de nascimento, sendo que posteriormente devem ser levados a juízo para homologação. A necessidade de homologação diz respeito ao fato de que, se não homologados, tais documentos não servem como título executivo hábil para instruir ação que visa obrigar o inadimplente a honrar seu débito, de modo que acordos de alimentos de gaveta não são suficientes para instruir ações de execuções de verba alimentar.

A homologação ocorre após a promoção do representante do Ministério Público, sendo que a ação é recebida como procedimento de jurisdição voluntária, não se realizando nenhuma audiência. Uma vez homologado o acordo e transitado em julgado, em caso de inadimplemento o débito pode ser executado judicialmente.

5.16. Dos recursos nas ações de alimentos

Após a sentença que determina o pagamento de alimentos, bem como fixa o seu *quantum*, e antes do trânsito em julgado da mesma, cabe recurso de apelação conforme artigo 513 e seguintes do CPC. Já o artigo 520 do mesmo diploma legal refere ser a apelação recebida apenas em seu feito devolutivo quando se tratar de alimentos. No entanto, com relação à sentença que julga improcedente a demanda e que não condena à prestação de alimentos, por entendimento jurisprudencial, o recurso é recebido em ambos os efeitos (devolutivo e suspensivo).

Também cabe recurso de apelação quando se tratar de sentença que extingue o feito sem julgamento do mérito, conforme artigos 513, 267 e 269 todos do CPC.

Por outro lado, em se tratando de alimentos fixados por força de acordo entre as partes, homologado judicialmente, também é recorrível a decisão, uma vez que, embora o acordo retrate a vontade dos acordantes, nada impede que um deles recorra da decisão que o homologa e extingue o feito, não sendo motivo suficiente para o não-recebimento do recurso o fato de o acordo ter espelhado, anteriormente, a vontade de ambos.

O Ministério Público, cuja intervenção é imprescindível nas ações que versam sobre alimentos, pode recorrer da sentença que põe termo ao feito, independentemente de ser parte no processo ou não, como são exemplos aqueles casos onde apenas atuou como fiscal da lei.

6. Da execução de alimentos

6.1. Do título executivo

Existente a obrigação alimentar, possuindo como causa jurídica o parentesco entre as partes, através de ação judicial é fixado o *quantum* que o devedor disporá para auxiliar na manutenção do credor. Tal decisão pode ser interlocutória,[109] através de sentença judicial prolatada ou acordo de alimentos firmado entre as partes e homologado. Após a ciência do devedor sobre a decisão interlocutória que fixa os alimentos, da sentença ou da homologação do acordo, este passa a ter o dever de adimplir com sua obrigação agora fixada em *quantum* exigível, pagando-a mensalmente, ou conforme o ajustado.[110] Importante é observar que a sentença pode ter transitado em julgado ou não conforme artigo 587 do CPC. Se transitou em julgado, trata-se de execução definitiva.[111] Se foi impugnada por recurso, recebido apenas no seu efeito devolutivo, trata-se de execução provisória.[112]

Em caso de inadimplência, o credor pode novamente se socorrer da tutela jurisdicional do Estado para amparar direito seu que não vem sendo respeitado, executando seu crédito, até satisfação total do mesmo. A busca da jurisdição ocorre através da execução do crédito alimentar que vem baseada nos artigos 732 a 735 do CPC e nos artigos 16 a 19 da Lei 5.478/68, com as alterações introduzidas pela Lei 6.014/73.

---

[109] Como exemplo cita-se um despacho que determina o pagamento de alimentos provisórios no decorrer do feito principal.

[110] Observe-se que, conforme o já referido, a pensão pode ser paga mensal, bimestral ou semestralmente, conforme o determinado pelo magistrado ou ajustado pelas partes.

[111] "É que a sentença transitada em julgado e o título extrajudicial têm plena eficácia executiva e gozam de presunção de certeza, liquidez e exigibilidade" (Nery e Nery Júnior, 1997, p. 826).

[112] "A carta de sentença destina-se a permitir a execução provisória da sentença (CPC 588), sendo esta possível, apenas, quando o recurso interposto contra ela tenha sido recebido no efeito somente devolutivo (RT 683/127) (Nery Júnior e Nery, 1997, p. 826)

ALIMENTOS – da ação à execução

No entanto, para que a ação de execução seja ajuizada e prospere, faz-se necessário, dentre outros documentos, o título executivo,[113] sem o qual não existe possibilidade de execução. Assis (1998, p.106) leciona que "a execução de alimentos sempre se apoiará em título judicial." Tal afirmativa vem corroborada pelo artigo 583 do CPC, observando-se o disposto nos artigos 584 e 585, respectivamente, do mesmo diploma legal. Mas, ao discutir as execuções de dívida alimentar, Nery e Nery Júnior (1997, p. 882) salientam:

> 1. Sentença liminar: Há um título executivo judicial que não se insere no rol do CPC 584, mas que pode dar ensejo à execução, provisória. É a denominada *sentença liminar* extraída dos processos em que se permite a antecipação da tutela jurisdicional, nos processos cautelares ou das ações constitucionais...

Assim, além daqueles elencados pelos artigos 584 e 585 do CPC, também são títulos judiciais que possibilitam a execução as decisões interlocutórias, chamadas pelos doutrinadores suprareferidos de sentença liminar, as quais preferimos denominar da maneira já referida, que vem normalmente representadas por despacho do magistrado no decorrer do feito.

Existem também os acordos feitos entre as partes. Tais acordos, realizados em escritórios de advogados particulares ou perante o Ministério Público, se não forem levados à homologação, não sujeitam o devedor a qualquer sanção. Neste sentido é o entendimento de Assis (1998, p. 106) "inadmissível se afigura o uso da coação pessoal independente de prévio e rigoroso controle judicial sobre a existência do crédito alimentar".

No caso de acordo judicial, inexistindo contencioso entre as partes, poderia ser tomado como procedimento de jurisdição voluntária, no intuito de obter título possibilitador de execução, se houver inadimplemento do avençado (Cahali, 1998).

Ainda, além de apresentar o título executivo, o credor deve observar que o mesmo precisa ser líquido[114] e certo. É formado por decisão interlocutória, sentença transitada em julgado ou acordo homologado, onde tenha sido devidamente fixado o valor da verba alimentar, podendo este ser representado por percentual do salário

---

[113] "O título que autoriza a execução, é aquele que *prima facie* evidencia certeza, liquidez e exigibilidade que permitem que o credor lance mão de pronta e eficaz medida para o cumprimento da obrigação a que o devedor se prestou a cumprir." (Nery e Nery Júnior, 1997, p. 825)

[114] LIQUIDEZ - Embora o quantum da obrigação não venha expresso na inicial, se os cálculos exibidos e não impugnados contêm todos os elementos necessários à apuração desse quantum, não há que se falar em título inexigível ou ilíquido. RJTJRS 177/403.

do devedor ou do salário mínimo, como também pode ser utilizado como parâmetro de correção algum indexador ou outro referencial.

Segundo Cahali (1998), a determinação do *quantum* a ser pago pode ser apurado posteriormente, na fase de execução, se na fase de conhecimento não havia elementos suficientes para ensejar uma fixação exata.[115] Mas, é recomendável que estes valores ou percentuais sejam fixados desde já, no intuito de evitar maiores prejuízos às partes, principalmente ao credor dos alimentos o que, na prática, tem normalmente ocorrido.

Os maiores problemas acontecem quando são fixados em percentuais do salário do devedor e este deixa o emprego ou é demitido, estando desempregado ou empregado em outro local por ocasião da execução da verba alimentar. Neste sentido, podem-se gerar várias interpretações:

a) Estando o devedor desempregado, o débito pode ser executado com base em seu último rendimento, sendo deste extraído o valor de acordo com o percentual fixado ou acordado anteriormente.

Ocorre que este posicionamento é perigoso no sentido de que se o executado está desempregado, não possui rendimentos, de modo que ou seria extremamente penoso arcar com o valor executado. Nesta seara é o entendimento jurisprudencial:

ALIMENTOS - Execução - Quantum do débito - Dúvida - Devedor desempregado - Rescisão do contrato de trabalho - Direito do empregado - Exclusão dos filhos - Prestações alimentícias em atraso. A instância da execução é meio procedimental para satisfazer o direito do credor. Quando seu objeto gira em torno de alimentos, utiliza-se até mesmo a prisão como meio coercitivo em busca da satisfação da prestação alimentícia. Entretanto, o processo de execução não é meio punitivo, não pode ser utilizado para punir o devedor por eventual ilícito penal decorrente do abandono material da família, menos ainda expediente de expiação dos pecados. Havendo dúvida em relação ao quantum do débito e se ainda persiste algum valor a ser pago, não há como se prover a pretensão executiva, mister quando desempregado o devedor dos alimentos. O direito do empregado relativamente à rescisão do contrato de trabalho não pertence aos filhos, mas ao empregado para fazer jus às suas despesas até a obtenção de outro emprego, ainda que se encontre em atraso com prestações alimentícias. (TJMG - AC 10.681/5 - 4ª C - Rel. Des. Monteiro de Barros - DJMG 04.11.94)

Não obstante tal posicionamento dos nossos tribunais, deve-se levar em conta também a situação do exeqüente, que, além de não estar recebendo a pensão alimentícia a que tem direito, ainda precisa

---

[115] Aqui Cahali (1998, p. 999) cita "as modalidades de sentença que se podem apresentar: a) sentença líquida e executável; b) sentença a ser liquidada mediante simples cálculo, para ser executada; e c) sentença sujeita a liquidação por artigos".

ALIMENTOS – da ação à execução

buscar os meios necessários para ajuizar a ação competente, visando a alterar, contra si e em seu prejuízo, a cláusula que fixa a verba alimentar para, posteriormente, de posse de um título executivo líquido e certo, buscar o adimplemento do débito.

Este posicionamento implica a dupla penalização do exeqüente, acionando a máquina judiciária para redefinir o valor do crédito para só então poder vê-lo satisfeito, quando isso deveria ser feito pelo executado, maior interessado em garantir o pagamento do mesmo, de forma justa, principalmente para si, e dentro de suas possibilidades financeiras.

Assim, cria-se um impasse jurídico, pois ajuizar a execução com base em valores que não dizem mais respeito à renda do executado é incorreto, da mesma forma que determinar ao exeqüente o ajuizamento de ação para alteração da cláusula que fixa o valor da verba alimentar também é, pois dependeria de revisional de alimentos para minorá-los por alteração nas possibilidades do executado que, se não o faz, é por irresponsabilidade e desleixo.

Parece-nos, então, que o melhor posicionamento é o que opta pela execução com base em título executivo anterior, até o ajuizamento e julgamento de possível pleito revisional por parte do interessado.

b) Por outro lado, em se tratando de transferência de um emprego para outro, não haveria necessidade de ajuizamento de ação própria para obtenção de título líquido e certo, podendo o mesmo ser alcançado depois de oficiado ao atual empregador do devedor, para que diga o valor de seu salário, extraindo-se desta informação o valor do débito.

Assim, após a obtenção do título com características de liquidez e certeza, a ação pode ser ajuizada ou ter processamento normal, no intuito de buscar o adimplemento da dívida, que pode ocorrer de outras formas que não a execução propriamente dita.

6.2. Da competência

Falando em ação de execução observa-se o artigo 108 do CPC que refere ser a ação acessória[116] proposta perante o juiz competente para a ação principal. Se respeitado tal dispositivo, teríamos que a execução de alimentos deveria ser ajuizada perante o juízo que jul-

---

[116] Segundo Nery e Nery Júnior (1997, p. 418) "ação acessória é a demanda secundária destinada a complementar ação mais importante do ponto de vista do autor, denominada de principal."

gou a ação principal, ou seja, aquela que estabeleceu o *quantum* a ser pago a título de alimentos. Tal posicionamento é corroborado por uma parcela da jurisprudência.[117]

No entanto, tal posicionamento não é o único, sendo defensável para uma parcela ainda maior da jurisprudência o fato de que existe a possibilidade de a execução ocorrer em juízo diverso daquele onde foram fixados os alimentos inadimplidos, uma vez que podem ambas as partes ou apenas a parte autora passar a residir em outra comarca. Aqui, segundo a regra do artigo 100, inciso II, do CPC é competente o foro de domicílio ou da residência do alimentando para a ação em que se executam alimentos.

Cahali (1998, p. 1009) salienta: "Se o interesse de ordem social, que é o de proteção ao alimentando, se apresenta em conflito com o interesse de caráter estritamente processual, como é a aplicação da norma do art. 575, II, do estatuto processual, há de prevalecer o primeiro".[118]

Neste sentido, é plenamente aceito como competente o foro[119] da nova residência do alimentando para o ajuizamento de execução de alimentos como meio de possibilitar-lhe a busca da tutela jurisdicional do Estado de maneira menos dispendiosa, uma vez que o direito que pretende ver tutelado é aquele garantidor de bem maior, ou seja, sua sobrevivência.

---

[117] Alimentos. Execução. Tratando-se de execução de pensão alimentícia de pretensão acessória, é competente para apreciá-la o juízo por onde tramitou o processo de alimentos (RT 524/251), citada por Nery e Nery Júnior. (1997, p. 418)

[118] TJSP, 1ª CC, 14.10.80, RT 547/62.

[119] COMPETÊNCIA - EXECUÇÃO DE ALIMENTOS - COMPETÊNCIA DO FORO DO DOMICÍLIO DO ALIMENTANDO - Não obstante a regra do art. 575, II, do CPC estabeleça que o foro competente para a execução fundada em título executivo judicial é a do juízo que decidiu a causa em 1ª instância, em se tratando de execução de alimentos prevalece a regra especial do art. 100, II, que, visando a beneficiar a parte economicamente mais fraca, fixa como competente o foro privilegiado do domicílio ou da residência do alimentando. (TJDF - CC 1.984 - (Reg. Ac. 100.852) - 2ª C - Rel. Des. Hermenegildo Gonçalves - DJU 11.12.97)
COMPETÊNCIA - Execução de alimentos. Exegese do art. 575 do CPC. Em se tratando de execução de alimentos, o intérprete há de ter a necessária sensibilidade para evitar que, apenas prestando homenagem à literalidade do art. 575 do CPC, ambos os litigantes sejam compelidos ao deslocamento para a Circunscrição Judiciária onde a sentença foi prolatada, se já residem noutra localidade, máxime, se tal medida é mais onerosa para as partes e não representa nenhuma economia de ordem processual. (TJDF - CC 2.039 - (Reg. Ac. 103.864) - 1ª C - Rel. Des. Romão C. Oliveira - DJU 08.04.98).
COMPETÊNCIA - Execução de Alimentos. Na execução de alimentos a regra do art. 100, II, do CPC, prevalece sobre a do art. 575, II, do mesmo Código. Tratando-se de incompetência relativa, não pode o juiz dela declinar de ofício. (TJDF - CC 1.998.00.2.000212-3 - (Reg. Ac. 110.136) - 2ª C - Rel. Des. Jair Soares - DJU 18.11.98).

6.3. Das formas de execução da obrigação alimentar

O ato executivo da verba alimentar pode ocorrer de várias formas, o que vem muito bem relacionado por Pereira (1983, p. 66), quando salienta que:

> Há quatro maneiras básicas de obter a execução do crédito alimentar: a) por desconto em folha de pagamento; b) por desconto de aluguéis ou de quaisquer outros rendimentos do devedor; c) pela citação do devedor para pagar ou se justificar em três dias sob pena de prisão; d) pela forma de execução por quantia certa, prevista no Livro II, Título II, Capítulo IV, do Cód. de Processo Civil (execução principiada por penhora).

Por outro lado, o mesmo doutrinador afirma que "não se cogitará de prisão enquanto possível a execução pelos modos *a* e *b*" (Pereira, 1983, p. 67) . No entanto, diante desta afirmação cabem algumas considerações, no sentido de sublinhar que, junto à camada hipossuficiente da população, na maioria dos casos, as partes que envolvem os litígios sobre alimentos não possuem qualquer tipo de imóveis que possam ser alugados ou outras fontes de renda de onde possa advir o pagamento da verba alimentar. Não possuem, muitas vezes, sequer emprego fixo de onde possa ser implementado desconto daqueles valores diretamente da folha de pagamento.

Quando existentes estas prerrogativas, a solução ocorre de forma imediata, uma vez que o pagamento dos alimentos estaria assegurado através de outras formas como o salário ou outros rendimentos do devedor. Pois, "o crédito de alimentos é premente, se relaciona com a sobrevivência, com a vida, com a existência pelo menos digna a determinado nível mínimo. Em conclusão, precisa ser executado com presteza, com a máxima celeridade." (Pereira, 1983, p. 67)

Nesta mesma seara:

> "a prisão civil só será decretada se não houver possibilidade de desconto em folha de vencimentos, ou de arresto de bens ou rendimentos do devedor; trata-se de remédio heróico, só aplicado em casos expressos, por violento e vexatório; Mattirolo, por exemplo, a considera flagrante violação dos princípios fundamentais do direito e um absurdo econômico." (Castro, 1974, p. 377)

Tal afirmativa tão veemente tem por escopo o fato de que o organismo humano não pode ser algo sem valor, sobre o qual se fazem experiências, uma vez que não deve ser o meio utilizado para coagir o devedor a adimplir seu débito. A jurisprudência, por sua vez divide-se, sendo expressiva no sentido de que a prisão civil somente pode ser decretada quando completamente exauridas todas as formas de execução por quantia certa contra devedor solvente, inclusive com a possibilidade de penhora de bens como garantia da dívida.

6.3.1. Opção entre expropriação e coerção pessoal

No entanto, a discussão se acalora quando o devedor não possui emprego fixo nem rendas suficientes para adimplir o débito, mas possui patrimônio imobiliário que pode servir para pagamento do mesmo. Os doutrinadores se dividem, formando duas facções: a primeira entende que primeiramente deve ser ajuizada ação de execução por quantia certa, penhorando-se o bem do pai relapso para fins de cumprimento de sua obrigação; a segunda defende a possibilidade de ajuizamento da execução sob coação pessoal como forma mais ágil e rápida de garantir o direito do credor.

Os primeiros, representados por Pereira (1983, p. 67), entendem que a execução por quantia certa é por demais penosa e demorada, podendo muitas vezes facilitar o perecimento do direito do credor. Salienta, o autor neste ínterim, que: "É exegese que colide frontalmente com as características da obrigação alimentar, com a urgência de que se reveste o crédito de alimentos, com a relevância social do tema, com o significado humano que impregna o assunto". E complementa: "os que pensam diversamente insistem no argumento da odiosidade da prisão. Respondo é mais odioso deixar de prestar alimentos aos familiares, aos filhos, aos pais, aos irmãos."

Parece-nos que o posicionamento defensor da possibilidade de execução através da prisão civil antes daquela na qual se busca a penhora de bens do devedor não é descabido, no sentido de que, mais rápida e ágil, tem por escopo garantir o direito do credor de forma premente.

Por outro lado, em havendo patrimônio de propriedade do devedor, este sempre tem a possibilidade de efetuar sua venda para adimplemento do débito, evitando assim seja decretada a prisão. Parece que mais difícil seria, isso sim, para aquele que não possui sequer patrimônio garantidor da dívida.

Ainda, como bem lembra Pereira (1983), a possibilidade de prisão civil vem estampada na Constituição Federal, agora, mais precisamente no seu artigo 5º, inciso LXVII que prevê a possibilidade de prisão civil para o depositário infiel e para o responsável pelo inadimplemento da pensão alimentícia. Então, se é perfeitamente possível decretar a prisão civil daquele a cujo encargo se deposita bem penhorado e que vem vendê-lo, o que se pode dizer do irresponsável que relega ao descaso a fome do necessitado e credor de verba alimentar?

ALIMENTOS – da ação à execução

Note-se que, à primeira vista, a fome não pode aguardar, enquanto no interesse do depositante, obviamente não habita urgência análoga. Por outro lado, à necessidade prevalente do alimentário antepõe-se freqüentes obstáculos à expropriação, desde o acendrado e compreensível controle em tal meio à penetração do ato executivo na esfera jurídica do executado, desqualificando-o como terapia própria do caso. (Assis, 1998, p. 122)

Por conseguinte, torna-se impossível admitir-se a prisão do depositário infiel, mas não a do devedor de alimentos, sem que antes se percorra o tortuoso caminho da execução por quantia certa. Então:

Se a prisão foi estabelecida até pela Constituição Federal, é porque crônica se traduz a questão dos inadimplentes em débitos alimentícios. Se nossa Carta Magna tutela a liberdade, não esqueceu de prever prisão civil para devedores de alimentos. Quando decretada a prisão, praticamente sempre aparece o dinheiro. (Pereira, 1983, p. 67)

Conseqüentemente, deixar o credor optar pelo meio mais apropriado para executar alimentos, desde que impossível o desconto em folha ou de outras rendas do devedor, podendo o primeiro observar a forma mais rápida e viável para garantir o adimplemento parece ser a decisão mais acertada, sendo proposta por Pereira (1983) e corroborada pela jurisprudência[120] como meio de proteger e garantir o direito do credor.

Tais questões serão tratadas com maior aprofundamento, ao discutirmos, individualmente, cada uma das formas de executar o crédito alimentar, sendo que apenas as duas últimas, ou seja, a execução através da coerção pessoal e a execução por expropriação de bens serão tratadas em itens apartados por serem aquelas que trazem mais pontos de contradição em seu contexto.

6.3.2. Execução através de desconto em folha de pagamento do devedor

O artigo 16 da Lei 5.478/68, bem como o artigo 734 do CPC, prevêem como forma de pagamento da verba alimentar o desconto em folha dos valores a serem creditados a título de salário ao devedor, mensalmente, implementado pelo empregador.

Para Marmitt (1999, p. 165) "o desconto em folha de pagamento, também denominado consignação de vencimentos, ou consignação em folha, é forma de execução por excelência". Salienta também que é mecanismo de cumprimento fácil e rápido do ajustado a título de alimentos no acordo homologado ou então através de decisão interlocutória ou sentença.

---

[120] "o credor não está obrigado antes a promover uma possível execução por quantia certa contra devedor solvente. A doutrina também é essa, não havendo o que discutir neste ponto. O que se exige, previamente à prisão civil, é o exaurimento dos meios subrogatórios, dotados de igual ou superior 'eficácia prática' ". Ver. Jur. – 164/70 (Marmitt, 1999, p. 189).

Quando determinado judicialmente como forma de execução, pode comportar embargos, conforme jurisprudência pátria, por estar na mesma classe das execuções expropriatórias, podendo inclusive ser requerido após ação que visava à utilização do patrimônio do devedor para adimplir o débito. Pode-se, então, nos mesmos autos daquela, recorrer ao desconto em folha de pagamento. Por outro lado, sendo este efetuado mensalmente, também será mensalmente sacado pelo credor, não necessitando ficar depositado em juízo até atingir o montante total, pois neste caso perderia seu principal objetivo que é a satisfação rápida do débito.[121]

Realmente, quando o devedor exerce atividade remunerada, pode-se garantir o adimplemento da verba alimentar através da reserva de parte de seus vencimentos junto ao empregador, que, neste caso, assume as obrigações de "depositário judicial" do valor em questão. (Marmitt, 1999, p. 166)[122]

Outros doutrinadores como Castro (1974), Brandão Lima (1983) Moura (1975) e Assis (1998), todos também citados por Cahali (1998, p. 1012) referendam que "a doutrina identifica, aqui, um caso especial de arresto, porque essa medida tem como fim conservar em mão de terceiro a soma suficiente para pagamento do que é devido ao credor, impedindo que se subtraia a solução da dívida."

Segundo Nery e Nery Júnior (1997, p. 885), os artigos que prevêem o desconto em folha de pagamento são "...verdadeira exceção à regra da CLT 462. Está autorizada por lei essa espécie de desconto para quitação de dívida alimentar. É, também, autorizado pela

---

[121] ALIMENTOS. EXECUÇÃO MEDIANTE DESCONTO EM FOLHA . IMPOSSIBILIDADE DE MANTER O VALOR BLOQUEADO. CABIMENTO DE EMBARGOS DO DEVEDOR. Ocorrendo desconto em folha de pagamento, não mais se está diante da execução expropriatória do art. 732 do CPC, mas, sim, da modalidade executiva prevista no art. 734 do mesmo diploma. A circunstância de que a execução teve início sob a forma expropriatória não obsta a que, frustada a tentativa de constrição, se busque, nos mesmos autos, o meio mais ágil e efetivo de satisfação do credor, que, notoriamente, é a execução mediante desconto em folha. E, partindo do pressuposto que se está diante da execução do art. 734 do CPC, evidentemente é descabida a determinação para que os valores permaneçam bloqueados, à disposição do juízo, até que se complete o montante total do débito. É que o sentido maior dessa modalidade executória está justamente em sua presteza, visando a colocar, de pronto, à disposição do credor o numerário reclamado, cuja premência vincula-se à própria natureza da prestação, o que torna absolutamente incompatível a indisponibilidade determinada pelo juízo. A expedição de ofício pertence à mesma classe dos atos executivos que a penhora. De certo modo, é penhora. Como tal se trata e cabem os embargos do devedor e de terceiro, desde que o Juiz comunica (expedição do mandado de início de execução) e se atende à comunicação. Os embargos do devedor podem ser opostos a contar da citação, ou da inserção em folha. Proveram, Unânime. (Agravo de Instrumento nº70000292995 - 7ª Câmara Cível - Porto Alegre RJTJRS 198/243)

[122] Neste sentido, Cahali, (1998, p. 1015) refere que: "determinado o desconto em folha de pagamento, nem por isso o empregador ou a entidade pagadora se investe na condição de terceiro interveniente no processo, restando-lhe a condição simples de depositário do valor a ser consignado e de instrumento de execução da ordem judicial."

ALIMENTOS – da ação à execução

Lei 8.213/91 o desconto de pensão alimentar incidente sobre benefício previdenciário".[123]

Na verdade, trata-se de uma exceção, pois a execução de alimentos através de desconto em folha é prioritária justamente por ser, conforme já elencado, mais prática e rápida, uma vez que objetiva garantir a sobrevivência do necessitado. Por outro lado, o artigo 649, inciso IV, do CPC dispõe sobre a impenhorabilidade do salário, havendo, então, a possibilidade de o atrasado "ser amortizado em parcelas a serem descontadas na folha de pagamento, conforme divisão de bom senso pelo juiz" (Cahali, 1998, p. 1015).[124]

Ocorre que a jurisprudência não é pacífica neste sentido, sendo que algumas turmas têm entendido de modo diverso, determinando que a execução de parcelas já vencidas do débito devem acontecer de modo diverso daquele estatuído pelo artigo 734 do CPC.[125]

Por outro lado, o desconto em folha de pagamento do devedor é efetivado mediante ofício expedido pelo magistrado ao empregador para que efetue o desconto da verba alimentar e deposite o valor em conta bancária já indicada pelo credor ou repasse a este o dinheiro, mediante recibo. A ordem somente pode deixar de ser atendida no todo ou parcialmente, se novamente for expedido ofício por parte do magistrado alterando o já determinado. Em caso de descumprimento da determinação judicial, o empregador pode incorrer em

---

[123] Aqui, pode-se fazer menção aos casos nos quais o devedor se encontra aposentado, não exercendo mais nenhuma atividade no mercado de trabalho e auferindo renda somente de órgão previdenciário. Este último então deve ser oficiado para que implemente o desconto em folha da pensão alimentícia.

[124] Aqui, o autor supra citado faz menção à jurisprudência do TJSP, 2ª CC , de 11.04.1972, RJTJSP 21/124. 2ª TC, TJDF: "verificada a impossibilidade de pagamento total e imediato de dívida alimentar acumulada no decorrer de longo período e que remanesce como débito atrasado, sua execução, mediante desconto em folha de pagamento paralelo ao da pensão mensal, há de ser feito por meio de parcelamento que permita ao devedor condições de sobrevivência. (AI 1.994 DJU III 08.06.1988, p. 14.117, e Rep. IOB Jurisp.3/1530).
Neste sentido: "ALIMENTOS. EXECUÇÃO MEDIANTE DESCONTO EM FOLHA. IMPOSSIBILIDADE DE MANTER VALOR BLOQUEADO. CABIMENTO DE EMBARGOS DO DEVEDOR. Ocorrendo desconto em folha de pagamento, não mais se está diante de execução expropriatória do art. 732 do CPC, mas sim da modalidade executiva prevista no art. 734 do mesmo diploma. A circunstância de que a execução teve início sob a forma expropriatória não obsta a que, frustrada a tentativa de constrição, se busque, nos mesmos autos, o meio mais ágil e efetivo de satisfação do credor, que, notoriamente, é a execução mediante desconto em folha. E, partindo do pressuposto de que se está diante de execução do art. 734 do CPC, evidentemente é descabida a determinação para que os valores permaneçam bloqueados á disposição do juízo, até que se complete o montante total do débito..." (AI Nº 70000292995, 7ª CC – TJRGS, rel. Luiz Felipe Brasil Santos, RJTJRGS nº 198).

[125] Alimentos vencidos. Rito para cobrança. A forma de pagamento de alimentos, estatuída pelo CPC 734, diz respeito somente a alimentos futuros. Inaplicável, pois, em se tratando de hipótese de alimentos pretéritos inadimplidos, cuja execução deverá submeter-se a quantia certa contra devedor solvente (STJ, 3ª T., Ag. 89080 – DF, rel. Min. Eduardo Ribeiro, j. 3.5.1996, DJU 10.5.1996, p. 15218).

crime contra a administração da justiça, nos termos do artigo 22 da Lei 5.478/68, podendo ser punido com detenção de seis meses a um ano.

Outra questão que suscita controvérsias diz respeito ao fato de implementar o desconto em folha unilateralmente, ou seja, a pedido de apenas uma das partes, sem que a outra tenha descumprido com o avençado, estando a forma de pagamento obedecida rigorosamente. Neste sentido, a jurisprudência tem entendido ser mais oportuno manter o avençado entre as partes e só intervir determinando o desconto se houver descumprimento e inadimplência, mesmo que parcial.[126] Conseqüentemente, Cahali (1998, p. 1014) salienta que "a norma do art. 734 é dispositiva, devendo ser utilizada respeitando-se sempre o princípio do contraditório"; portanto, só pode ser alterada se houver concordância de ambas as partes ou descumprimento do devedor com relação à forma de pagamento avençado anteriormente, sendo aplicada justamente no intuito de assegurá-lo em sua íntegra e do modo ajustado.

Outro ponto controvertido que se alcança diz respeito à possibilidade de requerer ao magistrado a concessão de alvará para levantamento do fundo de garantia por tempo de serviço (FGTS) do devedor para que seja adimplido o débito alimentar. Neste sentido, a jurisprudência também se posiciona de modo favorável,[127] o que muitas vezes pode significar não só o pagamento total da dívida, como também a garantia de sobrevivência do credor. É solução também rápida e viável para ambas as partes, uma vez que o credor tem assegurado aquilo que lhe é de direito e o devedor paga seu débito utilizando-se valores que lhe pertencem, mas dos quais não pode lançar mão. O maior problema é o fato de que, mais uma vez observando a população hipossuficiente, a maioria deles não possui emprego fixo, vivendo de "biscates", o que impossibilita a resolução do impasse por esta seara, por inexistência de valores depositados em conta de FGTS.

---

[126] Assim: "somente se acolhe a pretensão de desconto em folha por aplicação da regra do art. 734 do CPC, que visa a assegurar a continuidade das prestações, de maneira manter-se sua permanência, se não convencionada no acordo esta forma ou estipulada na sentença, se demonstrada que o alimentante não vem cumprindo regularmente com sua obrigação de pagamento na forma acordada, ou seja, mediante alcance mensal direto da pensão (depósito bancário); a modificação implicaria alteração unilateral e imotivada de cláusula livremente acordada pelas partes (7ª , TJRS, rel. Binato de Moraes, 27.03.1991, RJTJRS 151/525), citada por Cahali (1998, p. 1014).

[127] "obrigado a prover a esposa e filhos menores com alimentos e abandonando-os na miséria, é razoável a concessão de alvará aos necessitados para levantamento e liquidação do FGTS depositado em nome do marido e pai faltoso" RT, 472:221 – 1ª CC Tribunal de Alçada do Paraná, citada por Nogueira, 1995, p. 54.

ALIMENTOS – da ação à execução

No caso de utilização do FGTS para pagamento do débito, é da justiça comum a competência para processar e deferir o pedido de alvará, nas exatas palavras de Cahali (1998, p. 1018): "o pagamento de pensão alimentícia representa matéria resguardada pelo Direito de Família que se sobrepõe à competência fixada em razão da natureza jurídica daquela entidade federal,[128] prevalecendo a competência da justiça comum".

6.3.3. Desconto de aluguéis ou outros rendimentos do devedor

Em não havendo a possibilidade de se obter o adimplemento do débito através do pagamento direto pelo devedor, nem sendo possível implementar o desconto em folha do mesmo, outra opção cabível, apesar de menos comum, é aquela elencada pelo artigo 17 da Lei 5.478/68, ou seja, a cobrança de aluguéis de prédios ou de quaisquer outros rendimentos do devedor.

Diante da norma legal citada, Assis (1998, p. 114) emite as seguintes considerações quanto à ordem de preferência na utilização de um ou outro meio para pagamento da verba alimentar inadimplida:

> Duas posições caracterizam a inteligência do dispositivo. A cláusula inicial – "quando não for possível" – acentua, em primeiro lugar, a idéia de ordem e prioridade. Ela também demarca o âmbito da cifrada referência ao da "efetivação executiva": o emprego dos meios executórios do desconto, contemplada no art. 16 antecedente e da própria expropriação, nela mencionada, sucederá na demanda (processo) executória do alimentado.

Assim, a expropriação pelo pagamento através de aluguéis e rendimentos do devedor é meio de expropriação situado depois do desconto em folha de pagamento previsto no artigo 17, quando impossível a implementação deste e antes da coação pessoal do artigo 18 da Lei 5.478/68, estando condicionada à existência daqueles em nome do devedor.

Segundo Marmitt (1999, p. 167), "o desconto de aluguéis ou outras rendas pode ser recebido diretamente pelo beneficiário, seu procurador, ou por depositário nomeado pelo juiz". Assim, fica evidenciado que o pedido, instruído com as provas da existência daqueles rendimentos, deve ser endereçado ao magistrado que, deferindo o mesmo, determina a forma pela qual o pagamento deve ocorrer. "A ordem é executada mediante ofício ou mandado judicial, onde constará a nominação e o endereço da pessoa a quem os rendimentos

---

[128] Aqui, quando o autor cita entidade federal está se referindo à Caixa Econômica Federal, agente operadora do FGTS, que tem a função de gerir e administrar aqueles recursos.

devem ser entregues, com as advertências quanto às sanções previstas no artigo 22 da Lei nº 5.478/68." (Marmitt, 1999, p. 167)

6.3.4 Dos demais meios garantidores do crédito alimentar

Quando legislou sobre o crédito alimentar, o legislador cuidou de ampará-lo e provê-lo de meios que facultassem seu pagamento por parte do devedor ou garantias de recebimento dos valores por parte do credor. Assim, criou vários dispositivos facilitadores no acesso ao adimplemento dos alimentos objetivando rapidez e a eficiência.

Assim, consoante o já verificado, pode o credor, em caso de inadimplência, requerer o desconto em folha de pagamento ou das rendas que porventura tiver o devedor, sua prisão civil ou a penhora de tantos bens quantos bastem para total pagamento do débito. Mas, além destas medidas, o credor ainda possui outras chamadas de assecuratórias[129] e que também visam ao adimplemento da execução. São assim relacionadas: "a) constituição de usufruto, prevista no artigo 21, § 1º, da lei do divórcio; b) a constituição de garantia real ou fidejussória, prevista no artigo 21, cabeço, da lei do divórcio; c) a garantia em renda temporária." (Marmitt, 1999, p. 175)

Ao discutir o artigo 21, em seu *caput*, ou o artigo 1º da Lei 6.515/77, é necessário observar que razoável entendimento existe no sentido de que tais dispositivos legais também se aplicam quando a verba alimentar é instituída pelo parentesco. Cahali (1998), ao citar Limongi França, salienta que: "o preceito do art. 21 da lei do Divórcio concerne á pensão alimentícia em geral, quer à devida ao outro cônjuge, quer a devida à prole".

Assim, mesmo diante da referência explícita feita no texto legal ao "cônjuge credor", este pode ser aproveitado em processos cuja fixação dos alimentos vai além daqueles devidos à ex-mulher ou ao ex-marido. Da mesma maneira, a decisão que fixa tal medida será determinada pelo juiz na sentença que puser fim ao litígio ou em ação revisional que porventura vier a ser ajuizada. Mas, observe-se que

> tratando-se de garantias a serem determinadas as pedido do cônjuge credor, no caso dos §§1º e 2º do art. 21 da Lei do Divórcio, definindo-se tais garantias como medidas cautelares tendentes a assegurar o pagamento da pensão, o pedido será autuado em separado, observando-se o rito dos processos cautelares (Livro III do CPC, art.

---

[129] Conceituando medidas assecuratórias Neves (1990) refere "diz-se da medida cautelar". Quando conceitua medida cautelar salienta: "toda aquela que possui caráter preventivo, surgindo como preparatória para a proposição de uma ação ou no curso desta (*Cód. Proc. Civil, arts. 796 a 889*).

ALIMENTOS – da ação à execução

117

796 *et seq.*); aplicando-se por analogia, os dispositivos que cuidam da caução real ou fidejussória (CPC, arts. 826-838). (Cahali, 1998, p. 1033)

Então, em havendo determinação judicial de constituição de garantia real[130] ou fidejussória,[131] o juiz ordenará:" a) que determinado bem seja dado em garantia hipotecária ou pignoratícia, garantindo o pagamento da pensão; b) ou que seja prestada garantia fidejussória." (Rodrigues, 1978, p. 225)

No entanto, aquele mesmo doutrinador adverte que existem problemas de ordem prática na efetivação destas garantias, tais como a inexistência de bens que possam ser utilizados como garantidores, ou o fato de que o proprietário daqueles que forem utilizados para este fim, em caso de verba alimentar, ficarão despojados de sua utilização por período bastante prolongado, podendo tal situação perdurar até a morte do credor, que seria uma das formas de extinção da obrigação.

Já Ferreira, *apud* Marmitt (1999, p. 178), ao discutir as seguranças reais aplicáveis junto às execuções onde o devedor é proprietário, colaciona as seguintes características:

a) seu objetivo único é assegurar o cumprimento da obrigação;

b) sua essência consiste na sujeição da coisa por um laço real ao pagamento do débito;

c) sua insubsistência por si própria, vez que sempre ligada às obrigações que garantem, como o acessório ao principal;

d) o penhor só tem por objeto bens móveis, a hipoteca unicamente imóveis; ao passo que a anticrese afeta diretamente os frutos e rendimentos do bem, e por conseqüência a própria coisa;

e) no penhor e na anticrese as coisas que afetam é entregue ao credor, e fica sob sua posse jurídica, ao passo que a hipoteca deixa a coisa na posse de seu dono.

Os artigos 21, §§ 1º e 2º da Lei 6.515/77 autorizam a instituição do usufruto por preferência ou justificação do cônjuge credor. Segundo Marmitt (1999, p. 176), o "termo 'preferência' tem o sentido de escolha, enquanto que 'justificação' significa a comprovação de fatos, para servir de prova em processo".

Como justificação (artigo 21, § 2º, da Lei em apreço), o credor deve, então, comprovar que não vem recebendo os valores devidos a título de alimentos,[132] havendo sempre a incerteza quanto à data

---

[130] Pela garantia real, estando o pagamento da dívida assegurado por um bem imóvel, o beneficiado recebe os valores que lhe são devidos através daquele, com preferência e exclusão dos demais credores. Ainda, "diz-se quando se funda num direito real como o penhor, a anticrese ou a hipoteca." (Neves, 1990).

[131] "Diz-se daquela que alguém, individualmente, presta em favor de outrem sem oferecer qualquer coisa para segurança do seu cumprimento, senão a sua responsabilidade pessoal, devidamente formalizada." (Neves, 1990)

de adimplemento dos mesmos, quanto a forma de pagamento e quanto à possibilidade de o débito ser saldado no todo ou parcialmente. Neste caso, conforme menciona Assis (1998, p. 119), "o elemento cautelar se torna preponderante, ostentando a demanda ajuizada, então caráter cautelar".

Costurando as interpretações, também neste sentido, Ramos (1978, p. 74), também citado por Cahali (1998), refere que:

> na verdade, os dois parágrafos dizem a mesma coisa. O primeiro trata do usufruto diante de uma simples opção do cônjuge credor, que o juiz poderá ou não atender. O segundo manda que o pedido de usufruto seja precedido de prova do não recebimento regular das pensões. O texto fala em 'possibilidade do não recebimento'. A possibilidade diz respeito ao futuro e, portanto, só é justificável mediante a prova da inadimplência anterior ou de reiteradas irregularidades os pagamentos periódicos.

Por outro lado, várias discussões foram lançadas no intuito de verificar sua validade como garantia ou como meio de satisfação do débito em si, através do pagamento do mesmo. Nesta seara, Sampaio (1978, p. 135), também citado por Cahali (1998), refere que não se justificaria a constituição de usufruto, se tiver sido prestada a garantia prevista no artigo 21, *caput*, da Lei 6.515/77, "pois seria o caso de fazer executar a primeira obrigação". Reitera dizendo que o credor poderia então optar pela execução da garantia já oferecida ou requerer a criação do usufruto a seu favor, o que lhe seria mais apropriado. Com o mesmo entendimento encontra-se Marmitt (1998).

De outra banda, Gomes (1978, p. 286) destaca que o usufruto teria finalidade satisfativa e não simplesmente garantidora do pagamento quando refere que:

> Quanto á constituição do usufruto não é propriamente uma garantia para assegurar a pensão alimentícia, mas um *modo* de pagá-la. Em vez de entregar ao credor periodicamente certa quantia em dinheiro (pensão), concede-lhe o devedor o usufruto de determinados bens, provocando, com a onerosa constituição desse direito real, o desvirtuamento da própria essência dos alimentos.

Complementa afirmando que a substituição da pensão pecuniária pelo usufruto dependeria da vontade do devedor em dispor de seus bens de tal forma e que, se a interpretação legal correta fosse admitir o usufruto como garantia em substituição de uma garantia real ou fidejussória, os frutos recebidos pelo usufrutuário deveriam ser descontados na pensão, o que complicaria o pagamento. Seria então, mais fácil "autorizar a preferência pelas *rendas constituídas*

---

[132] Justamente por isso, percebe-se a utilização do usufruto como medida assecuratória mais por provocação da parte interessada posteriormente à sentença ou ao acordo que fixa a verba alimentar, devendo, ainda sim, ser demonstrada a necessidade, a conveniência e a possibilidade da instituição do mesmo.

ALIMENTOS – da ação à execução

sobre imóveis, um direito real mais adequado ao objeto legal." (Gomes, 1987, p. 286)

Assim, "teria-se uma eficácia real ao modo de execução da sentença, previsto no art. 17, *in fine*, da Lei de Alimentos." (Cahali, 1998, p. 1035)

Por sua vez, Marmitt (1999, p. 179) refere a existência de uma terceira forma de garantir o pagamento do crédito alimentar que seria a "garantia em renda temporária" que consiste na "constituição em prol do credor, por determinado tempo, de uma renda ou prestação periódica, mediante a entrega de certo capital. Este capital, em virtude dos juros e rendimentos outros que gera , produz valor igual ao da pensão mensal". Da mesma maneira, quando finda a obrigação, o capital novamente estaria disponível ao executado.

6.4. Parcelamento do débito

Em se tratando de execução de alimentos, os valores executados podem representar montantes mais ou menos vultosos, dependendo do *quantum* fixado e do número de meses em atraso que estão sendo cobrados. Assim, o devedor nem sempre possui condições de adimplir o débito na sua totalidade, correndo risco de ser preso ou de ver penhorado seu patrimônio no todo ou em parte. Uma das formas de solucionar a contenda seria o parcelamento do débito, que pode e deve ser proposto pelo executado, sendo que dele o magistrado dará vistas ao exeqüente.

Pode ocorrer que o devedor esteja inadimplente por problemas de saúde ou por desemprego, ou ainda por outro motivo relevante que lhe impossibilite honrar a obrigação.[133] Mas, querendo adimplir o débito, porém de forma parcelada, "possível e até recomendável é o parcelamento das verbas, já que a situação do alimentante é precária, e porque ao credor mais convém receber aos poucos o que lhe é devido". (Marmitt, 1999, p. 186)

Neste mesmo sentido é a decisão da 8ª C. C. do TJRJ, na Reclamação 321, j. 17-7-79, ADCOAS 16.161, citada por Parizatto (2000, p. 160): "O parcelamento das verbas por ação de alimentos é admissível

---

[133] Decretação da prisão civil contra devedor de pensão alimentícia. Não cumprida a obrigação alimentar em prol de suas filhas sob o pressuposto de que o paciente encontra-se desempregado, vivendo, atualmente, como "biscateiro". Pretende satisfazer a dívida em cinco parcelas, razão porque sua prisão implicará no descumprimento de tal obrigação, sem prejuízo da obrigação mensal. Assim sendo, o paciente merece uma oportunidade e descumprimento do pagamento. parcelado não estará isento de nova prisão. (HC 23/87, rel. José Meger, *Rep. IOB de Jurisp* 3/588, citada por Cahali, 2000, p. 1041)

em caso de se evidenciar difícil a situação do devedor por interessar aos alimentandos receber os alimentos e não a prisão civil do alimentante".[134]

No entanto, muitos irresponsáveis que não efetuam o pagamento da verba alimentar por descaso utilizam tal benefício para se escusar de suas obrigações, parcelando o débito e posteriormente não efetuando o pagamento de nenhuma de suas parcelas, apenas para "ganhar tempo", enquanto procuram uma outra forma de se eximir de seu dever.

Assim, proposto o parcelamento do débito, o magistrado ouvirá o exeqüente que pode concordar ou não com o mesmo. Como normalmente é vantajoso também para o credor (exceto nos casos referidos) receber a totalidade do débito mesmo que de forma parcelada, havendo consenso entre as partes, ocorre o parcelamento conforme acordado.

Porém, em não havendo concordância por parte do credor no parcelamento da verba alimentar, as decisões jurisprudenciais se dividem no sentido de conceder ao juiz o poder de parcelar o débito ou não, assim: "Parcelamento de valores em atraso, uma vez que os valores atuais estão sendo pagos regularmente – possibilidade" (AI 275.870-1, 1ª C de Direito Privado , TJSP, 05.12.1995). Em sentido contrário: "Prestação alimentícia, proposta de parcelamento a ser desconsiderada, ante a falta de qualquer pagamento, ainda que parcial – Manobra meramente procrastinatória do devedor." (HC 279. 198-1, 5ª C Direito Privado, 07.12.1995). (Cahali, 1998, p. 1041-1041)

Neste momento, entra o bom senso do magistrado, que não deve determinar a prisão ou penhora de bens do devedor que propõe parcelamento e que demonstra a impossibilidade de saldar o débito numa só vez. Por outro lado, cumpre observar se suas intenções são de adimplir a dívida ou ganhar tempo, se anteriormente era bom pagador e honrava suas obrigações, enfim, se não se trata de devedor contumaz que já requereu parcelamento deixando posteriormente de pagar as prestações.

---

[134] Também, nesta mesma seara: AI 6.369, 7ª CC do TJRJ, Ac. 4ª CC do TJRJ, no AI121/89, j. 09.5.89.

ALIMENTOS – da ação à execução

7. Da execução por quantia certa

7.1. Requisitos do pedido e fundamento legal

A execução de alimentos, como já se abordou anteriormente, pode efetivar-se de quatro maneiras diferentes, sendo que duas delas, as que dizem respeito ao desconto em folha de pagamento e ao desconto em aluguéis e rendimentos do devedor, já foram analisadas.

Pretende-se, então, discorrer agora sobre a execução por quantia certa do débito alimentar, como propõe o artigo 732 do CPC bem como o artigo 19 da Lei 5.478/68. Na verdade, a execução de verba alimentar por quantia certa não se distancia muito da que pretende executar qualquer outro tipo de débito, possuindo suporte legal e requisitos bastante próximos.

Primeiramente, deve-se mencionar que vários doutrinadores, ao discorrer sobre a execução da verba alimentar, salientam a preocupação do legislador com essa matéria: "O crédito alimentar mereceu generosas atenções do legislador. Exemplo frisante deste singular tratamento desponta na predisposição de vários meios executórios" (Assis, 1998, p. 149). Parizatto (1995, p. 11) refere:

> O Estado, na outorga da prestação jurisdicional, preocupou-se em deferir uma garantia processual que visa ao recebimento de prestações de caráter alimentar, mercê da própria peculiaridade desta de propiciar recursos à sobrevivência de alguém.

Da mesma forma se posiciona Cahali (1998, p. 1021) ao citar:

> A execução da sentença condenatória de prestação alimentícia é uma execução por quantia certa, que, em razão da natureza do crédito e das peculiaridades das prestações a ele relativas, tem o seu procedimento comum adicionado de algumas regras tendentes a tornar mais pronta a execução da obrigação

Na mesma esteira, Gomes (1987, p. 421) salienta que "as sanções comuns são insuficientes. O direito a alimentos é tutelado, em conseqüência, por sanções especiais". Estas sanções ou prerrogativas especiais alcançam seus objetivos com relação à possibilidade de penalização pessoal ou com relação a algumas preferências das quais são dotados os alimentos, como, por exemplo, o privilégio do crédito alimentar sobre qualquer outro, independentemente da natureza deste ou do momento da penhora.

No entanto, percebe-se que, especificamente quanto ao espírito de celeridade do legislador ao procurar dotar a execução do crédito alimentar de peculiaridades possibilitadoras de eficiência e rapidez, a mesma morosidade impressa em processos executivos de outros créditos pode ser ali vislumbrada. Trata-se de feitos que podem levar vários meses ou anos até satisfação total do débito, o que se torna incompreensível com relação a créditos garantidores (ou que pelo menos deveriam ser) da sobrevivência do credor. Talvez se possa encontrar maior celeridade na execução com base no artigo 733 do CPC, que não é objeto da presente discussão, mas, com relação à execução por quantia certa do débito alimentar, esta muito pouco se diferencia, em termos de celeridade, da execução de crédito comum.

Por conseguinte, a execução alimentar pressupõe a existência de dívida líquida, certa e exigível, segundo dispõe o artigo 586 do CPC, comprovada por título executivo, que pode ser uma decisão interlocutória fixando alimentos provisórios, sentença transitada em julgado ou o acordo homologado judicialmente, sob pena de ser imposta a nulidade da execução,[135] nos termos do artigo 618, inciso I, do CPC. De posse de tais documentos, aliados àqueles outros imprescindíveis ao ajuizamento do feito, pode o credor executar a dívida.

7.2. Escolha compulsória e escolha voluntária da expropriação

A execução por quantia certa do débito alimentar pode ocorrer através de uma escolha voluntária ou compulsória, segundo Assis (1998, p. 149) ao discorrer que:

> Existindo "aluguéis de prédios"- na execução de alimentos devidos pelo cônjuge, havendo casamento pelo regime da comunhão universal, exclui-se a metade da renda líquida, que pertence ao próprio credor, a teor do art. 4º, parágrafo único, da Lei 5.478/68 – e "outros rendimentos", o alimentário, compulsoriamente, terá de utilizar a expropriação. (art. 17 da Lei 5.478/68)

Segundo o mesmo doutrinador, em tais situações a penhora recairá sobre os créditos, conforme as normas ditadas pelo CPC, podendo

---

[135] Esta nulidade "pode ser reconhecida *ex officio*, a qualquer tempo e grau de jurisdição, independentemente de argüição da parte, ou do oferecimento de embargos. A regularidade processual, o *due process of law*, é matéria de ordem pública que não escapa ao crivo do juiz." (Nery e Nery Júnior, 1997, p. 842)

o ato executivo se materializar: pela apreensão do título[136] através de oficial de justiça, estando este em poder do devedor ou de terceiro; ou, não se encontrando o documento comprovador do crédito,[137] ou não sendo possível realizar sua apreensão, o oficial de justiça realizará a intimação do terceiro (debitor debitoris) "para que não pague o seu credor" (artigo 671, inciso I do CPC) e do executado "para que não pratique ato de disposição do crédito" (art. 671, inciso II do CPC).

Ainda segundo Assis (1998), no segundo caso, o procedimento advindo da penhora depende do comportamento do *debitor debitoris*, pois, se o terceiro admite a dívida, ele assume o encargo de depositário, podendo se exonerar com o depósito em juízo do valor ou solvendo a dívida através do pagamento ao próprio alimentando. Mas, se o terceiro nega a dívida, com ou sem *consilium fraudis*, o aperfeiçoamento da penhora requer a investigação da existência real do crédito. Para isso ocorre a audiência do devedor e do terceiro. Realizada a instrução, sempre sumária, o juiz declara a existência ou não do crédito controverso, decisão interlocutória que comporta agravo de instrumento, pelo artigo 552 do CPC. Tal solução é

> passível de crítica e duvidosa, haja vista a mesquinhez do legislador ao regular o incidente, coadjuvando pela tortuosa verba do art. 671, porém o problema rejeita outra solução hábil: como o credor irá subrogar-se no crédito (art. 673, *caput*), de modo satisfativo, ou pretender aliená-lo (art. 673, § 1º) , despertando interesse no público, se o crédito permanece litigioso? (Assis, 1998, p. 151)

Por estes motivos, não se recomenda este procedimento como meio de obrigar o devedor a cumprir com sua obrigação.

No entanto, com relação à escolha voluntária da parte pela execução por expropriação, para Assis (1998), exceto quando o juiz determiná-la ao alimentando, em vez de meios mais céleres, não existe estímulo para o credor lançar mão do mecanismo expropriativo, justamente pelos motivos anteriormente exarados.

7.3. Processamento do feito

Havendo débito alimentar, com parcelas em número superior a três,[138] tem-se adotado como regra a execução do excedente por quantia certa com base no artigo 732 do CPC.

---

[136] Neste caso, pela inteligência do artigo 672 do CPC, o crédito pode ser representado por "letra de câmbio, nota promissória, duplicata, cheque, dentre outros títulos."

[137] Segundo Assis (1998), serve de exemplo a locação verbal de imóvel do executado, onde não exista documento que possa comprovar a existência do crédito.

[138] Execução de alimentos dos últimos três meses é feita com base no artigo 733 do CPC, conforme poderá se verificar no capítulo 8.

Neste sentido, de posse do título executivo, o credor dá início à execução, preparando a petição inicial, com base no que preceitua o artigo 282 do CPC. A ação então é proposta no foro de domicílio do credor, sendo parte autora o menor representado ou assistido pela mãe, pai ou guardião.[139] Como parte passiva, tem-se o devedor da verba alimentar. O valor da causa é o que está sendo executado.

7.4. Embargos à execução alimentar

Ajuizada a ação e tendo o juiz verificado a existência de todos os seus requisitos e documentos, determinará a citação[140] do devedor para que pague ou nomeie bens a penhora num prazo de 24 horas, sendo tal prazo improrrogável e contado de minuto a minuto, devendo o oficial de justiça certificar no mandado o horário da citação como marco inicial da contagem. Decorrido tal prazo o devedor não pode mais indicar bens à penhora. (Parizatto, 2000)

No caso de o oficial de justiça não encontrar o devedor, pode arrestar-lhe tantos bens quantos bastem para garantir a execução forte no artigo 653 do CPC, cabendo ao credor o prazo de 10 dias, a partir da data em que for intimado do arresto, para requerer a citação por edital. Importante é para o andamento célere e eficaz do feito, principalmente tratando-se de execução de alimentos, que do edital conste que, findo o prazo de 24 horas a que se refere o artigo 652, do CPC, o arresto se converterá em penhora, ficando, desde logo, o devedor intimado para, querendo, embargar a execução.

Depois de efetuada a penhora,[141] deve o devedor ser intimado pessoalmente para oferecer embargos, no prazo de 10 dias, contados

---

[139] Aqui, também pode ser autor aquele que durante certo período alcançou alimentos aos alimentandos no intuito de não deixá-los perecer e que depois se sub-rogou nos direitos de credor. Assim: ALIMENTOS. EXECUÇÃO. LEGITIMIDADE - Tem a mãe legitimidade para executar débito alimentar pertinente aos filhos, se ajustada a pensão na época em que eram eles absolutamente incapazes, ficou com a guarda deles e incumbida de receber e administrar os valores. Agravo improvido. (Agravo de Instrumento nº 595033159 - 7ª Câmara Cível - Cruz Alta - Rel. Des. Paulo Heerdt - Julgado em 03-04-96) RJTJRS 177/244.

[140] Uma vez que se trata de execução, inadmissível citação por via postal, conforme artigo 222, letra "d" do CPC.

[141] EMENTA: APELAÇÃO CÍVEL. PROCESSO DE EXECUÇÃO DE ALIMENTOS. EMBARGOS DE DEVEDOR. INTERPOSIÇÃO ANTES DE DEMONSTRADO NOS AUTOS ESTAR SEGURO O JUÍZO. REJEIÇÃO LIMINAR. CONTROVERSIA. PREFACIAIS DE NULIDADE DA SENTENCA REJEITADAS. ILIQUIDEZ DO CRÉDITO EXEQUENDO. INOCORRÊNCIA. Além de ser adimitido o oferecimento de embargos de devedor de forma prematura, isto e, após a realizacao da penhora, mas antes de comprovada a constricao nos autos do processo de execução, o que afastaria a rejeição liminar, nao ocorrendo esta, nao podem os embargos ser fulminados mais adiante pelo mesmo motivo, pois obstaculizaria o devedor de interpor embargos no prazo de dez (10) dias, contado da juntada aos autos da prova da intimação da

a partir da juntada aos autos da prova de intimação.[142] Mas, se forem os bens oferecidos em penhora, o prazo flui da assinatura do termo pelo executado, dispensando-se posterior intimação. No caso de depósito em dinheiro, o prazo começa a contar a partir da data dessa providência (Parizatto, 2000).

Porém, se a intimação correr por hora certa,[143] o prazo começa a fluir nesse momento e não da juntada aos autos do mandado, desde que seja certificada a hora da diligência, concedendo, assim, ao executado a possibilidade de embargar somente até o momento em que se completarem as vinte e quatro horas que lhe são concedidas. Se a intimação da penhora for feita ainda no edital, o prazo tem início quando da juntada deste aos autos do processo. (Parizatto, 2000)

Em se tratando de penhora que recai sobre dinheiro, em face do caráter alimentar do débito, pode o credor levantar mensalmente a importância da prestação, mesmo que sejam oferecidos embargos por parte do executado, independentemente de caução. Neste sentido, Cahali (1998, p.1022) cita Pontes de Miranda ao referir que:

> A execução é de quantia certa, que pode ir à penhora de bens ou de dinheiro; os embargos do devedor são oferecidos no prazo de 10 dias, contados da intimação da penhora (art. 738, I); os embargos do devedor, na ação executiva, de prestação de alimentos, não perdem a sua eficácia de suspensão; apenas se permite, a despeito disso, que se levante, mensalmente, a quantia das prestações alimentícias.

---

penhora. Não é nula a sentença pela alegada falta de clareza, se a parte apelante, além de não interpor embargos de declaração, demonstra, através dos argumentos expedidos nas razões recursais, ter apreendido os fundamentos do *decisum*, não sendo nula, porque afirmada "extra petita", se admitida a iliquidez do credito exequendo, com base na alegação de excesso de execução. Preliminares rejeitadas. Existindo nos autos elementos que permitem, através de cálculo do contador judicial, a correta apuração do crédito reclamado, não há que se falar em iliquidez da dívida, restando tal conclusão afastada. Apelo provido. (12FLS.) (APC nº 598087609, Oitava Camara Civel, TJRS, Relator: Des. Alzir Felippe Schmitz, Julgado em 27/04/2000).

[142] Civil. Alimentos. Quitação passada pelo menor. Ajuizada a ação de alimentos, com a assistência da mãe, o menor não pode, sem a anuência desta, considerar quitada a obrigação do pai. Recurso especial conhecido e provido. Rec. Esp. 127.652 - RS (1997/0025672-3) - Rel.: Min. Ari Pargendler - J. em 25/09/2000 - DJ 23/10/2000 - STJ JBSTFSTJ 185/ 519 e 520. A Egrégia Oitava Câmara Cível do Tribunal de Alçada do Estado do Rio Grande do Sul, Relator o eminente Juiz Ivan Leomar Druxel, reformou a sentença, nos termos do acórdão assim ementado: "EXECUÇÃO DE ALIMENTOS. EMBARGOS. PAGAMENTO. Na execução de alimentos, os embargos apenas têm cabimento após a penhora. Qualquer discussão anterior é pré-tempestiva. Não se declara nulidade se a apreciação do mérito favorece o apelante. Quitação firmada por credor de alimentos com 19 anos reconhecida" (fl. 78). Lê-se no julgado: "As declarações de vontade, ainda que oriundas de menor relativamente incapaz, devem ser consideradas. Se houve vício de vontade, este deve ser demonstrado (e na impugnação houve protesto genérico pela produção de outra prova), e quando foram firmados os documentos de fl. 7/8 o menor já contava mais de dezenove anos. O conflito entre os pais já vinha de longa data, mas mesmo em tais circunstâncias foram assinadas aquelas declarações" (fl. 81).

[143] Quanto a admissibilidade da penhora por hora certa, ver RSTJ 20/425.

ALIMENTOS – da ação à execução

Inclusive, Cahali (1998) também refere que, conforme decidiu o TJPR, mesmo sendo execução provisória de sentença em ação de alimentos, o levantamento independe de caução, pois se os alimentos são irrestituíveis, é descabida sua exigência.

Seguro o juízo através da penhora e intimação do executado, este pode embargar a execução alegando os motivos expostos no artigo 741 e seguintes do CPC,[144] dentre os quais excesso de execução. Assim:

Excesso com base em erro material cometido na fase de liquidação do débito, em valor conhecido por conta devidamente homologada; como também em erro material que se configura pela utilização dos meios inidôneos, configurando o título executório com dados irreais: é possível discutir o fundamento assim invocado, diante da ausência de preclusão e antijuridicidade de execução que sabidamente agrega parcelas indevidas. (Cahali, 1998, p. 1029)

Após recebidos os embargos,[145] o processamento é o mesmo das outras execuções, com intimação[146] à parte embargada para impugná-los se quiser e aprazamento de audiência para o caso de instrução do feito, quando os embargos não versarem exclusivamente sobre matéria de direito ou a prova não for somente documental.[147] Encerrada a audiência, é prolatada a sentença, no prazo de 10 dias, da qual cabe recurso de apelação.

Não acolhidos os embargos e, após recursos de apelação, sendo a sentença mantida, o bem penhorado é avaliado e posteriormente levado à hasta pública para ser vendido e seu produto utilizado para o adimplemento da obrigação alimentar, sendo o excedente devolvido ao executado. Pago, assim, o débito, extingue-se a execução.

7.5. Da prescrição qüinqüenal

A execução por quantia certa é utilizada para cobrar tantos quantos meses se encontrem vencidos, sempre acrescidos de juros e

---

[144] ALIMENTOS. EXECUÇÃO. EMBARGOS. IMPROCEDÊNCIA. Sendo a execução fundada em título judicial, em que ficou o apelante obrigado a prestar alimentos à ex-mulher e aos filhos, qualquer transação diversa da constante no título judicial só teria validade para obstar a execução se superveniente à sentença, conforme art. 741, VI, do CPC. Apelo improvido. Unânime. Apelação Cível nº 595147745 - 8ª Câmara Cível – Pelotas. RJTJRS 175/683.

[145] O recebimento dos embargos deve observar o disposto no artigo 739 do CPC.

[146] "Intimação para impugnar os embargos... 'a intimação para impugnação dos embargos, a que se refere o art. 740 do CPC, é feita ao advogado do exeqüente-embargado' "(Nery Júnior e Nery, 1997, p. 890)

[147] ALIMENTOS. EXECUÇÃO. EMBARGOS DO DEVEDOR - Preliminar de inépcia da inicial da execução rejeitada. Alegação de pagamento não devidamente comprovada. Embargos à execução rejeitados. Apelação desprovida. (Apelação Cível nº 596081562 - 7ª Câmara Cível - Porto Alegre - Rel. Des. Alceu Binato de Moraes - Julgada em 28-08-96) RJTJRS 180/392.

correção monetária. No entanto, conforme ressalta o artigo 741, VI, do Código de Processo Civil a prescrição pode ser alegada, tendo em vista o artigo 178, § 10, inciso I, do Código Civil que fixa em cinco anos a prescrição das prestações alimentares.[148]

Segundo Pontes de Miranda (2000, p. 135), "prescrição é a exceção, que alguém tem, contra o que não exerceu, durante certo tempo, que alguma regra jurídica fixa, a sua pretensão ou ação". Para aquele mesmo doutrinador, a prescrição serve para "manter a paz social e a segurança jurídica" justamente pelo fato de que

> não destroem o direito, que é; não cancelam, não apagam as pretensões; apenas, encobrindo a eficácia da pretensão, atendem à conveniência de que não perdure por demasiado tempo a exigibilidade ou a acionabilidade (Pontes de Miranda, 2000, p. 136).

Sábias são essas considerações, principalmente no sentido de que, se não executou alimentos em mais de cinco anos, por certo o exeqüente não precisou daqueles valores para manter sua sobrevivência. Injusto seria, pois, manter o executado obrigado a uma dívida cujo caráter alimentar pelo passar do tempo se descaracterizar e cujo valor se avulta ao ponto de tornar, muitas vezes, impossível o pagamento total. Acertada, pois, a prescrição em cinco anos da possibilidade de execução dos valores inadimplidos.

No entanto, é necessário vislumbrar o suporte fático das regras sobre prescrição para que esta possa ser alegada, quais sejam:

> a) a possibilidade da pretensão ou ação (não é necessário que exista a pretensão ou ação, razão por que o que não é devedor, mas é apontado como tal pode alegar a prescrição, exercer, portanto, o *ius exceptionis temporis*); b) a prescritibilidade da pretensão ou da ação; c) o *tempus* (transcurso do prazo prescricional) sem interrupção, e vazio de exercício pelo titular da pretensão ou da ação. (Pontes de Miranda, 2000, p. 146)

Ocorre que, quando se fala em direito a alimentos, deve-se observar que a prescrição qüinqüenal não incide sobre este, apenas sobre as prestações alimentícias já vencidas, conforme o disposto no artigo 23 da Lei 5.478/68, sendo salientado por Nogueira (1995, p. 75) quando reafirma que "o *direito* a alimentos é irrenunciável e imprescritível, mas a ação para cobrar prestações alimentícias atrasadas prescreve em cinco anos".

Também neste sentido é o entendimento jurisprudencial:

> A prescrição qüinqüenal atinge apenas as prestações das pensões alimentícias e não o direito a alimentos; as parcelas não atingidas pela prescrição são exigíveis na execução; mesmo as vencidas após o ajuizamento da ação e não expressamente

---

[148] Ver nota 15.

ALIMENTOS – da ação à execução

129

pedidas pelo exeqüente (art. 290 do CPC); interrompida a prescrição pela citação do devedor, são exigíveis não execução as prestações vencidas a menos de cinco anos antes do ato citatório (RJTJRGS 143/225, citado por Parizatto, 2000, p. 159)[149]

Assim, se vencidos seis anos da verba alimentar estando estes inadimplidos, pode o credor cobrar apenas cinco anos, uma vez que o sexto já se encontra atingido pela prescrição. Em caso de cobrança do tempo integral, o executado pode embargar alegando tal fato.

7.6. Da penhora dos instrumentos de trabalho

Para fins de receber o crédito alimentar inadimplido, através da execução de alimentos por quantia certa, penhoram-se os bens do devedor, tantos quantos bastem para o total adimplemento do débito. Ocorre que alguns bens são protegidos pela legislação pátria, no sentido de garantir a moradia familiar, como é o caso do bem de família assegurado pela Lei 8.009/90 e os instrumentos de trabalho, alcançados pelo artigo 649 e seus incisos do CPC.

Não obstante tal fato, existem exceções legais quando o débito trata de verba alimentar, como é o caso do artigo 649, inciso IV, do CPC, ao expor que são absolutamente impenhoráveis os vencimentos dos magistrados, professores e dos funcionários públicos, os soldos e os salários, excetuando os casos que envolvem o pagamento de verba alimentar.

Apesar dessa ressalva, Cahali (1998, p. 1028) afirma que, "ainda que se trate de execução de alimentos, a regra da impenhorabilidade prevista nos demais incisos não sofre restrição".[150] No entanto, o mesmo doutrinador salienta que alguns tribunais têm decidido de forma contrária, aplicando "a ressalva do art. 649, IV, o que nos parece no mínimo discutível", quando discorre:

> inobstante, já se decidiu que "em se tratando de execução de verba alimentícia, não prevalece a regra da impenhorabilidade de bens necessários ou úteis ao exercício de qualquer profissão, pois que, nestes casos, as incontornáveis dificuldades de um alimentando não podem estar sujeitas às exceções da lei." (Seção civil, TJDF, MS 1.751, DJU II 01.03.1989, p. 866, *Rep. IOB Jurisp.* 3/2474)

---

[149] No mesmo sentido: "A prescrição qüinqüenal referida no art. 178, § 10, inciso I , do Código Civil só alcança as prestações mensais e não o direito a alimentos, que, embora irrenunciável, pode ser provisoriamente dispensado" (Negrão, 1996, p. 69).
Ainda: ALIMENTOS. EXECUÇÃO. EMBARGOS. PRESCRIÇÃO - O título judicial, em si, não prescreve, até porque se trata de obrigação de cumprimento sucessivo. O que prescreve é a prestação alimentícia, fixado o prazo de cinco anos, de acordo com o art. 178, § 10, I, do CC. Postulando o credor o pagamento das prestações não alcançadas pelo prazo prescrisional, a rejeição da preliminar impunha-se. RJTJRS 177/ 402 - 403.

[150] Nesta seara: TJSP, 3ªCC, 29.12.1981, RJTJSP 75/45 e TJRS, 7ª CC, 02.9.1992, TJSP 157/296.

Ocorre que a respeitável doutrina de Cahali, neste caso merece alguns contrapontos quando se observa a possibilidade de penhora de todo e qualquer bem do executado, inclusive aqueles que dizem respeito aos seus utensílios laborais. Necessário é levar em consideração que se trata de execução de verba alimentar, portanto execução de algo que possui condão de sobrevivência. Por outro lado, muitas vezes, o executado não possui nenhum outro bem passível de penhora, como, por exemplo, quando reside com outro familiar, em casa deste último, sendo desprovido de bens móveis, imóveis e de veículo automotor ou outro meio de transporte. Nesta circunstâncias, não sendo deferida a penhora de seus instrumentos de trabalho, torna-se impossível executar o débito e receber os valores inadimplidos, relegando o exeqüente ao descaso de pais irresponsáveis, que podem ser fortalecidos com a decisão judicial, sentindo-se inatingíveis pelo fato de não possuírem nada que lhes possa ser tirado, incentivados a continuar a inadimplir.

Há de se considerar que não é descabida a alegação de que, uma vez penhorados os instrumentos de trabalho do executado, este já não poderia mais exercer seu labor, tornando-se ainda mais difícil adimplir com sua obrigação, sejam as prestações vencidas, sejam as vincendas.

Mas, por outro lado, não se pode mais uma vez penalizar o exeqüente, obrigando-o a não receber, porque o executado não pode ficar sem suas ferramentas, de onde retiraria o suficiente para adimplir com sua obrigação. Hipótese bastante razoável, se não se tratasse de débito que não foi adimplido, mesmo estando o executado de posse de todos os seus instrumentos de trabalho, apto a exercer sua profissão, por pura irresponsabilidade sua.

De tais situações, parece, então, ser possível extrair as seguintes conclusões:

a) em se tratando de débito vencido há poucos meses e executado com base no artigo 733 do CPC, isto é, com pedido de prisão, sendo esta decretada e o executado, tendo cumprido rigorosamente todo o período e saindo sem pagar o débito, parece razoável o ajuizamento de nova ação requerendo a penhora de seus instrumentos de trabalho, sendo estes seus únicos bens, para o fim de pagar a dívida. Explica-se: tal medida não deveria ser tomada com a intenção de punir o executado que, mesmo diante da ameaça de prisão, não cumprir com sua obrigação e sim pelo simples fato de que, se não penhorados aqueles bens do executado, a dívida restará inadimplida por inexistência de patrimônio a ser penhorado.

ALIMENTOS – da ação à execução

b) se o débito disser respeito a muitos anos (até cinco devido à prescrição), parece razoável que os instrumentos através dos quais o executado retira o seu sustento sejam protegidos, uma vez que, se o exeqüente pôde sobreviver por período tão longo sem reclamar a verba alimentar, injusto que retire do executado a única possibilidade que o mesmo possui, doravante, de honrar seu compromisso.

No entanto, é importante que o devedor não tenha deixado de honrar o pagamento do débito por desídia, sabedor de que nada de seu poderia ser expropriado para fins de adimpli-lo, uma vez que só possui os instrumentos de trabalho que, neste caso, não seriam penhorados.

Assim, mais uma vez, o julgamento dos embargos que alegarem a impenhorabilidade dos objetos utilizados nas atividades profissionais do devedor como instrumentos de trabalho dependerá do poder discricionário do juiz que, analisando as ponderações de ambas as partes e as implicações destas julga da forma que entender mais justa.

7.7. Penhora do bem de família

A Lei nº 8.009 de 29 de março de 1990 instituiu o bem de família[151] afirmando que o imóvel residencial do casal ou entidade familiar é impenhorável, não respondendo por qualquer tipo de dívida, seja ela de que natureza for, salvo nas hipóteses previstas naquela lei.

Azevedo (1999, p. 21), ao discorrer sobre a história do bem de família, salienta: "primitivamente, a casa era, além de abrigo da família, verdadeiro santuário, onde se adoravam os antepassados como deuses, verdadeiras propriedades de família". Reforça, ainda, que as primeiras propriedades possuíam caráter religioso e que atualmente a matéria merece maior atenção, uma vez que tal instituto foi criado visando à proteção da família.

Então, o bem de família é conceituado como sendo "um meio de garantir um asilo à família, tornando-se o imóvel onde a mesma se instala domicílio impenhorável e inalienável, enquanto forem vi-

---

[151] A etimologia da expressão bem de família diz que *"bem é tudo o que é bom, aquilo que é útil à existência e à conservação ou auge de alguma coisa, física ou moralmente; é utilidade, vantagem, proveito, propriedade, domínio, sendo substantivo que descende de bene* (bem), advérbio latino provindo do adjetivo *bonus, a, um* (bom)." (Azevedo, 1999, p. 19).

vos os cônjuges e até que o filhos completem a maioridade" (Azevedo, 1999, p. 94). Justamente nesta esteira é que o bem de família vem protegido pela Lei nº 8.009/90, no intuito de proporcionar ao núcleo familiar a garantia de domicílio certo e seguro para a criação e educação da prole, bem como a manutenção dos laços familiares.

No entanto, a mesma lei que garante e protege o bem de família, em seu artigo 3º traz algumas exceções, das quais é exemplo e ponto em comento o inciso III, que afirma ser a impenhorabilidade oponível a qualquer processo de execução salvo se movido: "III – pelo credor de pensão alimentícia". Assim, independentemente de o imóvel ser o único bem pertencente à família do executado, pode ser penhorado para fins de garantir o adimplemento de dívida de alimentos contraída por ele.

Fica evidente que, se a Lei nº 8.009/90 trouxe proteção ao bem de família no intuito de proteger a unidade familiar, também com esta intenção, excetuou o crédito alimentar, permitindo a penhora do primeiro para garantia do segundo, uma vez que não pode o exeqüente ver seu direito, leia-se sobrevivência, perecer para garantir a proteção do direito à propriedade familiar. Neste sentido, Azevedo (1999, p. 178) se posiciona ao afirmar:

> O bem de família pode ser, também, executado pelo não pagamento de débito alimentar (inciso III), porque, à guisa de defender-se a célula familiar, não pode ser negada a proteção existencial do próprio integrante dela . Primeiro deve sobreviver o membro da família e, depois, esta, como fortalecimento da Sociedade e do próprio Estado".

A jurisprudência também é favorável a este entendimento:

> Execução de alimentos. Embargos a execução. Impenhorabilidade. Bem de família. Lei 8009/90, art. 3, inc. III. A impenhorabilidade prevista na Lei nº 8.009/90 não é oponível ao credor de pensão alimentícia, nos exatos termos do art. 3, inc. III, da referida lei federal. Apelo improvido. (APC nº 598317261, 7ª CC, TJRS, rel. Des. José Carlos Teixeira Giorgis, julgado em 24/03/1999)[152]

Assim, como exceção legal, fica assegurada a possibilidade de penhora do único imóvel do casal, se a intenção for assegurar o crédito alimentar inadimplido, medida justa e ponderada que visa proteger a sobrevivência dos integrantes do núcleo familiar. O mes-

---

[152] EXECUÇÃO - Alimentos. Penhora de bem de família. Possibilidade. Depósito nas mãos do credor. Faculdade do credor. A impenhorabilidade do bem de família não é oponível na execução movida pelo credor de pensão alimentícia (art. 3º, II da L. 8.009/90). É faculdade do credor autorizar ou não que o devedor fique como depositário do bem penhorado (art. 666 do CPC). (TJDF - AI 8.456 - (Reg. Ac. 101.690) - 4ª T - Rel. Des. Jair O. Soares - DJU 11.02.98).

ALIMENTOS – da ação à execução

mo serve para imóveis rurais[153] onde reside a família do devedor, bem como os móveis e utensílios que guarnecem a residência deste,[154] conforme o entendimento jurisprudencial.

---

[153] EXECUÇÃO DE ALIMENTOS. IMÓVEL RURAL. NÃO-INCIDÊNCIA DA IMPENHORA-BILIDADE - O direito aos alimentos prevalece sobre os demais pela interpretação sistemática das normas legais que protegem o instituto e por se tratar de um direito indisponível, que diz com a própria sobrevivência da pessoa. Assim, a impenhorabilidade prevista no art. 649, X, do CPC não pode ser oposta pelo devedor. Agravo de instrumento desprovido. (Agravo de Instrumento nº 598019107 - 7ª Câmara Cível - Porto Alegre - Rel. Des. Eliseu Gomes Torres - Julgado em 06-05-98) RJTJRS 188/ 387.

[154] EXECUÇÃO ALIMENTÍCIA. Impenhorabilidade dos bens caseiros (Lei nº 8.009/90): exceção. Se o crédito Exeqüente for o de alimentos admite-se a penhora dos bens de família. Apelo desprovido. Unânime. RJTJRS 175/620 e 621 Apelação Cível nº 595109448 - 7ª Câmara Cível - Cruz Alta. Interessante, aqui, citar parte do voto do Desembargador Waldemar L. de Freitas Filho que mesmo contrariado vota em conformidade com a Lei 8009/90 - Eminentes Colegas, gostaria muito de dar provimento à apelação, porque sou frontalmente contra a penhora de bens caseiros, por duas simples razões: primeira, porque é um vexame tirar-se cama, mesa, enfim, utensílios de casa para pagamento de um débito. Segunda, porque, via de regra, esses bens têm um valor tão pequeno que, normalmente, caem no caso do art. 656, inc. V, do CPC: "Ter-se-á por ineficaz a nomeação, se os bens nomeados forem insuficientes para garantir a execução".
Mas, nego provimento à apelação, porque a Lei nº 8.009, que estabelece a impenhorabilidade dos bens caseiros, abre uma exceção quando o crédito exequendo for o de alimentos. E a lei não específica se são alimentos pretéritos, presentes ou futuros. Se o crédito é alimentício, a impenhorabilidade dos bens caseiros não se concretiza.

8. Da execução de alimentos através da coação pessoal

8.1. Aspectos polêmicos da prisão civil

Os artigos 18 e 19 da Lei 5.478/68, bem como o artigo 733 do CPC, reforçados pelo artigo 5º, inciso LXVII, da Constituição Federal de 1988, prevêem a possibilidade de aplicar pena restritiva de liberdade por dívida de alimentos. O depositário infiel também pode ser preso, conforme aquele mesmo artigo constitucional, exaurindo-se, nestes dois casos, as possibilidades de prisão civil.

Com relação, especificamente, ao caso de prisão civil por débito alimentar, assunto do presente capítulo, observa-se que é ponto de discórdia entre os doutrinadores. Defendida por alguns como forma de experimentar a solvabilidade do pai devedor, para outros é execrada por entendê-la como um retrocesso aos primórdios da civilização, quando o homem pagava com sua liberdade pessoal as dívidas inadimplidas.

Então, é essencial que, ao estudar a prisão civil por débito alimentar se discorra sobre a corrente doutrinária defensora da mesma, contrapondo, ao mesmo tempo, os posicionamentos diversos, chamados por Azevedo (2000, p. 177) de "abolicionistas da prisão civil por dívida".

Inicialmente, necessário é salientar que, conforme Troplong, citado por Azevedo (2000, p. 174), a prisão civil por dívidas

> "é a medida de mais extremo rigor do Direito Civil, do mesmo modo que a pena de morte é o último degrau da severidade penal. E como se tem duvidado da legitimidade da pena de morte, imposta em nome da sociedade, é de colocar-se, por semelhança, em questão, a legitimidade da prisão civil por dívida a serviço do Direito Público. 'As leis que são a última razão de justiça, provocam, sempre, contradições sobre o limite exato de seu poder' ".

Com este mesmo entendimento, e também referido por Azevedo (2000, p. 178), encontra-se Brunetti, que pertence à corrente abolicionista, demonstra seu repúdio à prisão civil por dívida "realçando que repugna ao conceito de liberdade e de dignidade humana que o corpo da pessoa sirva de garantia à obrigação, sendo objeto do exercício de um direito de crédito", e vai mais além, salientando que deve o patrimônio do devedor servir de garantia do débito e não seu corpo.

Adiante, Azevedo (2000, p. 179) relaciona os pontos negativos daquele instituto, citando o discurso do Ministro Rouher, proferido na Câmara Francesa dos Deputados, em 28.03.1867, que argumenta:

> ... o arresto pessoal é a) *incivilizado e desumano*, pois representa uma tortura moral; b) *é um mal injusto*, equiparando o devedor de má-fé que agiu dolosamente para tornar-se insolvente, ao de boa-fé, que se tornou insolvente por desventura; c) *é iníquo*, porque um resulta golpeado na sua honra, família e futuro; ou outro indiferente a tudo, insulta a quem o alimenta do cárcere; d) *é inútil e ineficaz*, conforme tem sido demonstrado pela estatística de todos os países; pois, se é certo que antigamente o credor se aproveitava do trabalho do devedor e de sua família, hoje o devedor fica preso, inútil, improdutivo, sem que, com isso, exista qualquer vantagem ao credor; e) *é injustificado*, pois a privação temporária da liberdade de uma pessoa não existe para tutelar um interesse social e público, mas um interesse privado e pecuniário, qual seja o relativo ao cumprimento de uma obrigação...

Brunetti (*apud* Azevedo, 2000, p. 180) continua a discorrer sobre o posicionamento abolicionista ao analisar as considerações referidas, criticando especialmente o fato de que se referem "à liberdade corporal ou material e não à liberdade jurídica ", afirmando que o princípio de que "o respeito à liberdade exige que não se valha de um *meio* privativo da liberdade pessoal ao *escopo* de obter o cumprimento de um dever jurídico" importaria na abolição de todas as penas. Azevedo é contrário a tal posicionamento, sustentando que "não é possível generalizar o pensamento dos abolicionistas, que, certamente, se referiram tão-somente à necessidade de abolição da prisão civil por dívida, que, de um modo absoluto, não pode existir no Direito Privado, no âmbito do Direito Obrigacional".

Estes posicionamentos entendem que a prisão civil por dívidas serve como uma espécie de "pena" pelo inadimplemento do débito alimentar, repudiando por isso, dentre outros motivos, sua utilização. Mas, a maioria dos doutrinadores brasileiros, como Moreira (1963), Pontes de Miranda (2000) e Castro (1974), afirmam que a ameaça de prisão serve para intimidar o devedor e obrigá-lo a adimplir seu débito e não para puni-lo por sua inadimplência.

Por conseguinte, é de se levar em consideração que esta grande corrente doutrinária, aqui citada por Cahali, salienta que a prisão civil é

> meio executivo de finalidade econômica; prende-se o executado, não para puni-lo, como se criminoso fosse, mas para forçá-lo, indiretamente a pagar, supondo que

136   *Fabiana Marion Spengler* tenha meios de cumprir a obrigação e queira evitar sua prisão ou readquirir sua liberdade. (1998, p. 1050)

Assim, conforme leciona o mesmo autor, não obstante o art. 733 do CPC trazer duas vezes em seu bojo a expressão *pena* de prisão, de pena não se trata, uma vez que, quando decretada, é com o intuito único de coagir o devedor a pagar e não de puni-lo por seu inadimplemento. Por conseguinte, a prisão civil é meio de experimentar a má vontade do executado, quando este procura ocultar o que possui para esquivar-se de sua responsabilidade.

Da mesma forma, os Tribunais vêm entendendo que a prisão civil não deve ser entendida como pena e sim forma de obrigar o devedor a efetuar o pagamento do débito: "a prisão do alimentante relapso não é pena, mas meio e modo de constrangê-lo ao adimplemento da obrigação reclamada, cuja conotação social é por demais evidente." (TJSP, 4ª CC, AI 116.540-1, Rel. Ney Almada, 1º.6.89. Cs.Crs. Conjs., TJSP)[155]

Por outro lado, existem posicionamentos favoráveis à aplicação da coerção pessoal em caso de inadimplemento da verba alimentar, considerada uma das poucas, senão única forma de coagir o irresponsável devedor a pagar o que deve, já que demonstra não possuir consciência de sua obrigação alimentar.

Tal posicionamento é arduamente defendido por Marmitt (1999), Cruz (1956), Cahali (1998), e Pereira (1983, p. 67), sendo que este último refere: "Os que pensam diversamente insistem no argumento da odiosidade da prisão. Respondo é mais odioso deixar de prestar alimentos aos familiares, aos filhos, aos pais, aos irmãos". Assim, estes doutrinadores retratam a preocupação que possuem com o lastro de garantias que vêm sendo proporcionadas ao devedor de alimentos, normalmente em detrimento do credor, que necessita deles para assegurar sua sobrevivência.

Estes entendimentos defendem a possibilidade de decretar a prisão do devedor que deixar de adimplir sua obrigação calcados principalmente no fato de que, se não utilizada a coação, o débito continuará inadimplido. Muitas vezes, as desavenças anteriores entre credor e devedor podem servir de motivo para a recusa no cumprimento da obrigação como forma de atingir ou intimidar o credor, obrigando-o a escolher o caminho da execução como meio de garantir o recebimento do que lhe é devido.

---

[155] O mesmo acórdão ainda relaciona que: "a prisão civil, exceção à regra na Constituição Brasileira, por isso mesmo só será decretada excepcionalmente. Colocando a Lei Magna a família sob proteção especial do Estado, abriu essa exceção nos direitos e garantias individuais para resguardar esse pequeno estado que é a organização familiar, assegurando a sua sobrevivência através da compulsoriedade da obrigação alimentar."

Por outro lado, o que se pode verificar é que a situação dos débitos alimentares atualmente transformou-se em problema crônico que assola todas as classes sociais, mas que é encontrada com maior abundância e gravidade nas camadas de baixa renda, dificultando não só a execução como também a consolidação de uma rotina de cumprirmento da obrigação alimentar imposta. Tais circunstâncias se devem ao fato de que muitas vezes se trata de um litígio entre "o roto e o esfarrapado", ou seja, credor e o devedor são hipossuficientes, um precisa de alimentos para sobreviver e o outro possui extrema dificuldade financeira para honrar seus compromissos. Neste sentido, estando a verba alimentar fixada, e possuindo o devedor dificuldades para adimpli-la, deve pleitear a ação competente para revisar ou exonerar sua obrigação. Mas, quem vai informar isso ao devedor? E as Comarcas onde não existem órgãos prestadores de assistência judiciária gratuita? Quem ajuizará a ação com custo zero? São situações que, em termos de legislação, possuem amparo, mas que, na prática, encontram entraves econômicos, sociais e culturais que vão desde o desconhecimento e desorientação quanto aos direitos e as formas de garanti-los até o fato de que, se não há dinheiro para pagar o que é devido, ele também não existe para custear um advogado.

Em contrapartida, existem devedores completamente irresponsáveis que, sabedores das conseqüências de seu inadimplemento, utilizam-se de todos os meios para burlar a lei e não pagar o que devem, mesmo possuindo condições financeiras para tanto. Trata-se de devedores recalcitrantes e irresponsáveis, em relação aos quais se acumulam dezenas de processos de execução porque nunca cumprem com sua obrigação. Estes, infelizmente, são maioria.

Nestes casos:

> Se a prisão foi estabelecida até pela Constituição Federal, é porque crônica se traduz a questão dos inadimplentes em débitos alimentícios. Se nossa Carta Magna tutela a liberdade, não esqueceu de prever prisão civil para devedores de alimentos. *Quando decretada a prisão civil quase sempre aparece o dinheiro* (grifo nosso). (Pereira, 1983, p. 67)

Por estes motivos, deve ser analisada a situação onde se encontram inseridos o devedor e o credor, observando-se, principalmente, se o primeiro é devedor contumaz ou se apenas uma vez deixou de adimplir o débito. O parcelamento parece ser uma boa forma de solucionar tais impasses, quando se trata de inadimplemento involuntário e for um fato isolado entre as partes envolvidas. No entanto, verificando que se trata de inadimplência "cotidiana", contumaz, parece-nos que tal concessão seria benefício em demasia para o devedor irresponsável em detrimento do credor necessitado.

Outra forma de resolver o impasse sem que haja a decretação da prisão civil contra o inadimplente é sugerida por Azevedo (2000, p. 185) quando refere:

> O juiz deverá com a devida urgência, determinar a citação do devedor, que colocará à disposição da Justiça, imediatamente, seu patrimônio, enumerando-o de acordo com sua declaração de bens, junto ao Imposto sobre a Renda , inclusive outros, que eventualmente existam, anexando balancete discriminado, sob forma mercantil, de seu estado econômico financeiro.

Solução perfeita. Mas, e os devedores que não possuem patrimônio, que não possuem sequer renda fixa para que possa ser efetuado o desconto em folha, que vivem de biscates? Estes precisam ser coagidos a pagar sob a ameaça de ser-lhes tolhida a liberdade pessoal e não o patrimônio que possuem. De outra forma, o débito não será saldado.

Então façamos o seguinte exercício: o filho menor ajuíza ação de alimentos em relação ao pai para ver fixado o valor da verba a que tem direito.[156] Feito isso, o pai não cumpre com sua obrigação, deixando de pagar aquilo a que o filho tem direito. Este ajuiza ação de execução de alimentos objetivando receber o que lhe é devido. O pai é autônomo, não existindo meio de implementar o desconto em folha da verba alimentar. Não possui nenhuma outra renda de onde possa advir o pagamento. Não possui bens que venham garantir o débito ou adimpli-lo através do desapossamento. De que forma o filho pode buscar o pagamento de seu crédito? O único meio, neste caso, é a coerção pessoal. Com medo da prisão civil o pai pagará. Este, infelizmente, é o retrato da maioria das execuções ajuizadas no Brasil, e muitas vêm calcadas nos artigos 733 do CPC e 18, 19 da Lei 5.478/68.

No entanto, se impossibilitado ao filho o direito de executar alimentos sob pena de coerção pessoal, deixará de receber a verba alimentar, por possuir um pai irresponsável que não se importa com sua sobrevivência.

Importante é levar em consideração que existem devedores de alimentos que assim o são por situações extraordinárias, alheias a sua vontade, tais como a perda do emprego ou doença incapacitadora para o exercício de suas atividades laborais. Para estes, a lei pro-

---

[156] Importante que se observe o fato de que o valor fixado para verba alimentar ou foi vertido através de acordo para o qual ambas as partes concorreram e exararam sua vontade espontânea, ou através de sentença onde o magistrado determinou o *quantum* após o estudo de todas as provas carreadas aos autos do processo.

ALIMENTOS – da ação à execução

porciona a justificativa prevista no texto legal como forma de demonstrar a impossibilidade de adimplemento momentâneo do débito, não lhe sendo decretada a prisão civil antes da análise das razões apresentadas, objetivando decisão justa, depois de observado o devido processo legal, o contraditório e a ampla defesa.

Dessa feita, a execução de alimentos sob pena de coação pessoal por reiteradas vezes é o único meio através do qual a ação prospera, chegando ao seu término com o adimplemento total do débito, nos casos onde patrimônio do devedor, que poderia adimpli-lo é inexistente, ou quando não existe possibilidade de implementar o desconto em folha de pagamento. Talvez, quando se tornar mais aguçado o senso de responsabilidade e a consciência do dever de possibilitar a sobrevivência dos que necessitam e por direito podem requerer em juízo essa obrigação, possa-se então falar na abolição daquele instituto; antes, seria desamparar os necessitados e premiar os irresponsáveis, deixando-se de executar alimentos na esmagadora maioria dos casos.

8.2. Coação pessoal nos alimentos provisórios, provisionais e definitivos

A doutrina e a jurisprudência por muito tempo discutiram a possibilidade de executar os alimentos provisionais, provisórios e definitivos, sob pena de coação pessoal, havendo entendimentos favoráveis e contrários a tais medidas.

Pontes de Miranda (1974), nesse sentido, posicionava-se a favor da execução de alimentos provisionais com base nos artigos 733 e 735 do CPC, afirmando que os artigos 732 e 734 diziam respeito à execução da prestação alimentícia em geral. Assim, somente os alimentos provisionais poderiam ser executados ante a ameaça de prisão civil.

Por seu turno, Pereira (1983, p. 68) tem entendimento contrário quando se manifesta afirmando:

> Outro grave defeito exegético consiste em entender que a prisão existe, pelo Cód. de Proc. Civil de 1973, somente para alimentos provisórios e não para os definitivos. Para estes a execução obedeceria o rito do art. 732 do CPC. Os que assim pensam não se aperceberam da nova redação do art. 18 da lei 5.478/68, dada pela Lei 6.014, assim, como se despressentiram de inolvidáveis informes sociológicos

E tal afirmativa vai além quando o doutrinador explica de onde vem sua interpretação, expondo os motivos de ordem gramatical e de ordem sociológica que sustentam a mesma:

1º) Ainda que sob o prisma apenas de interpretação gramatical ou literal, a conclusão só pode ser pela permanência da prisão naquela hipótese, face ao art. 18 e ao art. 19 da lei 5.478/68, este último reafirmado pelo art. 4º da Lei nº 6.014, de 17.12.1973... 2º) se isto não bastasse, adquire especial relevo, pela natureza do tema, a exegese sociológica; a rejeição da prisão em caso de inadimplemento de alimentos conduziria gravíssimos problemas sociais... 3º) se até o depositário infiel se aplica prisão até um ano, como não a empregar em assunto de significação extraordinariamente superior (interpretação sistemática); 4º) o direito à vida é o primordial entre os previstos no art. 153 da Constituição Federal;[157] pois bem, não se pode conceber a vida sem alimentos.

Ainda, não obstante os posicionamentos já revelados, sendo o primeiro defensor da prisão civil somente em casos de execução de alimentos provisionais e o segundo estendido também para os casos de alimentos definitivos, existe uma terceira interpretação, exposta por Castro (1974), quando este afirma que somente em caso de alimentos definitivos poderia requerer-se a prisão do devedor, e explica:

E para o caso de o devedor não pagar os alimentos provisionais a que foi condenado, o art. 735 diz como pode o credor promover a execução da respectiva *sentença* (?) condenatória: será pelas regras de execução, por quantia certa contra devedor solvente, ou melhor, pelas disposições do art. 646 *et seq.*

Evidencia-se, pois, que, para aos alimentos provisionais, sobraria apenas a execução por quantia certa contra devedor solvente, não se aplicando a estes casos a execução sob coação pessoal.

No entanto, a jurisprudência[158] firmou posição no sentido de que a prisão civil do devedor pode ser imposta em execuções de alimentos provisórios, provisionais ou definitivos, sugerindo a unificação dos posicionamentos conflitantes.

8.3. Prisão civil de terceiro

A prisão civil pode ser decretada contra aquele que, sendo prestador de verba alimentar, se torna inadimplente da mesma. Não ultrapassa a sua pessoa no sentido de decretar a coação contra o empregador que deixou de efetuar o desconto em folha de pagamento nem contra o fiador que eventualmente tenha prestado fiança em dívidas nesta natureza.

Não se aplica contra o empregador porque, conforme já referido anteriormente, no capítulo que tratou do desconto em folha de pa-

---

[157] Atualmente, na Constituição Federal de 1988, tal direito é refletido no artigo 5º, *Caput*.

[158] STF, 2ª Turma, 28.3.1978, RTJ 86/126 E RT 510/444. TJSP 3ª CC, 31.10.1989, RJTJSP 125/295; 1 ª CC, TJRJ, 19.5.1081, RT 560/220; 1ª CC, TJMG, 10.9.1979, RT 542/197; 3ª CC, TJRS, 25.8.1988, RJTJRS 136/105.

ALIMENTOS – da ação à execução

gamento, o artigo 22, parágrafo único, da Lei 5.478/68 autoriza a punição com pena de detenção de 1 a 6 meses, uma vez que: "o delito previsto no art. 22 da Lei de Alimentos é um crime próprio de desobediência na *esfera alimentar* pois para outras situações há o crime de desobediência previsto no Código Penal (art. 330)." (Nogueira, 1995, p. 73)

Deste modo, o empregador que deixar de cumprir com a ordem judicial tornar-se-á co-autor num delito contra a administração da justiça. "Ao negar ou procrastinar injustificadamente a ordem judicial, estará praticando a infração." (Marmitt, 1999, p. 193-194)

Está sujeito, pois, aquele empregador que não implementa o desconto em folha de pagamento de seu empregado às conseqüências do artigo já citado, mas não sofre qualquer tipo de abalo em sua liberdade, não estando vulnerável à prisão administrativa como está o devedor. Isto porque:

> "Abusivo e ilegal será impor prisão a quem só for encarregado de arrecadar o dinheiro relativo ao pensionamento, ou de descontá-lo em folha. A custódia civil é de direito estrito, que não comporta ampliação analógica. A privação da liberdade pessoal só pertine ao devedor, e a nenhuma pessoa outra, seja empregador, seja funcionário encarregado de efetuar o desconto." (Marmitt, 1999, p. 194)

Tal posicionamento também vem corroborado pelos tribunais, visto que a norma legal que trata da execução sob coação pessoal é clara ao dizer respeito somente ao devedor e não a terceiros, mesmo que diretamente implicados no seu inadimplemento.[159]

8.4. Verbas executáveis sob coação pessoal

Quando se fala em execução de alimentos, a primeira coisa que se imagina é a cobrança de parcelas mensais devidas e inadimplidas. No entanto, paira a dúvida no concernente a débitos alheios às parcelas alimentares, como, por exemplo, os honorários advocatícios e as despesas processuais advindos daquela demanda judicial.

---

[159] ALIMENTOS. EXECUÇÃO. DENUNCIAÇÃO DA LIDE. LEGITIMIDADE. LIQUIDEZ. É a ex-mulher, na condição de alimentanda e responsável pelo recebimento do crédito, legitimada a executar alimentos impagos, mesmo que destinados em parte aos filhos. Descabe denunciação da lide da empregadora que não efetuou os descontos de forma correta, pois, no máximo, será devedora solidária, não havendo, porém, direito de regresso do alimentante contra a empregadora. Dispensa-se perícia contábil para apurar eventuais débitos, se a empregadora remete a juízo os documentos comprobatórios dos rendimentos e dos descontos e é o cálculo do contador neles fundado. É devido o desconto sobre abonos e distribuição de lucros se o acordo de alimentos estabelece que incidirá sobre a renda líquida. Apelo improvido Apelação Cível nº 596145854 - 7ª Câmara Cível - Porto Alegre RJTJRS 181/359.

Aqui, as opiniões se dividem, primando algumas pela inclusão e outras pela exclusão das parcelas sucumbenciais na execução de alimentos com base na coerção pessoal. A decisão que inclui tais parcelas na execução de alimentos sob pena de coerção pessoal poderia ser considerada ilegalidade passível de suportar *habeas corpus*.

Na prática, a inclusão daquelas parcelas não ocorre, por força da jurisprudência dominante,[160] que é toda no sentido de que:

> ... são parcelas autônomas, cuja falta de pagamento não acarreta a medida coercitiva, sabendo que não se admite a prisão civil por dívida segundo o preceito constitucional do art. 5º, LXVII; qualquer acréscimo que se queira fazer à responsabilidade do alimentante desnatura a obrigação alimentar, tornando ilegal a prisão decorrente de seu inadimplemento; assim, a parcela das custas e dos honorários deve ser reclamada pelo processo executivo comum, pois a dívida de alimentos que justifica a prisão civil não pode conter débito de outra origem. (Cahali, 1998, p. 1084)

Mas, não obstante o posicionamento da jurisprudência dominante se dar neste sentido, muitos doutrinadores a ele se curvam na prática, sem, contudo, entendê-lo correto, como é o caso de Cahali (1998), quando este cita Chiovenda (1965, p. 437) ao discorrer entre as relações entre o processo e suas despesas, afirmando que "as despesas processuais gozam do mesmo tratamento do crédito a cuja realização são dirigidas e dos direitos a cuja realização são destinados", sendo que disto resulta o fato de que o direito do autor pode e deve ser reclamado sem qualquer diminuição.

Ainda, Cahali (1998, p. 1085) oferece outros argumentos que podem respaldar tal entendimento:

> a) o acessório segue a sorte do principal; b) o descarte das verbas de sucumbência em execução específica implicaria, necessariamente em um desfalque do crédito alimentário, postas sob reservas de uma remota e duvidosa "execução própria"; c) o próprio CPC em seu art. 852, parágrafo único, dispõe que a prestação provisional de alimentos "abrange, além do que necessitar o requerente para alimentação, habitação e vestuário, as despesas para custear a demanda", e não seria lógico atribuir-se, à execução do julgado cautelar ou provisório de cognição sumária, eficácia mais rigorosa do que àquela da sentença definitiva de cognição plena; d) a Lei do Divórcio, em seu art. 22, parágrafo único, dispõe que, no caso de não pagamento das prestações alimentícias no vencimento, o devedor responderá, ainda, "por custas e honorários de advogado, apurados simultaneamente."

---

[160] A 6ª T. do STJ no RHC 1.303-RJ, j. 26.08.1991 decidiu que: "a prisão civil só está sujeito o devedor da prestação alimentícia propriamente dita, não sendo ameaça apropriada para compelir o inadimplente ao pagamento dos respectivos honorários advocatícios e custas judiciais." Também neste sentido: 7ª CC, 30.10.1991, RTJSP 135/357, 4ª CC, TJPR, 06.03.1991, RT 670/132, 7ª CC do TJRS, 09.06.1993, RJTJRS 160/292, 7ª CC do TJRS, 20.12.1995, RJTJRS 175/428.

Tais argumentos poderiam ofertar embasamento suficiente para que as decisões passassem a incluir as verbas sucumbenciais nas execuções de alimentos, pois todas determinam a condenação do devedor como "um só todo sob o pálio de dívida de alimentos, não se justifica a fragmentação do cálculo apurado em liquidação com a discriminação de modalidades autônomas de procedimentos executórios." (Cahali, 1998, p. 1085)

Conseqüentemente, em sendo incluídas na execução de alimentos as parcelas sucumbenciais, também o seriam os juros moratórios, no entanto este não é, também, o entendimento dos tribunais.[161]

8.5. Número de parcelas executáveis sob coação pessoal

A jurisprudência passou a repelir a execução de alimentos através de coação pessoal quando esta diz respeito a várias prestações pretéritas acumuladas, por vários motivos, dentre as quais o fato de que teriam perdido seu condão alimentar, tratando-se mais de valores de cunho indenizatório. Assim:

A prisão civil como meio coercitivo de pagamento de pensão alimentícia só se justifica tratando-se de execução de prestações recentes. Para a cobrança de prestações passadas, acumuladas de diversos anos, deve o credor valer-se dos meios processuais normais. Isto porque a pretensão a alimentos pretéritos, não tendo caráter de subsistência, constitui mera ação de cobrança de natureza patrimonial'. (Ac. un. da 4ª Câm. do TJPR, de 09.11.88, no HC 23/88, rel. Des. Wilson Reback. Paraná Judiciário vol. 29/47)[162]

Tal entendimento vem assentado no caráter urgente da execução de alimentos, uma vez que o pensionamento existe para suprir necessidades básicas do alimentante, podendo representar a sobrevivência deste, pois, "a prisão por débito alimentar constitui medida coercitiva para atender à necessidade imediata do alimentando, não para cobrar dívida relativa a um período antigo." (Ac. un. da 3ª Câm. do TJRJ. HC 10.477, rel. Des. Raphael Cirigliano Filho, ADCOAS, 1986, n° 106.684)

---

[161] "A decisão que decreta a prisão civil deve ser fundamentada, demonstrando a recalcitrância do alimentante no inadimplemento da obrigação alimentar, sendo ilegítima sua decretação para obrigá-lo a pagar alimentos de há muito vencidos e parcelas adicionais, tais como juros" (Ac. un. da 3ª Câm. do TJRJ. HC 10.593, rel. Des. Gama Walcher).

[162] Se é certo que o credor de pensão alimentar não está obrigado a esgotar os meios comuns da execução forçada, podendo optar pelo pedido de prisão, o constrangimento por esta só pode alcançar as prestações atuais, assim compreendidas aquelas vencidas depois da propositura do pedido. Não se tem por admissível a decretação de prisão por dívidas pretéritas, transformadas pela inércia em créditos comuns. Orientação do STF. (TJDF - AI 4.162 - DF - (Reg. Ac. 67.899) - 2ª T. - Rel. Des. Getúlio Moraes - DJU 02.03.94)

Por outro lado, existem entendimentos divergentes quanto à perda do caráter alimentar da dívida há muito tempo vencida e não executada, no sentido de que este permaneceria o mesmo, ou seja, imbricado ao condão de sobrevivência, mas, da mesma forma, mantém-se a impossibilidade de execução de períodos muito prolongados, pois "a imposição da prisão civil, relativamente a parcelas de há muito vencidas, assume caráter antes punitivo do que motivador, razão pela qual deve ser evitada." (Ac. da 6ª Câm. do TJRS, de 29.11.88, Ag. 588.059-501, rel. Des. Adroaldo Furtado Fabrício, RJTJRS vol. 132/312)[163]

Parece-nos que se pretendeu evitar, assim, que o aprisionamento tenha condão de punição pelo inadimplemento da obrigação, uma vez que o pagamento total do débito, de uma única vez, em três dias, conforme a previsão legal, vencido há vários meses e até então não executado, geraria impossibilidade financeira para o devedor, conforme entendimento transcrito:

> Erra a jurisprudência alinhada, passível de grande crítica, partindo da inflexível pressuposição de que o devedor, em atraso há muito tempo, jamais ostentará recursos para pagamento da dívida de uma só vez. Se for este o caso, certamente sua defesa elidirá o aprisionamento demonstrando a impossibilidade, que se evidenciará temporária, jungida à sorte momentânea de sua fortuna. (Assis, 1998, p. 112-113)

Realmente, nem todos os devedores de alimentos deixam de adimplir seu débito por incapacidade financeira. Existem aqueles que não honram seus compromissos para atingir o credor, tolhendo, muitas vezes o que lhe é mais caro: o direito a uma vida digna. Neste caso, onde o adimplemento é a conseqüência da omissão de devedores irresponsáveis e inescrupulosos, a situação assume maior gravidade, pois se estariam fomentando tais atitudes, desequilibrando, então, o triângulo da relação processual, deixando a parte mais fragilizada ainda pela impossibilidade de buscar o pagamento de todo o débito sob o rito da coação pessoal.

Em síntese, esta orientação dos tribunais encontra substrato em três argumentos:

> I – a urgência da prestação alimentícia somente se justifica para o débito presente, imprescindível a manutenção do alimentando, sendo presumível a desnecessidade de cobrança célere das parcelas mais remotas; II – as prestações acumuladas perdem a sua natureza de verba alimentar, transmudando-se em valor de cunho indenizatório; III - a excepcionalidade da prisão civil.[164] (Beber, 1999, p. 16-17)

---

[163] "A prisão civil não deve ser imposta pelo não- pagamento de prestações, de há muito em atraso, mas tão-só pelo não-pagamento da última, que, esta sim, se liga à sobrevivência dos destinatários da pensão." (Ac. un. da 4ª Câm. do TJRS, de 26.06.86, HC 586.016.552, rel. Des. Oswaldo Proença, RJTJRS, vol. 123/191)

Então, o critério adotado é o de que somente poderiam ser cobradas sob o rito do artigo 733 do CPC as três últimas prestações inadimplidas, imediatamente anteriores ao ajuizamento da ação:

> Havendo mais de três prestações mensais de alimentos em atraso, deve, de preferência, ser cindida a execução, aplicando-se o art. 733, com a conseqüente possibilidade de prisão do devedor, para três prestações, e devendo as restantes ser executadas na forma do art. 732, "ressalvando-se, no pedido a ser formulado pela forma do art. 733, o aforamento concomitante da execução, pela norma do art. 732" (RJTJERGS 143/122). (Negrão, 1996, p. 516)

Assim, outra escolha não teria o credor senão ajuizar execução de alimentos sob pena de coação pessoal para cobrar os últimos três meses, e, de forma paralela, uma segunda execução, esta por quantia certa, com respaldo no artigo 732 do CPC para cobrar o restante dos meses. Mas, nos casos em que o devedor não possui nada para ser penhorado, frustrada fica a tutela executiva, restando o débito impago e o credor alijado de seu direito. Tal fato já foi ressaltado quando se discutiu a possibilidade de escolha dos meios executivos do crédito alimentar, no capítulo seis. Por conseguinte:

> ... o entendimento jurisprudencial vigente, além de compelir o credor a ingressar com uma forma de execução que não resultará qualquer proveito (art. 732 do CPC), pois sabe-se que a penhora em casos deste jaez é quase impossível, também obrigará o alimentante a ingressar em juízo a cada trimestre com uma nova execução, abarrotando ainda mais o Judiciário. (Beber, 1999, p. 19)

Ainda, conforme salienta este último doutrinador, nem a Constituição revogada, em seu artigo 153, § 17, nem a atual de 1988, em seu artigo 5º, inciso LXVII, fixam limite temporal para o período inadimplido ensejar a cobrança sob coação pessoal, não sendo lícita qualquer interpretação neste sentido, uma vez que não cabe ao intérprete distinguir o que a lei não distingue.

---

[164] Não há base legal, no caso, para emprestar-se ao AI efeito suspensivo, quanto ao decreto de prisão civil de devedor de prestação alimentar. Precedente: HC 50.578 (RTJ 64, 351/353). Alimentando que deixa acumular por largo espaço de tempo a cobrança das prestações alimentícias a que tem direito, e só ajuíza a execução quando ultrapassa a dívida a mais de 01 ano, faz presumir que a verba mensal de alimentos não se tornara tão indispensável para a manutenção do que dela depende. Tendência da jurisprudência no sentido de admitir que somente as últimas 03 prestações vencidas teriam o caráter estritamente alimentar, ficando nesta hipótese sujeito o alimentante à prisão civil (CPC, art. 733). As prestações mais velhas anteriores a 03 meses estariam a ensejar a cobrança por meio de execução, porém sem o constrangimento da decretação da prisão civil, em face de sua feição tipicamente indenizatória (CPC, art. 732). Se pende de julgamento perante o Tribunal a quo AI em que essa tese é colocada, e nela havendo plausibilidade jurídica de boa consistência doutrinária e jurisprudencial, a prudência indica aguardar-se seja o AI primeiramente julgado, justificando-se, si et in quantum, restrinja-se a sanção maior apenas à inexistência do pagamento das últimas 03 prestações de alimentos já vencidas, até que o respectivo Tribunal sobre esse tema se pronuncie. Concessão do writ ex-officio dentro desses limites. (STF - HC 74.663-2 - RJ - 2ª T - Rel. Min. Maurício Corrêa - DJU 06.06.97)

No entanto, tal posicionamento começa a ser alterado, passando a confirmar a possibilidade de cobrança de mais do que três prestações a título de execução de alimentos através da coação pessoal, quando se verificar ser o devedor relapso e contumaz, como nos casos em que este se esquiva do pagamento por reiteradas vezes, não fornecendo seu endereço, deixando o emprego e até mesmo desaparecendo,[165] impossibilitando o devedor de ver satisfeita na integralidade a dívida:

> a jurisprudência repele os alimentos pretéritos, há muito cumulados, por vezes alvitrando hipotética mudança na sua natureza, que assumiria conteúdo indenizatório. Em tal hipótese, exceto quando o devedor se revela relapso e contumaz, apenas as três últimas prestações vencidas são admissíveis na demanda executiva regulada pelo artigo 733. (Assis, 1998, p. 112)[166]

Sintetizando, mesmo que a lei se cale a respeito, a jurisprudência sistematizou a execução de alimentos pelo rito do art. 733 do CPC, estabelecendo o máximo de três prestações vencidas a serem executadas. As demais devem obedecer à execução sob coação patrimonial do devedor, ou seja, a já conhecida execução por quantia certa contra devedor solvente, prevista nos arts. 646 e 732 do CPC.

No entanto, resistências existem, sendo estas muito bem fundamentadas,

> ... considerando a relevância do crédito por alimentos e a necessidade de uma execução mais célere, supedaneado pelo art. 5º da Lei de Introdução ao Código Civil, reputo inviável o tarifamento de um período certo de inadimplência (três parcelas) como espécie de condição de admissibilidade da execução na forma do art. 733 do CPC. Ao credor deve ser facultada qual a forma de execução que melhor atenda aos seus interesses, competindo ao juiz uma vez escolhida a execução com pedido de prisão, dar a correta dição do direito após perlustrar com profundidade a justificação apresentada e os demais elementos de convicção carreados aos autos. (Beber, 1999, p. 22)[167]

---

[165] "...a prisão do devedor de alimentos é cabível, ainda que sejam inúmeras as prestações em atraso, quando se comprova que o credor diligenciou o recebimento desde o início do feito" 3ª CCr, TJRJ, HC 202/89. Ainda nesta seara: "ou se a cobrança das prestações pretéritas havia se inviabilizado em razão de dificuldades imputáveis ao devedor, como aquelas decorrentes do seu desaparecimento" 5ª C de Direito Privado, TJSP, 14.11.1996, JTJ 195/274. (Cahali, 1998, p. 1072).

[166] Também neste sentido: "é de toda a conveniência que a mesma se processe na forma do art. 732 do CPC utilizando-se da prerrogativa do art. 733, somente em caso de obstrução deliberada pelo executado, nada impedindo, contudo, que o juiz tome as medidas cabíveis para evitar protelações ou artifícios capazes de levar ao desespero os alimentandos" (TJRS, 3ª CC, 18.12.1980, TJTJRS 86/317) (Cahali, 1998, p. 1069).

[167] Tal posicionamento começa, gradativamente, a ganhar respaldo na jurisprudência atual: Não constitui constrangimento ilegal a decretação de prisão por dívida alimentar, quando decorrente de débito referente às últimas quatro parcelas vencidas. (STJ - RHC 8.880 – DF – 4ª T. Rel. Min. Sálvio de Figueiredo Teixeira – DJU 14.02.2000).

Em nosso entendimento, corretos se encontram tais posicionamentos uma vez que trazem em seu bojo a possibilidade de resolver a execução de débito alimentar que tem sido um espinho no sapato dos lidadores do direito de forma efetiva e mais célere do que aquela até então praticada.

8.6. Inclusão das prestações vincendas enquanto a execução perdurar

Ajuizada a ação de execução de alimentos sob ameaça de coação pessoal do devedor, o feito, não obstante possuir preferência justamente pelo condão alimentar, muitas vezes tramita ainda por alguns meses até que seja adimplido o débito executado inicialmente. Este trâmite mais demorado, muitas vezes dá-se por circunstâncias pertinentes ao processo, mas alheias aos serventuários da justiça, ao credor, ao magistrado e ao próprio devedor, como, por exemplo, a necessidade de expedição de carta precatória de citação para aquele último.

Por outro lado, ao devedor, depois de citado, é proporcionado o contraditório e a ampla defesa, podendo justificar sua impossibilidade de pagamento, bem como agravar de decisão judicial que lhe for desfavorável, possuindo prazo para tanto, ainda que exíguo.

Durante esse período, necessário ao trâmite regular do processo, novas parcelas se vencerão, tornando-se possivelmente inadimplidas. Procurando evitar que o credor precise ajuizar novas execuções a cada período vencido e impago, bem como buscando diminuir o número de feitos tramitando junto ao Poder Judiciário e, conseqüentemente, desafogando o mesmo, vem-se tornando hábito incluir as prestações vincendas e impagas na execução que já tramita, enquanto esta perdurar, como forma de economia processual e de causar menores prejuízos ao credor.[168] O acordão confirma tal afirmativa:

> "EXECUÇÃO DE ALIMENTOS – Devem ser incluídas no cálculo das pensões alimentícias em atraso, em execução pelo rito do art. 733 do CPC, não apenas as três últimas parcelas vencidas antes do ajuizamento da ação, como também aquelas que se venceram no curso do processo . Agravo de instrumento provido. (Agravo de

---

[168] "Situação diferente, no entanto, é a das prestações que se vencerem após o início da execução. Nesse caso, o pagamento das três últimas prestações não livra o devedor da prisão civil. A não ser assim, a duração do processo faria por beneficiá-lo, que seria maior ou menor, conforme os obstáculos e incidentes por ele criados." (Re. Esp. 278.734j. 17/10/2000 – JB 186/393)

Instrumento número 597258847 - 7ª Câmara Cível - Cachoeirinha - Rel. Des. Eliseu Gomes Torres - Julgado em 06.05.98)[169]

Tal entendimento vem baseado no artigo 290 do CPC que permite, em execuções de prestações periódicas, a inclusão das vencidas, no decorrer do processo, se o devedor deixar de pagá-las ou de consigná-las.[170] Tal requerimento pode ser feito na petição inicial ou no tramitar do processo. Sendo utilizada a última hipótese, é de apontar os meses atualmente em atraso. Nos dois casos, deve ser elaborado novo cálculo com a inclusão das parcelas vencidas posteriormente e inadimplidas.

Cahali (1998, p. 1074) entende ser possível a inclusão das prestações vincendas no transcurso da execução alimentar quando diz: "incluindo-se, ou não, na pensão referente ao último trimestre, as pensões que se forem vencendo após a conta de liquidação, isto é, excluindo-se o procedimento do art. 733 se as prestações 'atuais estão sendo regularmente pagas'".[171]

Por conseguinte, sábia é a decisão que determina a inclusão das prestações vincendas enquanto perdura a execução, já que não traz prejuízos ao devedor, sendo sua obrigação pagar a verba alimentar

---

[169] Também neste sentido, acórdão da 7ª CC do TJRS que salienta: "Versando a execução de alimentos prestações periódicas, estão compreendidas no pedido as vincendas, de sorte que só se extingue a execução se satisfeitas todas as prestações vencidas quando do pagamento. (Apelação Cível nº 594115925, 7ª Câmara Cível do TJRS, Arvorezinha, Rel. Des. Paulo Heerdt, 15.02.95).
Ainda: "A tese de que a prisão por dívida alimentar não pode abranger período superior a três meses não abrange os valores vencidos durante o processo de execução, mas sim os valores anteriores aos três meses que antecedem a propositura daquela execução. Se a prisão é odiosa, é mais odioso não pagar alimentos aos filhos. Alimentos dizem com a sobrevivência do ser humano, pelo que sua cobrança não pode ser desmoralizada. O Judiciário não pode acobertar a tradicional irresponsabilidade masculina em relação aos filhos. Em regra a simples ameaça de prisão faz aparecer dinheiro, o que é excelente, pois nada há de bom em ordenar a prisão de alguém. Todos devem querer que um dia a Humanidade não mais precise de prisões. (Agravo de Instrumento nº 595166810, 8ª Câmara Cível do TJRS, Caxias do Sul, Rel. Des. Sérgio Gischkow Pereira. Agravantes: E. nº da C., C. nº da C., E. nº da C. menores representados por sua mãe M. do C. N. Agravado: C. G. da C. j. 23.05.96, un.).

[170] "Diante do exposto, posiciono-me pela concessão da ordem para, tão-somente se afastar o decreto impugnado em relação às prestações pretéritas, mantendo-se-o, contudo, quanto às prestações atuais, assim, entendidas as três últimas devidas à época do ajuizamento da execução, mais aquelas que vencerem no decurso do respectivo processo, compensada a importância correspondente aos valores parcialmente pagos do débito". (RHC 10.362, j. 12/09/200, JB 185/611).

[171] Tanto é possível a inclusão das parcelas vincendas enquanto perdura a execução de alimentos que a jurisprudência além de reconhecer tal possibilidade, determina, ainda a prisão do devedor que efetuar pagamentos parciais das verbas alimentares, levando em consideração apenas os três últimos meses. Então "HABEAS CORPUS. ALIMENTOS. PRISÃO CIVIL. PAGAMENTOS PARCIAIS. O pagamento parcial das três últimas prestações alimentares, excluídas as vincendas durante a tramitação, não inibe a prisão civil. Ordem denegada. (HCO nº 599373602) 7ª CC TJRS, Rel. Des. Eliseu Gomes Torres, j. 18/02/1998).

ALIMENTOS – da ação à execução

e ao credor evita o ajuizamento de novos procedimentos, o que beneficia também ao judiciário, conforme já salientado, evitando o acúmulo de feitos que visem à execução das parcelas vincendas.

8.7. Execução de prestações anuais sob coação pessoal

Atualmente, além das dificuldades encontradas para executar o débito alimentar, outras existem, principalmente junto às regiões de trabalho e cultura sazonal em função de que uma outra forma de fixar a verba alimentar vem-se delineando, premida pelas necessidades e possibilidades de alimentante e alimentado.

Nestas regiões, caracterizadas pela cultura sazonal, muitas vezes, em acordos ou sentenças judiciais, tem-se ajustado/determinado o pagamento da verba alimentar efetuado anualmente, em uma única parcela, adimplida ao final da safra, quando o alimentante teria condições financeiras para honrar seu compromisso.

Primeiramente, deve-se ponderar que a esmagadora maioria dos casos observados, estão localizados na camada hipossuficiente, que vive da agricultura, representada por colheitas sazonais, onde o trabalhador recebe o fruto de sua lide anualmente, quando da venda da safra, mantendo-se no decorrer do ano com estes valores e com a cultura de subsistência.

Então, devido a esses fatos, quando é preciso fixar verba alimentar paga, normalmente ao alimentando pelo alimentante, por ocasião da necessária ação judicial, não raras vezes o acordo homologado judicialmente ou a sentença prolatada pelo juízo fixam, a título de verba alimentar, prestação pecuniária, devida anualmente, a ser paga no final da safra ao alimentando.

Na verdade, esses ajustes buscam a satisfação do lado social para ambas as partes, uma vez que, para o alimentante, é a única forma viável de cumprir com sua obrigação, pois, ao receber o dinheiro, repassa-o (ou deveria repassá-lo) ao credor, adimplindo sua dívida. A este credor, por sua vez, cabe a tarefa de administrar a quantia recebida de modo que a mesma possa ser suficiente para satisfazer, se não no todo, pelo menos em parte, os seus gastos, até o próximo ano e pagamento. Com algumas exceções, este ajuste vem sendo, ou poderia ser, considerado satisfatório para ambas as partes, principalmente quando o alimentante adianta ou fica condenado a adiantar a primeira anuidade no momento do acordo ou da sentença.

Os problemas tem início quando o alimentante, então já devedor, deixa de pagar a próxima anuidade, criando um impasse com relação à forma de execução destas prestações. Ora, são prestações devidas anualmente, todas com prazo de vencimento na mesma data e todas inadimplidas. Normalmente o devedor é pessoa pobre, sem nenhum bem, seja móvel ou imóvel,[172] e sem nenhuma possibilidade de efetuar o pagamento do valor total do débito ou de garantir a dívida através de seu patrimônio. Ainda, como agravante, não possui emprego fixo (é agricultor, meeiro, arrendatário), não podendo ter os alimentos descontados de sua folha de pagamento.

Cabe questionar então, nestas situações específicas, quais as formas de execução que podem ser utilizadas pelo credor para ver satisfeito o débito, levando-se em consideração todos os fatos elencados: prestações vencidas, todas na mesma data, necessidade do credor, inexistência de bens garantidores da dívida e da execução por parte do devedor.

Conforme o já mencionado, a jurisprudência é farta no sentido de que não deverão ser executadas mais do que três prestações mensais a título de verba alimentar sob ameaça de coação pessoal do devedor. Enquanto tal posicionamento (pouco justo, em nosso entendimento) não for revisto, estaria, pois, inviabilizada a execução pelos artigo 733 do CPC e artigo 18 e 19 da Lei 5.478/68. E, se o devedor não possui como garantir a penhora em execução por quantia certa, invariavelmente se tornaria difícil, quase impossível, receber os valores impagos.

No entanto, se tais acordos foram e continuam a ser elaborados, ainda que em número reduzido, torna-se necessário encontrar uma forma de resolver o litígio sem que o credor arque sozinho com o prejuízo advindo da inadimplência do devedor. Parece-nos evidente que a melhor forma de evitar tal contenda seria a fixação da obrigação alimentar de forma mensal, o que para o alimentante se tornaria inviável, uma vez que não percebe rendimentos mensalmente e sim no final da safra. Ocorre que, muitas vezes o acordo é celebrado com pagamento anual justamente porque o credor ou seu representante legal conhece a situação e reconhece a impossibilidade de adimplemento mensal das prestações, concordando, assim, em receber anualmente.

Então, em nosso entendimento, alguns caminhos se desenham como meios de composição do litígio, em consonância com as características e formas através das quais a obrigação de prestar alimentos foi assumida ou determinada:

---

[172] Observe-se que aqui discute-se a situação daquele agricultor que não planta em terras próprias, que é meeiro ou arrendatário e que não pode garantir sua dívida penhorando seu imóvel.

ALIMENTOS – da ação à execução

a) Quando o pagamento deve ocorrer em uma única parcela anual: neste caso, sendo apenas uma única parcela com vencimento anual, ao final da safra ou não, sem que se fale no acordo ou sentença sobre doze prestações a se vencerem ao final de um ano, a execução poderá ocorrer com base na ameaça de coação pessoal por não ferir a corrente majoritária e jurisprudencial (mesmo não sendo este nosso entendimento) que rejeita a execução de alimentos pelo artigo 733 do CPC com período de inadimplência superior a 3 meses.

b) Quando o valor é determinado mensalmente, mas seu pagamento deve ocorrer em uma única parcela anual: neste caso, o credor teria um valor mensal a ser ajustado cujo vencimento, juntamente com as outras onze prestações, ocorre no mesmo momento, ou seja, anualmente.

Aqui, trata-se de execução de doze prestações, todas vencidas na mesma data, que deveriam ser adimplidas pelo devedor. Então, em se seguindo a determinação jurisprudencial majoritária, apenas as últimas três parcelas seriam executadas sob ameaça de coação pessoal, devendo as restantes seguir os tortuosos caminhos da execução por quantia certa prevista no artigo 732 do CPC.

c) Quando o pagamento fica avençado/determinado em um valor total, pago parte mensalmente e o restante em parcela única de vencimento anual paga: neste caso, haveria uma parcela mensal a ser adimplida pelo devedor, bem como um segundo pagamento anual como reforço dos valores já honrados. Expostas assim, as duas formas diferenciadas de pagamento poderiam caracterizar o condão alimentar e a necessidade imediata de sobrevivência no adimplemento mensal, sendo que este, a princípio, seria o suficiente para auxiliar na sobrevivência do credor, chegando a complementação deste auxílio com a parcela anual.

Neste caso, o pagamento anual perderia a urgência que pressupõe o condão alimentar, tornando-se uma complementação do mesmo, o que resultaria numa execução pelo artigo 732 e seguintes do CPC, existindo algo de propriedade do devedor passível de constrição.

Por conseguinte, o que se pode vislumbrar é que o pagamento de verba alimentar pecuniária anual não prospera e não funciona, sendo que a maioria dos alimentantes não honram sua obrigação deixando de adimplir parcial ou totalmente seus débitos. As execuções, por sua vez, ocorreram algumas sob ameaça de coação pessoal, outras por quantia certa e outras de forma mista, tripartindo-se os meses e executando os últimos três de uma forma e o restantes de outra.

Verifica-se, então, que os maiores prejudicados são os credores, que muitas vezes pactuaram o pagamento anual por entenderem as dificuldades dos alimentantes acreditando que é melhor receber menos ou apenas uma vez por ano do que nada receber. Mas não encontram contrapartida, quando os devedores deixam de honrar seus débitos.

No entanto, ainda hoje se encontram acordos e sentenças com determinação do pagamento de alimentos de forma anual, como meio de socorrer a alimentante e alimentado e acertar o pagamento da verba alimentar obedecendo ao disposto no artigo 400[173] do CCB.

8.8. Processamento do feito

Assim, o procedimento de execução de verba alimentar baseado no artigo 733 CPC e 19 da 5.478/68 deve ser rigoroso e formal, uma vez que trabalha com dois direitos fundamentais de suma importância: a vida e a liberdade. Então, diante da exigência de celeridade que a circunstância exige, os prazos são mais exíguos e as possibilidades de defesa restritas ao disposto no artigo 733 já referido.

Dessa forma, quando ajuizada a execução de alimentos alicerçada na coação pessoal, é o devedor citado para, em três dias, adimplir o débito, demonstrar já tê-lo feito ou justificar sua impossibilidade de fazê-lo sob pena de prisão civil, devendo o mandado de citação conter tal advertência de forma expressa. Assim, fica restrita sua participação nos autos do processo a estas três oportunidades.

a) Pagamento: a primeira possibilidade que assiste ao devedor em caso de execução de alimentos é o pagamento total do débito que pode ocorrer diretamente ao credor ou ao seu representante/assistente legal, utilizando-se de recibo para comprovação do mesmo, através de depósito em conta bancária anteriormente determinada ou através de depósito nos autos do processo após a expedição de guias pelo cartório.

Feito o pagamento e quitado o débito, o devedor junta aos autos do processo o comprovante (se lá não houver cópia do mesmo, como é o caso das guias de recolhimento expedidas pelo cartório), requerendo a extinção do feito uma vez que resolvida a contenda. Este pagamento pode ser efetuado pelo próprio devedor ou por terceiro que venha adimplir o débito em seu nome.

---

[173] Vide nota 28.

ALIMENTOS – da ação à execução

Por outro lado, podem as partes envolvidas compor o litígio através de acordo para parcelamento do débito que, após a homologação, extingue o feito. Pode ainda o credor requerer a suspensão do feito para fins de adimplemento voluntário do mesmo por parte do executado ou então, conforme o artigo 794 CPC, renunciar ao crédito, exceto nos casos onde o autor e credor é menor, não podendo seu representante/assistente legal abrir mão de direito que não é seu e principalmente em detrimento de direito do menor. Está vedada, pois, a renúncia ao crédito neste último caso.

b) Comprovação do adimplemento do débito anterior ao ajuizamento da execução ou depois deste, mas antes da citação: se ajuizada a execução quando o débito já estiver pago, o devedor, através de procurador habilitado, junta aos autos recibos ou comprovantes de depósitos bancários que possam atestar o pagamento.

No entanto,

> Não serve para comprovar o pagamento do valor reclamado, eventuais pagamentos feitos pelo devedor a terceiros que não tinham legitimidade para receber e dar quitação. Os pagamentos feitos a supermercados, armazéns, padarias, farmácias etc, ou mesmo valores dados por liberalidade por parte do credor, aos menores, por exemplo (Jurisprudência Brasileira Criminal 31/55), não servem e nem podem ser computados ou compensados com o débito alimentar. (Parizatto, 2000, p. 181)

Comprovada a inexistência de dívida, a prisão civil deve deixar de ser decretada. Se comprovada a má-fé[174] do credor ao executar aquilo que estava devidamente adimplido, pode este ser condenado conforme o artigo 17 do CPC, observando-se também os artigos 574 do CPC e 1.531[175] do CCB.

c) Justificativa: a última oportunidade oferecida ao devedor é a possibilidade de justificar sua inadimplência, também no prazo de três dias. O devedor somente pode alegar a impossibilidade temporária para adimplemento de verba alimentar uma vez que a impossibilidade definitiva deve ser objeto de discussão em ação de revisão ou exoneração de verba alimentar.

Por outro lado, as alegações devem ser acompanhadas de um mínimo de provas que possam alicerçar a alegada impossibilidade.

---

[174] Como litigante de má-fé pode-se dizer: "parte ou interveniente que, no processo, age de forma maldosa, com dolo ou culpa, causando dano processual à parte contrária. É o *improbus litigator*, que se utiliza de procedimentos escusos com o objetivo de vencer ou que, sabendo ser difícil ou impossível vencer, prolonga deliberadamente o andamento do processo procrastinando o feito" (Nery Júnior e Nery, 1997, p. 288).

[175] Este dispositivo vem redigido da seguinte forma no novo Código Civil:
Art. 939. Aquele que demandar por dívida já paga, no todo ou em parte, sem ressalvar as quantias recebidas ou pedir mais do que for devido, ficará obrigado a pagar ao devedor, no primeiro caso, o dobro do que houver cobrado e, no segundo, o equivalente do que dele exigir, salvo se houver prescrição.

Assim: "enquanto não se esgotar o direito à prova, que se afigura amplo e ilimitado, pois se admitem todos os meios lícitos, se ostenta ilegal a decretação da prisão" (Assis, 1998, p. 136).

Ainda, existem circunstâncias tidas pela jurisprudência como possibilitadoras de justificativa na execução da verba alimentar, sendo elas "o desemprego total; a despedida de um dos dois empregos que mantinha o devedor; a repentina aparição de moléstia; e a pendência de paralela demanda exoneratória da obrigação alimentar" (Assis, 1998, p. 137).

No entanto, as circunstâncias já referidas como possibilitadoras de justificação pelo não-pagamento de verba alimentar são polêmicas uma vez que todas elas podem abater-se também sobre o necessitado ou sobre quem detém sua guarda (no caso de ser menor), sendo que a sobrevivência deste não pode perecer. Um exemplo bastante significativo é o que diz respeito ao filho que, ao deixar de receber a verba alimentar do pai, ajuiza ação de execução de alimentos com base no artigo 733 do CPC e, no decorrer desta, sua mãe e guardiã fica desempregada. O pai, por sua vez, ao ser citado, justifica no prazo hábil sua impossibilidade de adimplir o débito também por estar desempregado. Questiona-se: é justo entender como justificado o inadimplemento do pai quando a mãe não possui aquela possibilidade? Se o pai pode deixar de pagar temporariamente ou parcelar seu débito, o mesmo pode ser proporcionado à guardiã? Pode ela deixar de prover o sustento do filho porque está desempregada? Deixá-lo à própria sorte? Por certo que não. Com certeza, a genitora não deixaria de proporcionar ao filho a sobrevivência, utilizando para isso do socorro de familiares e amigos na forma de empréstimo ou então através da realização de trabalhos eventuais dos quais pudesse obter alguma renda. O mesmo pode fazer o pai/devedor. Injusto, pois, conceder tal benefício a apenas uma das partes.

Por isso, não obstante a citação anterior, entendemos como fomentador de justificação da impossibilidade de pagamento de verba alimentar somente a doença grave, esta sim, ensejadora de dificuldades na obtenção de renda (excetuam-se aqui os casos nos quais o devedor recebe benefício previdenciário), atirando o devedor à cama, e acrescentado, ainda, ao seu infortúnio os gastos com médicos, hospitais e remédios.

Deste modo, sempre que o inadimplemento for motivado por algumas daquelas circunstâncias, devem as provas colhidas ser analisadas com bastante rigor, objetivando decisão justa que não faça perecer o devedor, mas que também não lhe dê maiores benefícios do que os ofertados ao credor. Outro aspecto importante e que deve ser observado é aquele que diz respeito à existência de devedores irresponsáveis e recalcitrantes que nunca cumpriram com sua obrigação de forma regular e que pretendem demonstrar a impossibilidade de pagamento do débito de forma corriqueira, em todos os processos de execução ajuizados, com o único intuito de protelar o mesmo, objetivando ganhar tempo. Estes não merecem a acolhida da justificativa.

8.9. Juízo competente para decretar a prisão

Após o ajuizamento do feito, observando-se como competente o foro de domicílio do menor, sendo recebida a ação, citado o devedor para pagamento em três dias, de acordo com os artigos 733 do CPC e 19 da Lei 5.478/68, este não paga e se queda inerte ou justifica a impossibilidade de honrar o débito. Em não sendo aceitas suas justificativas, é decretada sua prisão civil.

Tal decreto deve ser feito pelo juiz da causa onde a verba alimentar foi fixada ou vem sendo cobrada e nunca pelo juízo deprecado onde se está cumprindo a carta precatória expedida a outra comarca para citação do devedor. Tal providência decorre do fato de que o juízo deprecante não transfere ao juízo deprecado tais poderes, não competindo a este tomar medidas que determinem a prisão do devedor. Deve a carta precatória ser devolvida para que o juízo onde tramita a ação determine as providências a serem tomadas doravante.

8.10. Defesa do executado

Em se tratando de execução de alimentos sob ameaça de coação pessoal, o devedor é citado para pagar, demonstrar que já o fez ou justificar sua impossibilidade de fazê-lo no prazo de três dias, contados a partir da juntada do mandado de citação aos autos do processo.

Apresentada em três dias, a defesa é dirigida ao juiz da causa, aduzindo as razões do inadimplemento, sendo juntados a ela os documentos necessários para comprovar a veracidade do alegado. Nesse caso, não pode o magistrado decretar a prisão civil do devedor antes de apreciar a justificativa.[176] Com esta pode o devedor, inclu-

---

[176] É ilegal a prisão do devedor de alimentos que oportunamente apresentou justificação da impossibilidade de pagá-los por estar desempregado, e que pretendeu provar o que alegava. Prisão civil é medida excepcional. (2ª CC do TJRS, no HC 36.608, j. 24.09.80, RJTJRS 83/182).

sive, ofertar proposta de parcelamento do débito que deve ser apreciada pelo credor, concordando ou não.

Segundo Tarzia, também citado por Assis (1998, p. 135), o diálogo entre as partes na execução é "parcial, porque exclui do âmbito cognoscível os fatos constitutivos, extintivos, modificativos e impeditivos, e equilibrando, na medida em que os impedimentos à proposição de questões atingem o credor e o devedor." No entanto, tal situação não se verifica no concernente ao artigo 733 do CPC pois nele não existem óbices para a discussão em juízo dos fatos impeditivos, extintivos e modificativos, ficando vedada somente a indagação em torno da existência da pretensão executória. Somente as questões envolvendo os pressupostos processuais e as condições da ação abrangeriam amplo conhecimento neste incidente.

Então, observa-se que a defesa oferecida por ocasião da justificativa é sumária, apontando os fatos pelos quais o devedor se encontra momentaneamente impedido de saldar seu débito. Toda e qualquer discussão mais aprofundada, em torno da minoração ou exoneração da verba alimentar deve ser feita em autos próprios e não por ocasião da execução. Da mesma forma, as alegações feitas pelo devedor devem ser por ele comprovadas.[177] Se não pode pagar, é preciso que diga por que e comprove tal impossibilidade, de modo que não deve o magistrado decretar a prisão, se oferecida a justificativa em tempo hábil e se não esgotados todos os meios de prova.

Segundo Assis (1998, p. 137), e conforme a jurisprudência garimpada por ele, são fatos hábeis e eficazes para comprovar a impossibilidade momentânea de pagamento: "o desemprego total; a despedida de um dos dois empregos que mantinha o devedor; a repentina aparição de moléstia; e a pendência de paralela demanda exoneratória de obrigação alimentar".

Contrariando as decisões jurisprudenciais apresentadas por aquele doutrinador, em nosso entendimento apenas a pendência de paralela demanda exoneratória poderia servir como justificativa para o inadimplemento momentâneo dos alimentos.

---

[177] Neste sentido é o voto da Desembargadora Maria Berenice Dias no Agravo de Instrumento nº 70000488783, da 7ª Câmara Cível – Alegrete, RJTJRS 199/251: ...De outro lado, ainda que alegue impossibilidade, sob o fundamento de ter resultado paraplégico em decorrência de um assalto, fato ocorrido em 1º.02.1997 (Fl. 25), não há, nem na certidão de ocorrência, nem na notícia veiculada no jornal (fl. 33) qualquer referência às lesões corporais ou seqüelas de ordem física. Nem na justificativa apresentada em março de 97, quando da citação fez o devedor qualquer referência a problemas motores. Somente ante o novo decreto de prisão surge o problema da paraplegia a juntada de dois atestados médicos datados de 1999. Assim, não pode prevalecer a assertiva de total impossibilidade para pagar, até porque premido pela possibilidade de prisão, providenciou no pagamento.

Já a despedida de um dos dois empregos que mantinha o devedor demonstra diminuição parcial e significativa de sua renda, podendo possibilitar, inclusive, o aforamento de ação revisional de alimentos com o objetivo de minorar o valor mensal, mas não a justificativa para o inadimplemento da verba alimentícia, uma vez que, mesmo despojado de uma de suas atividades laborativas, o devedor continua vivendo, se alimentando e existindo. Da mesma maneira, seu credor tem direito a estas prerrogativas, uma vez que não pode ficar à mercê do mercado de trabalho, à espera de que o primeiro encontre outra ocupação para engrossar sua renda mensal e voltar a pagar os alimentos. Tomando como exemplo a pensão fixada em favor de filho menor, importante observar que, se houve um decréscimo no salário, é necessário estabelecer prioridades para o gasto deste e parece-nos que o sustento e educação dos filhos é prioridade.

Por outro lado, a doença parece-nos justificativa desde que o devedor não seja trabalhador beneficiário da previdência social ou previdência privada, de onde poderia advir renda suficiente para o pagamento da pensão alimentícia. Também aqui, em havendo decréscimo na renda, poderia o devedor se beneficiar de ação revisional de alimentos. Tal posicionamento vem baseado no fato de que existem doenças cujo tratamento leva meses e até mesmo anos, algumas vezes, inclusive, são doenças incuráveis. O credor precisa, no decorrer deste período, da verba alimentar para sobreviver. Nada mais justo, pois, que, se o devedor recebe algum benefício previdenciário, alcance quantia razoável, dentro de suas possibilidades e dentro das necessidades do credor.

Da mesma forma, o desemprego total poderia ensejar a justificativa, desde que o credor não receba seguro-desemprego, bem como as parcelas rescisórias, com os quais poderia adimplir a verba alimentar ainda por alguns meses, até nova colocação no mercado de trabalho. No entanto, passado aquele período, estando o devedor ainda desempregado, então poderia utilizar-se a justificativa de impossibilidade temporária de pagamento dos alimentos por aquele motivo, uma vez que já deveria ter ingressado com ação revisional de alimentos.[178] É importante, também, ressaltar o ensinamento de Rizzardo (1994, p. 789): "quanto ao desemprego, é admissível que seja motivo suficiente para arredar a obrigação. Não, porém, se cons-

---

[178] A jurisprudência afirma que: "Não basta que o devedor demonstre estar desempregado para aprovar a impossibilidade do pagamento da pensão alimentícia; a impossibilidade a que se refere à lei é aquela não dependente da vontade do devedor e resultante de força maior (6ª CC do TJSP no AI 99.357, j. 05.04.88 – JB140/261). Neste sentido ver também RJTJRS 104/287.

tante a culpa ou o desinteresse do devedor para isentar-se do pagamento." Conseqüentemente, o desemprego proposital, no qual o devedor pede demissão buscando motivos para não mais adimplir a verba alimentícia, jamais pode ser motivo para acolher a justificativa pelo não-pagamento.

Ocorre que a doença e o desemprego total ou parcial são situações cuja solução nem sempre depende da vontade do devedor, podendo perdurar por meses ou anos. Assim, se justificada a impossibilidade de pagamento por qualquer um daqueles motivos, a situação poderia se alastrar por muito tempo, ficando o credor desprovido dos alimentos tão importantes para sua sobrevivência. Parece-nos, então, que a melhor maneira de resolver a pendência, é buscar a ação própria para adequar a verba alimentar às possibilidades financeiras do devedor, exonerando o mesmo se não as possuir, mas não possibilitar que deixe de adimpli-la.

Em caso de ser acolhida a justificativa, pode a execução ser suspensa até que o devedor esteja em condições de saldar o débito ou até mesmo extinta, podendo sempre ocorrer o ajuizamento de nova ação, desde que exista débito.[179]

8.11. Possibilidade de realização de audiência

Citado o devedor e ocorrendo a justificativa, demonstrando a impossibilidade de adimplir o débito ou o seu pagamento, admite-se a produção de provas, desde que necessárias, evitando-se, assim, não só cerceamento de defesa para o devedor, mas também maior delonga, improdutiva aos autos, com a produção de provas descabidas. O artigo 130 do CPC possibilita ao magistrado "de ofício ou a requerimento da parte, determinar as provas necessárias à instrução do processo, indeferindo as diligências inúteis ou meramente protelatórias."

Neste sentido, posiciona-se Parizatto (2000, p. 186-187) ao afirmar:

> Caberá ao juiz a verificação da plausibilidade das alegações do devedor, apresentadas como escusa ao inadimplemento da dívida alimentar, designando, sendo necessário, uma audiência para possível conciliação entre as partes... Somente a real

---

[179] ALIMENTOS - EXECUÇÃO - JUSTIFICAÇÃO DE IMPAGAMENTO. Sendo acolhida a justificativa do alimentante devedor inadimplente, quanto ao não-pagamento das prestações em atraso, descabe decretar a improcedência da execução, mormente quando o devedor pede a suspensão da ação, porquanto tal desprocedência não atende aos interesses de ninguém. (Apelação Cível nº 593025216, 7ª Câmara Cível do TJRS, Rel. Des. Waldemar Luiz de Freitas Filho, 22.9.93)

dificuldade do devedor provada em juízo é que poderá impedir seja decretada sua prisão civil. (RTJ696/252, 82/697, RT 534/300 e 536/273)[180]

Por vezes fica evidente que a possibilidade de produção de provas por parte do devedor não é tratada com a seriedade exigida em feitos através dos quais uma das partes pretende ver asseguradas condições mínimas que suportem sua sobrevivência. As provas requeridas são utilizadas como meios protelatórios inclusive e, principalmente, quanto à determinação de audiências. Impossível é entender que um devedor de alimentos contumaz possa, através de audiência, comprovar que já pagou, que não pode efetuar o pagamento ou realizar acordo no sentido de adimplir o débito e honrar seu compromisso. O que se verifica é um ganho de tempo que lhe seria possibilitado pela pauta apertada com a qual trabalha a maioria dos magistrados[181] e, se não por esta (tais processos são prioritários e deveriam ter horários para determinação de audiências previamente reservados), pela produção de prova oral, muitas vezes confusa e encomendada, que pretende provar fatos que por si só não comprovam o adimplemento da verba alimentar, como é o caso do menor estar residindo com a avó e por isso os valores não estarem sendo depositados.[182]

Ainda, não pode o devedor pretender a realização de audiência para comprovar que efetuou o pagamento dos alimentos a outra pessoa, ou que o fez de forma diversa, se sabia que estes deveriam ser depositados em conta corrente da guardiã do menor, que lhe fora informada, sendo-lhe defeso alterar a forma de pagamento de modo unilateral.

> Alimentos. Execução. Prova oral de pagamento. Cerceamento de defesa. Não ocorre cerceamento de defesa se indeferida prova testemunhal, visando provar pagamento

---

[180] "As alegações do devedor sobre sua impossibilidade de cumprir a obrigação tal como pleiteada deve ser apreciada em seu mérito, admitindo-se, inclusive, se for o caso, a produção de prova. Ocorrendo o não-acolhimento das razões, o Juiz procederá de conformidade com o disposto no § 1º do art. 733 do CPC". (TJMG - AC 30.555/7 - 4ª C - Rel. Des. Monteiro de Barros - DJMG 14.09.96).

[181] EXECUÇÃO DE ALIMENTOS. REALIZAÇÃO DE AUDIÊNCIA. DESCABIMENTO. Muito embora a lei não seja explícita acerca da impossibilidade de realização de audiência para a justificação da impossibilidade de pagar, o certo é que o art. 733 do CPC concede ao devedor três dias para justificar a impossibilidade. Não se comportando aí, nesse reduzido prazo, uma audiência de justificação. Agravo de instrumento desprovido. (AGI nº 598025492, 7ª CC do TJRS, Rel. Des. Eliseu Gomes Torres, J. 06/02/1998.

[182] Não ocorre cerceamento de defesa se indeferida prova testemunhal, visando provar pagamento de alimentos que deveriam ser depositados em nome da mãe do alimentando. Devedor que admite que não mais os depositou e que teria sido o menor alimentado pela avó paterna. Embargos infringentes rejeitados.
(Embargos Infringentes nº 596015537, 4º Grupo de Câmaras Cíveis do TJRS, Porto Alegre, Rel. Des. Paulo Heerdt. Embargante: S. L. D. P.. Embargado: A. L. de S. P. menor assistido por sua mãe M. C. Z. de S. S. j. 12.04.96, maioria.

de alimentos que deveriam ser depositados em nome da mãe do alimentando. Devedor que admite que não mais os depositou e que teria sido o menor alimentado pela avó paterna. Embargos infringentes rejeitados. (Embargos Infringentes nº 596015537, 4º Grupo de Câmaras Cíveis do TJRS, Porto Alegre, Rel. Des. Paulo Heerdt. Embargante: S. L. D. P. Embargado: A. L. de S. P. menor assistido por sua mãe M. C. Z. de S. S. j. 12.04.96, maioria)[183]

Mas, as decisões que indeferirem a coleta de prova testemunhal em audiência de justificação não podem tomar por base a impossibilidade da realização de tal prova em processo de execução, sob pena de cerceamento de defesa. Assim:

> O paciente, no tríduo do art. 733 do CPC, levou testemunhas já previamente arroladas para provar que ele, devedor de prestação alimentícia, não tinha mais condições de arcar com o avençado. O juiz, na audiência de justificação, não ouviu as testemunhas ao argumento de que em processo de execução não se pode fazer prova oral. No caso concreto, houve cerceamento de defesa, tornando a constrição (ameaça de prisão) ilegal. O juiz, que poderia ouvir ou até não ouvir as testemunhas, desde que circunstanciasse sua decisão, partiu de premissa inexistente na lei. (CPC, art. 733). (STJ - HC 2.942-3 - RJ - 6ª T - Rel. Min. Adhemar Maciel - DJU 10.10.94)

Então, em se tratando de execução de alimentos pelo artigo 733 do CPC, é descabido o aprazamento de audiência que vise comprovar que o débito já foi adimplido bem como a impossibilidade de pagamento por parte do devedor, conforme entendimento jurisprudencial:

> Execução de alimentos. Artigo 733 do Código de Processo Civil. 1. Em sede de execução de alimentos não tem cabimento o aprazamento de audiência de tentativa de conciliação entre as partes. Inteligência do artigo 733 do Código de Processo Civil. 2. O fato de não lograr o alimentante-executado êxito em sua vida profissional não ilide o dever de prestar os alimentos a sua filha, menor, que vive sob a guarda da mãe, percebendo esta parca remuneração proveniente do ofício de vendedora que desenvolve. Agravo provido. Unânime.

Nos casos de execução de alimentos sob pena de expropriação de bens do devedor, havendo embargos, conforme o artigo 740 do CPC, o juiz designará audiência de instrução e julgamento para fins de coletar as provas e proceder nos debates para, ao final, julgar o feito.

---

[183] PROVA TESTEMUNHAL. DESCABIMENTO - A prova do pagamento da pensão alimentícia é o recibo, até porque o acordo estabeleceu que os valores seriam depositados na conta-corrente da mãe do alimentando. Assim, o julgamento antecipado impunha-se. Rejeitaram, por maioria, a preliminar de nulidade da sentença, com voto vencido, entendendo cabível a prova meramente testemunhal para provar o pagamento, por aplicação dos arts. 402 e 403 do CPC. (Apelação Cível nº 595150269 - 8ª Câmara Cível - Porto Alegre - Rel. Des. Eliseu Gomes Torres - Julgada em 23-11-95- RJTJRS 177/403)

ALIMENTOS – da ação à execução

8.12. Decretação da prisão de ofício ou requerida pela parte

Em caso de inadimplemento onde o devedor se cala após a citação ou justifica a impossibilidade de pagamento, não sendo suas alegações recebidas pelo juízo, dá-se nova vista ao credor para que requeira que seja decretada sua prisão civil nos moldes da legislação vigente.

Para Pontes de Miranda (1973), a prisão pode ser decretada de ofício pelo magistrado da causa, ou a requerimento do credor. No entanto, Theodoro Júnior (1976) entende que a prisão civil não pode ser decretada de ofício, dependendo de requerimento do credor, que pode observar sua momentânea eficácia e validade. Amílcar de Castro (1974, p. 376) também corrobora tal posicionamento quando afirma:

> deixa-se ao exeqüente a liberdade de pedir, ou não desse meio executivo de coação, quando, no caso concreto, veja que lhe vai ser de utilidade pois pode muito bem acontecer que o exeqüente, maior interessado na questão, por qualquer motivo, não julgue oportuna a prisão do executado.

Talvez a intenção de tais doutrinadores seja que não se decrete a coação pessoal do inadimplente sem que antes tal pedido seja feito por seu credor, pois, muitas vezes, o débito pode ter sido saldado e por desconhecimento das partes o comprovante de pagamento não ter sido anexado aos autos, não tendo chegado ao conhecimento do magistrado a notícia do adimplemento. Ou ainda verificar se existe interesse do credor em receber os valores executados através da coação pessoal ou, se, por exemplo, não pretende buscar outras formas de adimplemento do débito que não esta.

Mas, o que se verifica corriqueiramente são fatos diversos, ou seja, o débito não é adimplido e, no afã de seguir a jurisprudência dominante, a parte autora é instigada a vir aos autos, novamente, para requerer aquilo que já fez por ocasião do ajuizamento da ação na peça exordial. Nestas circunstâncias, o excesso de zelo novamente brinda o devedor com a demora na decretação da prisão em detrimento do credor que anseia pelo pagamento daquilo que lhe é devido e espera que tal direito lhe seja propiciado de forma célere.

Conseqüentemente, percebe-se grande lentidão na aplicação da medida coercitiva, obrigando a parte autora a repetir por reiteradas vezes os pedidos exarados na inicial, o que prejudica o bom andamento do feito, trazendo desconfiança e descrença com relação à aplicação da Justiça pelo Poder Judiciário, por parte da população.

A solução poderia estar no decreto da prisão civil do devedor em caso de inexistência do comprovante de pagamento do débito, atendendo à celeridade que exige a circunstância e ao direito personalíssimo que são os alimentos, observando-se que, em caso de cumprimento do mandado de recolhimento, o devedor ainda teria a possibilidade de comprovar o pagamento efetuado, deixando, assim, de ser preso.[184] Por outro lado, em caso de desinteresse por parte do credor em receber através da coação pessoal, este certamente poderia, a qualquer tempo, peticionar trazendo a informação aos autos.

No caso de requerimento da prisão do devedor, este deve ser efetuado pelo próprio credor por seu representante legal, se absolutamente incapaz ou assistente legal, se relativamente capaz.[185]

Ao discutir a legitimidade passiva do Ministério Público para requerer a prisão civil do devedor de alimentos, Cahali (1998, p. 1056) afirma:

> Desde que não admitidos, segundo o melhor entendimento jurisprudencial (ver antes, Cap. 9, item 9.8), legitimidade *ad processum* do órgão do Ministério Público para postular alimentos a benefício de menores ou incapazes, daí resulta a falta de legitimação do referido órgão para pedir a prisão do devedor alimentar relapso, quando intervém no processo como simples fiscal da lei (CPC. art. 82 , I e II).

Ainda, transcrita também por Cahali (1998, p. 1056), a jurisprudência confirma:

> O Ministério Público, segundo tem admitido alguma jurisprudência, apenas *representa* o incapaz *processualmente*, quando legitimado para propor em nome dele a ação de alimentos. Tratando-se da prisão do alimentante, é de doutrina e de jurisprudência assente que só se decreta a mesma a pedido do alimentário e de seu representante legal.

Tal posicionamento se deve também ao fato de que apenas o credor e seu representante ou assistente legal podem saber e determinar a conveniência ou não da decretação da prisão do devedor diante dos aspectos fáticos atinentes momentaneamente ao caso.

Ocorre que, na condição de *custus legis*, o Ministério Público intervém no processo de execução de alimentos, cumprindo assim sua função, sob pena de ser-lhe decretada a nulidade.

---

[184] Observe-se, aqui, que tem sido prática constante por parte dos oficiais de justiça, deixar de cumprir o mandado, ante a juntada de comprovante de pagamentos efetuados pelos devedores. Prática esta que vai além de suas funções, pois a juntada de documentos aos autos deveria acontecer através das partes, devidamente representadas por seus advogados. No entanto, especialmente nestes casos, esta inversão de papéis tem-se tornado freqüente, evitando o recolhimento do devedor inclusive quando o débito foi apenas parcialmente pago, sendo juntado pelo próprio oficial de justiça o documento aos autos, certificando que deixou de cumprir o mandado em função do mesmo. Neste caso, o devedor não sai prejudicado, é preso, quando já efetuou o pagamento da verba alimentar tiver o comprovante do mesmo.

[185] Neste sentido AI 134.456-1, TJSP, 6ª CC 23.08.1990 e 3ª CC, TJRS, 26.09.1985, RJTJRS 113/427.

ALIMENTOS – da ação à execução

8.13. Fundamentação do despacho que determina a prisão

Além do fato de que o despacho que decreta a prisão civil do devedor deve ser exarado pelo juízo competente, ou seja, o juízo onde se processa a execução de alimentos, está pacificado pela jurisprudência[186] também o fato de que tal decisão interlocutória deve ser fundamentada,[187] uma vez que determina medida grave, da qual pode a parte insatisfeita interpor agravo de instrumento no prazo legal.

No entanto, Cahali (1998, p. 1100), ao comentar a jurisprudência do Tribunal de Justiça de São Paulo[188] colaciona que "a fundamentação é necessária somente quando o juiz rejeita a defesa oferecida, e não à hipótese em que o devedor simplesmente não pagou nem justificou a impossibilidade de fazê-lo". No entanto, faz o contraponto ao considerar que o juiz deve, em face do artigo 5º da Constituição Federal, em seu inciso LXVII, excluir sua eventual atividade investigatória, apreciando elementos e circunstâncias presentes no processo, objetivando verificar os reais motivos do inadimplemento.

Esta minuciosidade na sondagem das provas e na fundamentação da decisão se justifica, conforme Assis (1998, p. 141) diante dos "valores contrapostos no litígio: de um lado, a liberdade do executado, que é bem inestimável; do outro, a urgência emanada da insatisfação de necessidades vitais."

Fica claro, ainda, que, sendo rejeitada a defesa apresentada pelo devedor, não será necessário que o juiz reabra o prazo para que este deposite os valores executados, no prazo de três dias, pois o texto legal não determina tal providência. Rejeitada a justificativa, há de ser logo decretada a prisão do devedor como forma de acelerar a prestação jurisdicional e cumprir o texto legal vigente.

8.14. Decisão que defere ou não o pedido de prisão

A decisão que aprecia o pedido de prisão civil do devedor é interlocutória,[189] definida no artigo 162, § 2º do CPC como "ato pelo

---

[186] Assim, 4ª CC do TJRS, 15.06.88, RJTRS 135/141 e 3ª CC do TJPR, 02.3.1993, JB 171/163, dentre outros.

[187] Então: "A decisão que decreta a prisão civil deve ser fundamentada, demonstrando a recalcitrância do alimentante no inadimplemento da obrigação alimentar, sendo ilegítima sua decretação para obrigá-lo a pagar alimentos de há muito vencidos e parcelas adicionais, tais como juros." (Ac. un. da 3ª Câm. do TJRJ. HC 10.593, rel. Des. Gama Walcher)

[188] TJSP, 30.11.79, RT508/329 e RJTJSP 49/281.

[189] "Toda e qualquer decisão do juiz proferida no curso do processo, *sem extingui-lo* seja ou não sobre o mérito da causa, é interlocutória. Como, para classificar o pronunciamento judicial,

qual o juiz, no curso do processo, resolve questão incidente". Cabe, pois, de tal decisão agravo de instrumento, já que a mesma não põe fim ao processo.

Do mesmo modo, o artigo 19, § 3º, da Lei 5.478/68 salienta: "Da decisão que defere a prisão do devedor caberá agravo de instrumento." Tal interposição deverá ser encaminhada no prazo legal, não sendo efeito do agravo a suspensão da ordem de prisão, conforme o artigo acima mencionado, em seu § 3º. Segundo Nogueira (1995, p. 63)

> tem-se recorrido ao *mandado de segurança* para obter o efeito suspensivo do agravo de instrumento, o que tem sido admitido pela jurisprudência (RT, 509:104), pois a segurança preventiva é admissível, nos termos do artigo 1º da lei 1.533/51, que não se refere apenas aquele que já sofreu a violação do direito, mas também àquele que tenha justo receio de sofrê-la.

Pode ainda o agravo receber efeito suspensivo por conta do artigo 527, inciso II, do CPC , junto ao Tribunal, sendo posteriormente tal decisão comunicada ao juiz. O deferimento do efeito suspensivo deve ser precedido de requerimento por parte do agravante, podendo, para que tal ocorra, serem requisitadas informações ao juiz da causa.

8.15. *Habeas corpus*

Se não apresentada ou acolhida a justificativa do devedor de alimentos, ou em caso de não demonstrar que já saldou o débito ou vir a fazê-lo de forma parcial, ser-lhe-á decretada a prisão civil conforme reza o artigo 733 do CPC e o artigo 19 da Lei 5.478/68. Entendendo tal decisão como abusiva ou ilegal, o devedor pode utilizar o *habeas corpus* como caminho idôneo para repará-la.

Dispondo a respeito, o artigo 5º, em seu inciso LXVIII, da Constituição Federal de 1988 diz que se concede *habeas corpus* sempre que tiver ameaçada sua liberdade de locomoção, por ilegalidade ou abuso de poder. Para Appio (2000, p. 35) "a doutrina nacional convencionou que o *habeas corpus*, dependendo do momento de impetração e do tipo de coação ou violência exercida contra a liberdade ambulatória do cidadão, poderia ser dividido em duas espécies,

---

o CPC não levou em conta seu conteúdo, mas sim sua finalidade, se o ato não extinguiu o processo, que continua, não pode ser sentença, mas sim decisão interlocutória." (Nery e Nery Júnior, 1997, p. 467)

ALIMENTOS – da ação à execução

quais sejam, o *habeas corpus* preventivo[190] e o liberatório ou repressivo".[191]

Tem-se tornado costumeira no direito brasileiro a utilização do *habeas corpus* contra a coação pessoal que vem sofrendo ou pode vir a sofrer o devedor de alimentos se "o decreto de prisão do alimentante reveste-se de ilegalidade" (Cahali, 1998, p. 1104). Não importa se a ameaça ou ilegalidade provêm de decisão civil ou criminal, podendo, justamente por isso, ser utilizado nos casos de decreto de prisão civil de devedor de alimentos.[192]

Cahali (1998, p. 1104-1105) afirma ainda:

> ... Desaparecido com o art. 19 § 3º da Lei 5.478/68, o efeito suspensivo do agravo de instrumento cabível contra o despacho de prisão, impõe-se o amparo à liberdade de locomoção, ameaçada ou violada ilegalmente, pela via extrema do *habeas corpus;* toda a ilegalidade que acarrete restrição ao direito de ir e vir, qualquer que seja a autoridade que a imponha e qualquer que seja a sua causa ou o seu procedimento, com recurso ou não desde que com efeito suspensivo, pode ser examinada no âmbito deste remédio constitucional.

Segundo o mesmo doutrinador, este entendimento está consolidado na jurisprudência do STF, participando dele também as instâncias ordinárias. Outros doutrinadores, tais como Marmitt (1999, p. 207), comungam do mesmo posicionamento salientando este que "a ausência do efeito suspensivo do agravo justifica a opção pelo *habeas,* para desfazer constrangimentos e abusos do direito." Na prática, a questão do efeito suspensivo ao agravo de instrumento ganhou outra interpretação diante da redação do artigo 527, II, do CPC que possibilita ao relator do processo atribuir efeito suspensivo ao recurso.

---

[190] Para Nogueira (1994, p. 13), o *"habeas corpus preventivo* pode ser impetrado quando houver ameaça à liberdade de locomoção, expedindo-se o salvo conduto em favor do paciente"

[191] Para aquele mesmo doutrinador (Nogueira, 1994, p. 14), já o *habeas corpus repressivo ou liberatório* é "o que interpõe quando já ocorreu o ato violento ou o constrangimento ilegal com o objetivo de fazer cessar a coação". Este último possui uso mais comum e freqüente, cabendo quando o indivíduo está sofrendo "violência ou coação na sua liberdade de locomoção ou em outras circunstâncias de constrangimento ilegal."

[192] PENSÃO ALIMENTÍCIA. EXECUÇÃO DE DÉBITO ALIMENTAR. HC VISANDO SALVO-CONDUTO PARA EVITAR POSSÍVEL PRISÃO A SER DECRETADA PELO JUÍZO CIVIL. IMPROPRIEDADE DA MEDIDA REQUERIDA. No juízo criminal só se deve questionar a legalidade de prisão alimentar. Questões de mérito se resolvem no foro próprio, tanto em primeiro como em 2º grau. Por outro lado, descabe pedido de salvo-conduto, pois o pedido de execução pode não lograr êxito, se o devedor provar a impossibilidade de cumprir a obrigação. Não havendo decreto de prisão, descabe o recurso heróico.
A situação descrita é realmente difícil, mas não é possível resolvê-la no âmbito do «habeas corpus». Tal como dito pelo Tribunal «a quo», «O foro competente para a discussão, por ora, é somente o civil, no próprio juízo de 1º grau» (fl. 105), sendo o «writ» «impróprio para se discutir mérito de obrigação alimentar» (fl. 106). JBSTFSTJ 185/373 e 374.

Ocorre que deve ser muito bem avaliado o legítimo interesse de intervir com pedido de *habeas corpus* na execução de alimentos, quando esta tratar de ameaça de coação pessoal contra devedor recalcitrante, irresponsável, que não cumpre com sua obrigação, e que deixa de pagar a verba alimentícia. Neste caso, não se vislumbra o *"legítimo interesse* para intervir em sede de *habeas corpus* quando esta forma de execução por si provocada vier a ser objeto de discussão" (Porto, 1991, p. 87).

Surge, então, modernamente, a possibilidade de intervir com *habeas corpus preventivo* que, segundo Cahali (1998, p. 1108-1109), possui

> natureza cautelar e antecipatória de exame do processo de execução, e que, dilargando implicitamente o conceito de "ameaça" da garantia constitucional, (aqui compreendida, tradicionalmente, apenas a prisão já decretada, porém ainda não executada), identifica agora, no simples procedimento executório instaurado por opção do credor, no que este "tenderia" à decretação ao final da prisão do devedor relapso, uma "ameaça" à sua liberdade pessoal, a símile da denúncia no processo crime ou da abertura de inquérito policial contra o paciente.

Neste sentido, o entendimento jurisprudencial prima pela concessão de *habeas corpus preventivo* se o devedor for citado para pagar a verba alimentar, constando do mandado o prazo de três dias para fazê-lo sob ameaça de sua prisão civil ser decretada, interpretando que deixaria de ser uma simples advertência para se tornar uma ameaça. Tais fatos, em resumo, têm duas conseqüências: "se o mandado de citação contém a advertência do art. 733 e seu § 1º do CPC, pretende-se identificar nisto 'ameaça' à liberdade de locomoção; se nele não se contém a advertência, expõe-se o exeqüente a eventual ineficácia da citação." (Cahali, 1998, p. 1111)[193]

Por conseguinte, verifica-se que o *habeas corpus preventivo* possui efeito "procrastinatório ou dilatório do decreto da prisão, valendo como simples *advertência ao juiz,* para que somente decrete a custódia do devedor depois de comprovados os pressupostos que a legitimam" (Cahali, 1998, p. 1111). Tal advertência já vem expressa no próprio texto legal, e se impõe sob pena de invalidar o decreto de

---

[193] A decisão que rechaça a justificação do inadimplente de obrigação alimentar enseja recurso próprio, não admitindo, normalmente, em sede de habeas corpus, o exame aprofundado das provas, por meio do qual se busca a revisão daquele decisum.
Ademais, a utilização do remédio heróico tem como pressuposto inafastável a existência de ameaça de constrição pessoal, o que não se verifica na simples citação do devedor para o procedimento do art. 733, do CPC.
DECISÃO: por votação unânime, denegar a ordem.
(Habeas corpus nº 97.000877-5, de Itajaí. Relator: Des. Eder Graf. Impetrantes: o Dr. Geraldo Lauro Schetinger e Sandra Regina Delatorre. Paciente: C. L. B.. 3ª Câmara Civil do TJSC, publicado no DJ nº 9.688 de 19.03.97).

prisão. Justamente por isso, a jurisprudência tem insistido em não admitir o *habeas corpus preventivo*, por considerar que, nestes casos, inexistem circunstâncias que evidenciem constrangimento ou iminência deste no concernente à liberdade do paciente.

Ocorre que, em sede de *habeas corpus*, somente se apura, no caso de prisão civil, "se a lei, em tese, a admite e se foi determinada por autoridade competente, com observância das formalidades legais" (Costa Manso, 1923, p. 438). Assim, não se admitem em sede de *habeas corpus*, discussões sobre o valor da dívida, sobre as condições, sejam elas financeiras ou físicas, do devedor de cumprir com sua obrigação e adimplir a dívida, ou, ainda, devaneios sobre o valor da verba alimentar arbitrada. Então:

> A jurisprudência tem reiterado que, no tocante à prisão administrativa, não se tomará conhecimento, através de *habeas corpus*, de argüições concernentes ao mérito do ato, à conveniência, eficácia ou oportunidade da medida, que pertence à jurisdição civil; aliás esta limitação estende-se ao mandado de segurança, no pressuposto de que a matéria relativa ao valor da pensão se reserva ao juízo da ação de alimentos. (Cahali, 1998, p. 1115)[194]

Cahali (1998) sintetiza os pontos nos quais pode ser calcado o *Habeas Corpus*: incompetência do juízo, ilegitimidade passiva *ad causam* do requerido,[195] inobservância dos trâmites indispensáveis do procedimento de execução de alimentos, citação omissa no que tange ao artigo 733, § 1º, do CPC, recusa de coleta de prova quando forem razoáveis os motivos alegados para o inadimplemento, não exaurimento da execução mediante desconto em folha ou expropriação, ausência ou carência de fundamentação do decreto de prisão (sem o exame de provas e da justificativa apresentada), prazo da prisão fora de parâmetros legais. Além destes, ainda numa zona intermediária

---

[194] "Não se mostra o *habeas corpus*, todavia, hábil para o exame de matéria concernente a fatos e provas, à impossibilidade de pagamento ou a falta de condições financeiras" (RHC 12.079, j. 12/09/2000, - JB 185/446). Também neste sentido: RHC 2604 – BA (DJ 10/5/93), HCs 4304 – AL (DJ 03/06/96), 4619 – SP (DJ 14/05/99) e 7850 – SP (DJ03/10/88).

[195] EMENDA OFICIAL: «Habeas corpus». Prisão civil. Prestação de alimentos. Tios e sobrinhos. Desobrigação. Doutrina ordem concedida.

I - A obrigação alimentar decorre da lei, que indica os parentes obrigados de forma taxativa e não enunciativa, sendo devidos os alimentos, reciprocamente pelos pais, filhos, ascendentes, descendentes e colaterais até o segundo grau, não abrangendo, consequentemente, tios e sobrinhos.

II - O *habeas corpus*, como garantia constitucional contra a ofensa à liberdade individual, não se presta à discussão do mérito da ação de alimentos, que tramita pelas vias ordinárias, observando o duplo grau de jurisdição.

III - Posicionando-se a maioria doutrinária no sentido do descabimento da obrigação alimentar de tio em relação ao sobrinho, é de afastar-se a prisão do paciente, sem prejuízo do prosseguimento da ação de alimentos e de eventual execução dos valores objeto da condenação. Habeas Corpus 12.079 - BA (2000/0009738-1) - Rel.: Min. Sálvio de Figueiredo Teixeira - Impte.: j. em 12/09/2000-STJ JBSTFSTJ 185 páginas - 446, 447, 448, 449 e 450.

de juízo de legalidade e legitimidade estariam: o decreto de prisão fundado em falta de pagamento de alimentos provisórios concedidos em ação revisional, decreto de prisão fundado em falta de pagamento de pensão provisional reduzida ou declarada extinta na sentença definitiva, decreto de prisão fundado em falta de pagamento da verba alimentar em que se incluem parcelas estranhas aos alimentos (custas, honorários, correção monetária, etc.)

Já com relação à matéria,[196] cuja apreciação estaria vedada no âmbito do *habeas corpus*, o autor acima referido ressalta: "O problema do *quantum* fixado refoge, pela necessidade de cotejarem elementos probatórios... devendo ser versado em pedido apartado de revisão ou redução... ". Já com relação à impossibilidade de cumprir a obrigação alimentar, "é matéria de mérito, envolvendo situação complexa e dependendo da produção de provas..." (Cahali, 1998, p. 1119)[197]

8.16. Mandado de segurança

Outro remédio cabível nas execuções de alimentos é o mandado de segurança, que possui como destino justamente a proteção do direito líquido e certo, não amparado pelo *habeas corpus*, sendo o agente causador da ilegalidade ou do abuso de poder autoridade pública ou agente de pessoa jurídica no exercício de atribuições do poder público. (Marmitt, 2000)

Assim, descabe o mandado de segurança naqueles feitos onde estão previstos recursos próprios, desde que não possuam efeitos insuficientes. Por isso: "em caso de decisão judicial de efeitos imediatos, de difícil ou de impossível reparação, para a qual não haja previsão de recurso com efeito suspensivo, o mandado de segurança é o instrumento hábil para sanear a coação ilegal." (Marmitt, 2000, p. 205)

Cahali (1998, p. 1104) salienta: "a lesão de direito líquido e certo do permissivo constitucional representa um *iter* conducente ao decreto de prisão do impetrante, perfeitamente sanável por via de segurança." Tal afirmação é corroborada pelos tribunais quando jul-

---

[196] Neste sentido, parte do acórdão de *Habeas Corpus* nº 9.683, julgado em 05/09/2000, salienta: "A situação descrita é realmente difícil, mas não é possível resolvê-la no âmbito do *habeas corpus*. Tal como dito pelo *Tribunal a quo* , 'o foro competente para a discussão, por ora, é somente o civil, no próprio juízo de 1º grau' (fl.105), sendo o *writ* 'impróprio para se discutir mérito de obrigação alimentar' (fls. 106)". (JB 189/374).

[197] "Não se verificando qualquer ilegalidade ou abuso de poder na decisão que decretou a segregação do paciente impõe-se a denegação da ordem. Descabe, na via restrita do remédio heróico, apreciar se o devedor tinha ou não condições de adimplir". (HC nº 599362910 – 7ª CC – São Leopoldo, Rel. Des. Sérgio Fernando de Vasconcellos Chaves, j. 20-06-99, RJTJRS 200, p. 391).

ALIMENTOS – da ação à execução

gam no sentido de que o mandado de segurança é como um *habeas corpus* cível.[198]

No entanto, não podem ser atacados pela via do mandado de segurança aquelas determinações judiciais que são necessárias para a instrução do feito, como, por exemplo, a expedição de ofícios às entidades bancárias e até mesmo à receita federal para que possam ser verificados os reais rendimentos e o montante patrimonial do alimentante/devedor, seja para a fixação do *quantum* alimentar, seja para possível penhora de bens em caso de execução. O mesmo serve para verificar as reais necessidades do alimentando e de seu guardião.[199]

8.17. Do inadimplemento voluntário e inescusável

As constituições brasileiras de 1824, 1891 e 1937 silenciaram sobre a prisão civil por dívidas. Já a constituição de 1934, em seu artigo 113, estabeleceu que "Não haverá prisão civil por dívidas, multas ou custas." No entanto, as constituições de 1946, 1967 e sua Emenda Constitucional de 1969 estabeleceram a prisão civil no caso do depositário infiel e do devedor de pensão alimentícia.

Nesta esteira, o artigo 5º, inciso LXVII da Constituição Federal de 1988 refere: "Não haverá prisão civil por dívidas, salvo a do responsável pelo inadimplemento voluntário e inescusável de obrigação alimentícia e a do depositário infiel". Tal dispositivo ressalta que a prisão civil deve ser decretada em casos excepcionais onde se verificar inadimplemento involuntário e inescusável por parte do devedor.[200]

---

[198] Neste sentido RT529/56, RJTJSP 57/254, RT 575/76 e RJTJSP 67/213).

[199] MANDADO DE SEGURANÇA. ILEGALIDADE. Inexiste ilegalidade na decisão que determina expedição de ofício à Receita Federal, buscando aferir a capacidade econômica da genitora guardiã das filhas, nos autos da ação revisional que movem contra o pai. É de ambos os pais o dever de sustentar a prole. Ordem denegada. É parte do voto do desembargador Sérgio Fernando de Vasconcellos - Preliminarmente, entendo possível a proposição do *mandamus*, pois a impetrante não é parte no processo, mas representante legal das autoras e, a rigor, não poderia interpor recurso em nome próprio, naqueles autos. Logo, em tese, é assegurada a ela a via mandamental. (RJTJRS 199/223 e 224 Mandado de Segurança nº 599172830 - 7ª Câmara Cível – Canela).

[200] A CF possibilita seja decretada a prisão daquele que, voluntária e inescusavelmente, deixa de cumprir a obrigação alimentar. Não se justifica a prisão por dívida alimentar em processo de execução de débitos bem anteriores. Conforme orientação jurisprudencial mais recente, deve-se reduzir às três últimas prestações alimentícias a exigência do pagamento sob pena de prisão. (STJ - RHC 7.811 - SP - 5ª T - Rel. Min. Felix Fischer - DJU 13.10.98).
Também neste sentido: Conduzirá cadeia – mesmo sendo devedor de alimentos – uma pessoa nas condições em que se encontra o agravante – paraplégico e preso a uma cadeira de rodas – afronta o inc. LXII do art. 5º da CF, que, excepcionalmente autoriza a prisão por débito alimentar quando o inadimplemento for "involuntário e inescusável", o que, certamente, não é a hipótese dos autos. Agravo provido por maioria. (AI 70000488783, 7ª CC – Alegrete – RJTJRS 199/250).

Então, "se o descumprimento for involuntário, sem qualquer participação da vontade do devedor, nenhuma culpa pode existir de sua parte." (Azevedo, 2000, p. 72). Ainda, o autor refere que o mesmo acontece em caso fortuito por algum fenômeno natural ou força maior, ou acontecimento provocado por terceiro, justamente porque em ambos não se evidencia a culpabilidade do devedor.

Por inescusável[201] tem-se aquela impossibilidade indesculpável, fruto da irresponsabilidade do devedor que deixar de pagar a verba alimentar sem motivo justo para tanto. Voluntária[202] é aquela atitude espontânea, derivada de vontade própria e sem coação, onde a pensão passa a ser inadimplida por uma liberalidade do obrigado a saldá-la, sem qualquer motivo que possa coagi-lo a tanto. Então

> ... a prisão civil por dívida de alimentos é medida excepcional, que somente pode ser empregada em casos extremos de contumácia, obstinação e rebeldia do devedor que, embora possua os meios necessários para saldar a dívida, procura por todos os meios protelar o pagamento judicialmente homologado. (6ª CC, TJSP, 20.08.92, RT 609/66)

Assim, ante o fato de ser necessário que seja voluntário e inescusável o inadimplemento a justificar o decreto de prisão, é de suma importância a justificativa apresentada pelo devedor,[203] devendo trazer em seu bojo as razões, bem como as provas necessárias e suficientes que possam comportar decisão justa do magistrado no sentido de acolhê-la ou não e, assim, decretar ou não a prisão civil do inadimplente, pois:

> A prisão civil do devedor de alimentos tolerada pela Carta Magna, traz uma segurança para o credor e para a própria justiça, pois o que seria do credor de alimentos se não contasse esse com um meio intimidativo e coercitivo de hábil a fazer com que o devedor de alimentos efetuasse o pagamento do seu débito propiciando-lhe condições de sobrevivência. A prisão é, portanto, uma medida extremamente necessária como meio de se coibir atitudes procrastinatórias acerca do pagamento de alimentos, fazendo com que o devedor de má vontade ou com intuito protelatório pense duas vezes antes de se recusar injustificadamente a pagar aquilo que é de sua obrigação. (Parizatto, 2000, p. 190)

---

[201] Segundo o Dicionário Aurélio (1986, p. 941), inescusável é "1 . Que não se pode escusar ou dispensar; indispensável. 2. Indesculpável."

[202] Também segundo Dicionário Aurélio (1986, p. 1789), voluntário é "1. Que age espontaneamente. 2. Derivado de vontade própria; em que não há coação; espontâneo..."

[203] Neste sentido: "a decretação da prisão, por falta de pagamento de diferença da pensão alimentícia, deve ser feita com o devido cuidado. Ela só é justificável se o alimentante, sem motivo ponderável, deixa de cumprir com essa obrigação. Por esse motivo, não pode ela ser decretada se o devedor oferecer motivo justo para deixar de fazer sua liberação" (Ac. un. da 5ª Câm. do TJRJ, de 22.04.85, Agr. 8.998, rel. Des. Porto Carrero).

8.18. Prisão especial do devedor

Sendo a prisão civil não uma *pena* (não obstante o texto do artigo 733 do CPC), mas uma forma de coação utilizada para obrigar o devedor a adimplir seu débito, não se aplica a esta o *sursis* e nem mesmo a prisão-albergue, sob pena de despojá-la "do cunho constritivo que a caracteriza." (Marmitt, 1999, p. 195) Desse modo, possibilitar benefícios que são aplicados aos delitos cuja prisão decorre de processos criminais seria descaracterizar e despotencializar uma das poucas, senão a única forma de se fazer o devedor de alimentos honrar com seu compromisso, que é a ameaça de prisão.

Cahali (1998, p. 1126) enfatiza transcrevendo jurisprudência criminal:

> A impossibilidade, porém, de a prisão por alimentos ser transformada em prisão domiciliar ou em liberdade vigiada decorre da circunstância bem assinalada no acórdão recorrido, de que os preceitos relativos à prisão domiciliar não se ajustam com os da prisão civil, pois com esta o legislador visa a quebrantar uma resistência imposta, constrangendo o devedor de alimentos ao cumprimento de obrigação, reconhecida na sentença como dentro de suas possibilidades. O caráter da constrição é meramente compulsivo, Tudo depende da vontade do devedor. Ou cumpre a obrigação, ou fica preso. Está nele o seu próprio destino.[204]

Ocorre que posicionamentos diversos podem ser encontrados, sinalizando a possibilidade de se decretar prisão civil depois de analisadas as condições do devedor e a situação em que se encontra. Este refere a conveniência de "atentar-se para a personalidade do devedor, para o meio social em que vive, e daí aferir-se qual a medida mais justa e suficiente para compeli-lo a efetuar o pagamento." (Marmitt, 1999, p. 195)

É claro que algumas situações devem ser analisadas diante de suas peculiaridades, como é o caso do devedor enfermo, deficiente físico, dentre outros, analisando-se a relação custo + benefício que de tal decreto resultaria, mas, "em alguns casos, contudo, essas pessoas recebem mais assistência médica e alimentar em casas prisionais, do que em suas próprias moradias ou barracos." (Marmitt, 1999, p. 195)

Se não pelos motivos já expostos, ou seja, o esvaziamento do cunho de coação pessoal que sempre se atribuiu à execução de alimentos baseada no artigo 733 do CPC e 19 da Lei 5.478/68, há de se observar que esta última sempre é cumprida em cela especial, onde o devedor fica separado de delinqüentes perigosos, não havendo

---

[204] STF 1ª Turma, 30.10.1984, RTJ112/134; dando provimento, em parte a recurso contra acórdão da C Esp, TJSP, 02.08.1984, RJTSP 92/410.

nenhum risco à sua saúde e integridade física. Verdade seja dita: na maioria dos casos, muito antes de o devedor ser recolhido, a dívida é adimplida, não sendo necessário o seu efetivo recolhimento. Então, decretar sua prisão civil domiciliar poderia não surtir a coação esperada e o pronto pagamento da dívida como se tem verificado em muitos feitos.

Então, decretando-se a prisão civil do devedor, imprescindível torna-se observar que:

> Tratando-se de devedor de alimentos que possui grau universitário (como nas demais hipóteses do art. 295 do CPP, e art. 1º da Lei 5.256, de 06.04.1967), assegura-se-lhe a *prisão especial*, afastada, porém, a eventualidade de sua transformação em prisão domiciliar ou liberdade vigiada por não haver na localidade estabelecimento adequado para esse tipo de custódia, com ressalva de seu cumprimento em quartéis. (Cahali, 1998, p. 1125)

Fica, por aqui, evidenciada a possibilidade de, segundo o doutrinador, decretar a prisão civil do devedor de alimentos a ser cumprida em cela especial, com arrimo no artigo 295, VII, combinado com os artigos 319, I, e 320, § 4º, todos do CPP. Tudo isto devido às semelhanças entre a prisão civil decretada contra o devedor de alimentos e aquela advinda dos remissos ou omissos a entrar para os cofres públicos com os dinheiros a seu cargo, pois ambas servem justamente para compelir alguém a cumprir com aquilo que é sua obrigação.

8.19. Prazos da prisão civil

Quando se discorre a respeito dos prazos de duração da prisão civil por dívida alimentar, verifica-se a contradição na legislação vigente, mais especificamente em dois artigos que tratam do assunto: o artigo 19 da Lei 5.478/68 e o § 1º do artigo 733 do CPC. O primeiro estabelece o prazo de até 60 dias para duração da coação; o segundo estabelece de 1 a 3 meses.

Tal distinção se deve ao fato de que no artigo 733, § 1º, do CPC, cujo prazo é de 1 a 3 meses, a prisão é decretada contra o devedor de alimentos provisionais e, pelo artigo 19 da lei já referida, executam-se os demais alimentos em atraso, com prisão por até 60 dias. Em resumo: permite-se decretar a prisão por mais tempo justamente quando os alimentos são fixados de forma provisional, antes da manifestação do alimentante e antes que este possa efetuar sua defesa.

ALIMENTOS – da ação à execução

Este posicionamento é combatido por Moreira (1976, p. 115) que preconiza a unificação do prazo de prisão, afirmando que o artigo 19 da Lei de Alimentos teria sido derrogado pelo artigo 733, § 1º, do CPC, sustentando que a prisão seria decretada, independentemente de ser em alimentos provisionais, vertidos através de acordo entre as partes ou por sentença, de 1 a 3 meses. Mas Cahali (1998, p. 1079) recorda que tal "forma de derrogação esbarra no art. 2º, § 2º , da LICC". Referenda, isso sim, este último doutrinador, o posicionamento de Adroaldo Furtado Fabrício (*apud* Cahali, 1998, p.1080) quando este defende a duração da prisão do alimentante regulamentada pela lei especial em "até sessenta dias" e arremata dizendo: "impõe-se esta conclusão o fato de tratar-se de *lei posterior*,[205] à parte a circunstância de conter regra mais favorável ao paciente da medida excepcional (*odiosa restringenda*)."

Para Assis (2000, p. 144), "se adota, aqui, a tese de que, em nenhuma hipótese, o prazo excederá sessenta dias". Tal afirmativa, segundo aquele mesmo autor, se deveria ao "disposto no artigo 620: a prisão é providência executiva e o procedimento executório se desenvolverá pelo meio menos gravoso ao devedor."

Assim, mais uma vez o bom senso do magistrado é de suma importância no momento de aplicar a pena contra devedor recalcitrante, no sentido de bem dosá-la até o limite de 60 dias, sendo que o prazo mínimo, deve, aí sim, obedecer ao artigo 733, § 1º do CPC, ou seja, 30 dias.

8.20. Repetição da prisão civil

A possibilidade de renovação da prisão civil por dívida vem disposta nos artigos 733, § 2º do CPC e artigo 19, §1º, da Lei 5.478/68, onde se pode vislumbrar que o cumprimento integral da *pena* de prisão não exime o devedor do pagamento das prestações vencidas e vincendas não pagas.

Diante de tal ordenamento, têm-se observado várias decisões fundamentando que não pode o devedor novamente ser preso pelo mesmo débito já executado anteriormente e pelo qual fora preso, cumprindo o prazo estabelecido judicialmente. Tais valores podem ainda ser cobrados, penhorando e levando a leilão bens do devedor.

---

[205] Quanto à posterioridade da lei, segundo Carneiro (*apud* Cahali, 1998, p. 1080) esta é passível de críticas pois "embora esta lei tenha entrado em vigor no dia 31.12.73, *um dia antes* da entrada em vigor do novo código, a posterioridade deve ser referida à *existência da lei*, não à sua *vigência*, pois logicamente inconcebível que a lei adaptadora pudesse ser revogada pela lei adaptada."

O fato de o credor ter escolhido, primeiramente, o caminho da execução sob pena de coação pessoal não lhe tira a prerrogativa de buscar a expropriação de bens do inadimplente como forma de receber o crédito.

Castro (1974, p. 379) refere:

> Ainda porque não se trata de pena, ou punição, pelo inadimplemento da obrigação, o cumprimento integral da prisão decretada não eximirá o executado do pagamento das prestações alimentícias vincendas, ou vencidas e não pagas; pois se a prestação alimentícia não foi convertida em pena de prisão, se o encarceramento foi apenas imposto, não como um substitutivo do inadimplemento da obrigação, mas sim como experiência, ou tentativa, para averiguar a solvência do executado, claro está que não pode mesmo a prisão civil ter por efeito a extinção do débito.

Tal alternativa também serve, segundo o mesmo doutrinador, para o caso de prisões cuja duração não tenha chegado ao máximo previsto em lei, ou seja, quando o magistrado decreta a coação pelo prazo de 30 dias, por exemplo, não podendo ser novamente decretada por tempo suficiente até atingir o máximo legal.

Novamente poderia ser decretada a prisão civil do devedor sim, mas somente por outros débitos, vencidos a partir daquela execução e também inadimplidos. No entanto, este entendimento não era pacífico, existindo doutrinadores favoráveis ao mesmo tempo em que outros se posicionavam de forma contrária, como é o caso de Pontes de Miranda (1973). Ocorre que atualmente está pacificada a possibilidade de ser decretada a prisão civil do inadimplente sempre que este deixar de pagar a verba alimentar, desde que não tenha sido preso anteriormente pelo mesmo débito.

Conseqüentemente, pode o credor, após a justificativa, ou mesmo o término do prazo da prisão (cumprida pelo devedor), persistindo o débito, requerer o prosseguimento da execução por quantia certa, com base no artigo 732 do CPC, nomeando para isso bens a penhora, até ver adimplidos os valores. Um grande problema se instala aqui, quando o executado não possui bens passíveis de penhora, nem outros rendimentos ou salário fixo dos quais possa ser extraída a dívida, como é o caso de grande parte dos devedores brasileiros de verba alimentar. Depois do decreto da prisão e do cumprimento desta, o credor fica sem ter como cobrar o que lhe é devido, precisando, muitas vezes, resignar-se à própria sorte, pelo menos até que o devedor tenha emprego fixo, com renda suficiente que suporte sua mantença e a amortização gradual da dívida determinada pelo magistrado a pedido da parte autora, o que, convenhamos, é ainda mais difícil.

É claro que não se pretende ver o devedor preso diversas vezes pelo mesmo débito, mas por novas dívidas, que se vencerem após a

ALIMENTOS – da ação à execução

primeira sim, pois, sem essa possibilidade, poucos serão aqueles que, coagidos, deixarão de adimplir novamente o débito, ou então, saldarão o mesmo apenas antes do decreto de nova prisão.

8.21. Possibilidade de suspensão e revogação da prisão civil

Decretada a prisão civil, o oficial de justiça tem a incumbência de cumprir o mandado, recolhendo o devedor à instituição indicada para cumprimento da mesma. Mas, em caso de pagamento da verba alimentar, deve tal ordem ser suspensa, com base no artigo 733, § 3º, do CPC.

Tal pagamento deve ser noticiado nos autos pelo devedor (através de advogado) quando da efetivação do pagamento, podendo essa notícia ainda, ser feita pelo credor. Tomando conhecimento do adimplemento total da dívida, o magistrado suspende, então, a ordem de prisão.

Entendimentos de maior amplitude são evidenciados:

> ... entendemos mais amplamente que, a exemplo do que ocorre com o depositário infiel que procede de imediato à restituição da coisa, a própria ordem de prisão do devedor alimentar deverá ser automaticamente *sustada*[206] *em seu cumprimento* pelo oficial de justiça encarregado da diligência, se o alimentante procede de pronto ao pagamento ou depósito da quantia devida, posta como causa do decreto prisional... a "suspensão do cumprimento da ordem de prisão" pelo juiz seria reservada necessariamente àqueles casos em que, já cumprida a ordem de prisão, a liberação do paciente reclama a expedição de alvará de soltura. (Cahali, 1998, p. 1126)

No entanto, tal entendimento deve ser tomado com bastante cautela, pois a nosso ver, se não bem interpretado, pode beneficiar o devedor em detrimento do direito do credor; senão vejamos: o credor de verba alimentar impaga precisa contratar os serviços de um advogado para ajuizar a execução de alimentos, sendo que, mesmo que postulasse em juízo sozinho, logo seria intimado para que constituísse procurador ou então algum lhe seria nomeado.

Ajuizada a ação, o devedor possui o direito ao contraditório, representado pelo período de três dias, no qual pode constituir profissional que lhe possibilite justificar a impossibilidade de adimplir o débito. Se não o faz é por desleixo ou porque não possui condições de contratar um advogado. Neste último caso, segundo preceito

---

[206] Importante ressaltar que Cahali (1998) utiliza, por vezes o termo suspensão e em outras sustação. O Novo Dicionário Dicionário Aurélio da Língua Portuguesa (Ferreira, 1986, p. 1635) refere que: sustar significa "fazer parar; interromper, suspender..." e que suspender é "fixar, suster, pendurar, no ar; deixar pendente. Assim, a interpretação que se faz é de que os termos suspensão e sustação são usados como sinônimos.

constitucional, ao Estado cabe prestar assistência jurídica integral e gratuita através das Defensorias Públicas que atuam em todo o País. Tais serviços são responsabilidade e ônus do Estado, devendo por este serem fomentados e controlados para que desempenhem seu papel, de importância ímpar no acesso à justiça. Se deficitário, esse serviço público, é impossível pretender que o cidadão comum entenda e aceite que outras pessoas (que não advogados) possam exercer atividades restritas à advocacia com o intuito de proporcionar o acesso à justiça do hipossuficiente.

Se justificada a impossibilidade de adimplemento do débito, o devedor terá advogado que o represente nos autos do processo, de modo que, antes do cumprimento do mandado de prisão, se pago o débito diretamente à parte, é função daquele profissional, noticiar ao juízo e requerer a sustação da ordem de prisão. Inadmissível é que o oficial de justiça certifique que o devedor pagou os valores executados, conforme recibos que junta à execução, deixando de cumprir o mandado. Assim, se sub-roga nos poderes de julgador, entendendo como adimplido o débito, deixando de cumprir a missão que lhe foi designada. Pior, não sabe muitas vezes qual é o valor da causa ou quais os meses inadimplidos, de modo que não tem sequer condições de saber se os recibos apresentados e juntados aos autos realmente dizem respeito ao período executado.

Então, instala-se a confusão junto aos autos processuais. A parte autora é instada a se manifestar (e faz isto através de profissional habilitado) para que fale sobre os recibos juntados, com o que o devedor ganha tempo. Mais um mês de necessidades para o alimentado e de inadimplência para o devedor se passa, o débito cresce e, quando do novo decreto de prisão civil, já não se tem a certeza de que o devedor ainda pode ser encontrado no mesmo endereço ou que não repita os passos descritos anteriormente, esquivando-se mais uma vez da coação pessoal.

Dessa feita, parece-nos que o entendimento supracitado deve ser reservado aos casos onde os valores são depositados judicialmente, quando então é juntada aos autos a guia de depósito que comprova o pagamento total do débito, sem que haja prejuízos para o devedor ou para o credor.

Por outro lado, conforme Castro (1974), a prisão pode ainda ser revogada, a qualquer tempo, a pedido do credor. Pode ainda ser revista no curso da prisão ou antes do cumprimento da ordem, se o magistrado reconhecer ilegalidade ante o pressuposto de demonstração posterior de impossibilidade material então existente. Neste caso, cabendo agravo de instrumento, pode ocorrer o juízo de retratação.

ALIMENTOS – dá ação à execução

8.22. Perda ou suspensão do pátrio poder por inadimplemento da verba alimentar

O artigo 22 do Estatuto da Criança e Adolescente, Lei 8.069/90, refere que aos pais incumbe o dever de guarda, educação e sustento dos filhos menores, sendo que o artigo 24 daquele mesmo Estatuto salienta que a perda e a suspensão do pátrio poder serão decretadas judicialmente em sendo descumprido de forma injustificada o disposto no primeiro artigo referido.

Assim, o pátrio poder é atribuído aos pais, que possuem como incumbência a criação e educação dos filhos, podendo ser ajuizado procedimento legal que busque a destituição deste pátrio poder em caso de descumprimento sem justificação de algum daqueles deveres. O artigo 394[207] do CC especifica as causas possibilitadoras de suspensão ou destituição do pátrio poder contra os pais relapsos e irresponsáveis. Já o artigo 395[208] do CC refere, em seu inciso II, que perderá o pátrio poder por ato judicial o pai ou a mãe que deixar o filho em abandono.

Este abandono pode ser expresso pela omissão de sustento ao filho necessitado, podendo, neste caso, ser decretada a destituição do pátrio poder do pai ou mãe relapsos que deixaram de prover o sustento da prole não cumprindo com sua obrigação. "Porém, esta sanção grave, assim, constituída – no consenso unânime da doutrina – caracteriza-se pela sua excepcionalidade, devendo ser aplicada com as cautelas devidas e sempre no interesse exclusivo do menor." (Cahali, 1998, p.1132)

Em casos onde se evidencia a irresponsabilidade dos pais quanto à criação e educação dos filhos, primeiramente deve-se investigar se tais circunstâncias ocorrem de forma injustificada e se existem possibilidades de contornar a situação através do acompanhamento familiar por parte de psicólogos, assistentes sociais, incluindo-se a família em programas de benefícios no intuito de reverter o quadro anteriormente detectado. Enquanto tais fatos são averiguados e as medidas necessárias para contorná-los são tomadas, o pátrio poder pode ficar suspenso. Em se verificando a impossibilidade de reversão da situação, então pode ser destituído, instalando-se antes o contraditório e a ampla defesa.

Cahali (1998, p. 591) refere ainda que o nosso direito não prevê a possibilidade de suspensão ou perda do direito de visitas para o pai ou mãe inadimplente com a verba alimentar, uma vez que "o

---

[207] Ver nota 41.

[208] Ver nota 42.

178 *Fabiana Marion Spengler*

descumprimento do dever de pagar as pensões alimentícias devidas não é de modo a autorizar a suspensão do direito de visitas, pois esta infração dos deveres paternos poderá ser sanada com as medidas judiciais próprias".

8.23. Crime contra administração da justiça e por abandono material

O crime contra a administração da justiça vem previsto no artigo 22 da Lei 5.478/68 com o indicativo de que se constitui crime contra a administração da justiça deixar de prestar ao juízo competente as informações necessárias à instrução do processo ou a execução da verba alimentar. A infração cometida pode ser apenada com detenção de seis meses a um ano, podendo ocorrer a suspensão do emprego de 30 a 90 dias.

Por outro lado, conforme o parágrafo único do mesmo artigo, também pode ser punido quem ajuda de alguma maneira o devedor a eximir-se ou a procrastinar o pagamento de pensão alimentícia.

Segundo Nogueira (1995), tal delito é próprio da esfera alimentar, caracterizando-se pela desobediência. Para outras situações, existe a capitulação específica no Código Penal (artigo 330). Na verdade, trata-se de circunstâncias onde o magistrado precisa obter informações do empregador e este se nega a prestá-las, impossibilitando, assim, análise adequada das condições e das partes envolvidas no litígio.

Ainda, para Nogueira (1995, p. 72), a pena acessória de suspensão do emprego de trinta a noventa dias "é medida exagerada que, segundo pesquisa, nunca foi aplicada em tal crime, e, diga-se, crime que também não chegou a ser apurado". E justifica explicando que, neste caso, a pena acessória é mais grave que a pena principal que comporta sursis ou mesmo multa substitutiva (CP art. 60 § 2º).

> Tendo desaparecido as *penas acessórias* da lei penal comum, apenas algumas leis extravagantes continuam contemplando-as, surgindo, assim, controvérsias a respeito de sua aplicação ou não... Parece-nos, salvo melhor juízo, que não existe nenhuma plausibilidade legal, social ou mesmo punitiva na aplicação dessa norma, que poderia ser substituída com mais vantagem pela *pena de multa* ou outra alternativa, como prestação de serviços à comunidade ou limitação de fins de semana.

Já o crime de abandono material, previsto no artigo 244 do CP, segundo jurisprudência citada por Cahali (1998, p. 1133), é caracterizado, "*na forma continuada,* a conduta do agente que deixa, por mais de um mês, de efetuar o pagamento da pensão alimentícia na data estipulada, considerando-se cada falta um delito, vez que não se trata de crime permanente."

Para o abandono material, a pena é de um a quatro anos de detenção e multa de uma a dez vezes o maior salário mínimo vigente no País. No entanto, a tipificação do delito necessita da comprovação da desídia, da falta de responsabilidade e da conduta dolosa por parte do devedor da verba alimentar. É exemplo aquele devedor de alimentos que não honra o pagamento da verba alimentar sem qualquer justificativa para tanto e, tendo decretada sua prisão, cumpre o período determinado judicialmente, obtendo alvará de soltura não por pagamento do débito mas por cumprimento da prisão.

Neste caso, evidencia-se a expressa vontade, ou falta dela, de o devedor arcar com suas obrigações, alcançando alimentos para aquele que não pode obtê-los por suas próprias forças. Assim:

> A tipificação do delito requer a existência de dolo, ou seja, a vontade livre e consciente de não prover a subsistência, de não prestar alimentos, ou de não socorrer enfermo, embora obrigado a isso. Implementa-se a figura delituosa com o só decurso do prazo estabelecido para o cumprimento do encargo. A espécie inadmite forma culposa, e pressupõe que o agente tenha capacidade física e mental para adimplir a obrigação. (Marmitt, 1999, p. 138)

Ainda, o mesmo doutrinador já referido ressalta que o fato de terceiros auxiliarem ao credor de alimentos não ilide a responsabilidade do devedor para com o pagamento da verba alimentar e a possibilidade de este ser punido por abandono material. Conseqüentemente, os presentes ou mesmo o auxílio financeiro prestado por outra pessoa, alheia à obrigação alimentar, como por exemplo, os avós, não possibilita, ao devedor o inadimplemento do débito, como muitas vezes este último acredita acontecer.

Por outro lado, não se pode falar em abandono material quando o devedor efetua depósitos na conta do credor, adimplindo, mesmo que de forma apenas parcial, o débito. Tais atitudes demonstram preocupação e boa vontade, não caracterizando abandono, mas impossibilidade de honrar a dívida em seu todo. Importante, neste caso é o ajuizamento da competente ação de alimentos para revisar o valor anteriormente fixado, evitando-se maiores prejuízos ao devedor.

Ainda, o que se tem verificado é que, impondo-se como condição para obtenção do *sursis* o cumprimento imediato, fiel e responsável da obrigação alimentar, obtêm-se bons resultados.

9. Da extinção, revisão e exoneração de alimentos

9.1. Da coisa julgada nas ações de alimentos

O artigo 15 da Lei 5.478/68 refere que a sentença de alimentos não transita em julgado, podendo ser revista a qualquer tempo, diante de modificações nas condições financeiras dos interessados, ou seja, nas possibilidades do alimentante e nas necessidades do alimentando. Tal dispositivo legal é causador de polêmica, sendo considerado por alguns doutrinadores como um equívoco, conforme Adroaldo Furtado Fabrício refere:

> Pensamos que, realmente, a sentença de alimentos (que os concede, denega, modifica ou extingue) faz, sim, coisa julgada, e não somente no impróprio sentido do trânsito formal em julgado, mas também no verdadeiro caso julgado, em sentido material. (Fabrício, 1991, p. 06)

Então, várias são as críticas apontadas quanto ao dispositivo em debate, sendo a principal a que diz respeito ao fato de que, sem o trânsito em julgado, a sentença não poderia ser executada, pelo menos não em caráter definitivo, tornando inócua a decisão e o próprio exercício da jurisdição. (Fabrício, 1991)

A partir deste posicionamento, o autor discute a coisa julgada material e a coisa julgada formal nas ações de alimentos, passando, antes, pela conceituação de coisa julgada e afirmando que esta se faz necessária diante do fato de que "a própria realidade jurisdicional não poderia realizar seus precípuos objetivos se não chegasse um momento para além do qual o litígio não pudesse prosseguir" (Fabrício, 1991) Então, a coisa julgada seria o momento de preclusão de um processo, ou seja, da atividade jurisdicional sobre o mesmo.

Por outro lado, Assis (1989, p. 79) aponta a única possibilidade de impedimento encontrável na coisa julgada como sendo aquela que

> supõe a identidade total das ações (art. 301§§ 2º e 3º). Portanto, alterada a causa de pedir da primeira demanda, em razão da superveniente opulência do alimentário,

ou indigência do alimentante, como dizia Manuel de Almeida e Souza, se descaracteriza o óbice. Além disso, a modificabilidade dos efeitos não atinge a coisa julgada (*retro nº 2*): jamais ocorrerá, ainda que extinta a obrigação alimentar, anteriormente reconhecida através de uma ação exoneratória, o desfazimento da imutabilidade do direito declarado, quer dizer, a negação ulterior de que ao alimentário, na demanda precedente, assistia direito à pensão.

Por conseguinte, para Assis (1989) tudo isso fez com que houvesse o reconhecimento da coisa julgada material nas ações de alimentos, expurgando-se a definição trazida pelo artigo 15 da Lei 5.478/68, uma vez que "de nenhuma particularidade especial se reveste a sentença alimentária quanto à coisa julgada". Este posicionamento é comungado por Adroaldo Furtado Fabrício (1991) quando também afirma: "... a sentença de alimentos em nada se singulariza na comparação com quaisquer outras e na perspectiva da coisa julgada material, sendo perfeitamente dispensável qualquer posição legal específica sobre o tema."

Nesta mesma seara, nas considerações finais de brilhante artigo sobre o tema, Adroaldo Furtado Fabrício (1991, p. 29) refere que:

> As sentenças proferidas em ações de alimentos, como quaisquer outras, referentes ou não a relações jurídicas "continuativas", transitam em julgado e fazem coisa julgada material, ainda que - igualmente como quaisquer outras – possam ter sua eficácia limitada no tempo, quando fatos supervenientes alterem os dados da equação jurídica nelas traduzida. O disposto no artigo 15 da Lei 5.478/68, portanto, não pode ser tomado na sua literalidade. O dizer-se aí que a sentença não faz coisa julgada é, tão-somente, um esforço técnico e mal-inspirado do legislador para pôr em destaque a admissiblidade de outras demandas entre as mesmas partes e pertinentes à mesma obrigação alimentar.

Conseqüentemente, sendo os alimentos estabelecidos em conformidade com as possibilidades de quem os paga e as necessidades de quem os recebe, segundo artigo 400[209] do CPC, sendo prestados com periodicidade e não de forma única e estanque, podem e devem ser revistos sempre que as partes vislumbrarem alteração ou desequilíbrio. Torna-se possível, então, a revisão para fins de majorar, minorar ou exonerar o encargo, tratando-se, pois, de reajuste à realidade posta e não de modificação do dever alimentar já existente.

Segundo Fabrício (1991) "todas as sentenças contêm implícita a cláusula *robas sic stantibas* pelas razões que vem expostas, pela superveniência de fatos novos e até mesmo por simples aplicação dos critérios de identificação das demandas." E o autor continua transcorrendo sobre o assunto quando enfatiza que toda a problemática sobre a coisa julgada nas ações de alimentos não têm levado em

---

[209] Vide nota 28.

consideração a "tríplice identidade", pela qual uma demanda só é a mesma se coincidirem três elementos: "pessoas, pedido e causa de pedir." Variando estes, a ação é outra.

Busca-se, pois, não a revisão da obrigação, mas a revisão do *quantum* em que ela ficou fixada, justamente porque a verba alimentar fixada em favor do alimentando representa, ou deveria representar, o necessário para sua manutenção, tudo dentro das reais possibilidades do alimentante. Por isso, a verba alimentar é uma dívida de valor, sendo que sua estipulação traz em seu bojo a cláusula *rebus sic stantibus*,[210] pois "o respectivo *quantum* tem como pressuposto a permanência das condições de possibilidade e necessidade que o determinaram; daí sua mutabilidade, em função do caráter continuativo ou periódico da obrigação" (Cahali, 1998, p. 298).

9.2. Reajuste da verba alimentar

Fixada a verba alimentar, esta passa a ser devida enquanto perdurarem as necessidades do credor em recebê-la e as possibilidades do devedor de saldá-la. No entanto, não pode ela ficar estática, devendo ser corrigida para que não perca seu caráter alimentar devido às variações da moeda, defasando e perdendo seu poder aquisitivo.

Então, os alimentos assim fixados tornam-se variáveis em dois sentidos, conforme algumas peculiaridades atinentes ao direito brasileiro:

a) a posterior variação das condições econômicas do devedor ou das necessidades do credor, provocando o descompasso entre o binômio 'possibilidade –necessidade', constitui matéria que se reserva para exame em sede de ação revisional ou exoneratória, de iniciativa das partes; b) a simples atualização do *quantum* da pensão fixada sujeita-se, contudo, a uma atualização permanente dos indexadores estabelecidos pelos interessados, pela sentença ou pela lei (percentual sobre os rendimentos do alimentante; salário mínimo; valor de referência; piso nacional de salário; obrigações (reajustáveis) do Tesouro Nacional; moeda estrangeira. (Cahali, 1998, p. 934)

Assim, diante dessas prerrogativas, tem-se que a possibilidade de reajuste automático, através de um dos índices mencionados na letra "b" do texto transcrito evitaria revisões periódicas dos alimentos, devido a desvalorização da moeda e a conseqüente perda do poder aquisitivo do *quantum* anteriormente fixado. Tais reajustes, assim encaminhados, por si só evitariam a busca de ação revisional

---

[210] Na tradução de Neves (1990), tal expressão latina significa "estando assim as coisas (cláusula).

para fins de ver restaurado o poder aquisitivo anteriormente determinado para a verba alimentar, desafogando o Judiciário e deixando de onerar as partes que deveriam buscar a tutela jurisdicional do Estado para verem tutelados seus direitos.

No entanto, a Lei 6.025, de 29 de abril de 1975, em seu artigo 1º, fez com que o salário mínimo deixasse de ser utilizado como fator de correção, não excluindo em seu § 2º a pensão alimentar da restrição imposta pelo *caput*, sendo que, posteriormente, em seu artigo 2º, dizia que, em substituição ao salário mínimo, o Poder Executivo estabeleceria sistema especial de atualização monetária (valor de referência).[211] A esta muitas outras legislações se seguiram, no sentido de discutir se a verba alimentar deveria ser reajustada pelo Piso Nacional de Salários ou pelo Salário Referência, até que a Constituição Federal de 1988, em seu artigo 7º, inciso IV, restaura o salário mínimo como padrão remuneratório único. Posteriormente a Lei 7.789, de 03 de julho de 1989, extinguiu o Piso Nacional de Salários e o Salário Mínimo de Referência, passando apenas a vigorar o salário mínimo, dirimindo, então, qualquer dúvida quanto à utilização de um destes índices para a correção dos alimentos.[212] (Cahali, 1998)

Tal legislação não só determinou a utilização do salário mínimo como indexador para negócios de todo o gênero, como, a partir dela, firmou-se a possibilidade de vincular-se a ele a fixação da verba

---

[211] ALIMENTOS - Determinação em salários mínimos. Proibição. É vedada a fixação de pensão alimentar em número de salários mínimos, devendo o seu valor ser apurado em liquidação. (STJ - REsp. 38.191-6 - SP - 4ª T. - Rel. Min. Dias Trindade - DJU 02.05.94).

[212] Alimentos estabelecidos, por ocasião do divórcio do casal, em um salário mínimo de referência, instituído pelo Decreto-lei nº 2.351, de 07.08.87, que criou também o piso nacional de salários, com o advento da Lei nº 7.789, de 03.07.89, vinculam-se, agora, ao salário mínimo, por ter deixado de existir o salário mínimo de referência e o piso nacional de salários (art. 5º da LEI Nº 7.789).
Agravo não provido. Unânime.
(Agravo nº 595126327, 8ª Câmara Cível do TJRS, Alegrete, Rel. Des. Antonio Carlos Stangler Pereira. Agravante: J. M. B. F. Agravada: L. M. nº F., menor, representada por sua mãe, S. R. M. j. 26.10.95, un.).
Neste feito, parte do voto do Desembargador Antônio Carlos Stangler Pereira salienta: ...ora, se, na época, o salário mínimo existente passou a denominar-se salário mínimo de referência, é natural que, agora, retornem os valores do salário mínimo de referência com vinculação ao salário mínimo, o único parâmetro existente para fins salariais. Tudo o que era salário mínimo de referência e piso nacional de salários passou a ser salário mínimo.
Estranha-se que o agravante tenha dito que um salário mínimo de referência representava, na época da extinção do salário de referência, 39% do salário mínimo, porque com a Lei nº 7.789, de 03.07.89, não houve mais espaço para o salário mínimo de referência e o piso nacional de salários, ambos extintos na ocasião, passando tudo a se igualar a um salário mínimo, no que respeita a valores salariais.
O percentual utilizado pelo agravante pertence ao passado e agora são as regras do salário mínimo que ditam os alimentos acordados em favor da filha. O recurso, portanto, não merece prosperar. Nego provimento ao agravo.
Os Des. Sérgio Gischkow Pereira e Léo Afonso Einloft Pereira - De acordo.

alimentar. Tal fato se deu basicamente à identidade existente entre o salário mínimo e a pensão alimentícia, representando ambos o mínimo necessário à manutenção e sobrevivência da pessoa humana, pois "por sua natureza hão de atender às necessidades vitais básicas dos alimentandos, tais como moradia, alimentação, educação, saúde, lazer, vestuário, higiene, transporte e previdência social." (Cahali, 1998, p. 939).[213]

Por outro lado, Cahali (1998) argumenta que é possível a estipulação de verba alimentar em moeda estrangeira, como o dólar, por exemplo; no entanto, a exigibilidade de seu pagamento deve ser feita em moeda corrente nacional, pela cotação do dia em que é saldada a dívida.

Já o artigo 22 da Lei de 6.515/77, diz que, salvo decisão em contrário, as prestações alimentícias serão corrigidas monetariamente na forma dos índices de atualização das ORTNs. No entanto, a possibilidade de utilização do salário mínimo ou critério diverso fica latente, uma vez que o próprio texto legal não veda aquela possibilidade. Ocorre que a expressão "salvo decisão em contrário" é que vem sendo veementemente discutida pelos doutrinadores, dentre eles Rodrigues (1978), Gomes (1968), ambos também referidos por Cahali (1998), quando afirmam ser bastante infeliz tal expressão, uma vez que "não consigo conceber um caso em que a sentença determine que a pensão alimentícia fixada não será corrigida monetariamente, razão pela qual entendo que tal expressão apenas se referiu ao índice de correção..." (Rodrigues, 1978, p. 139)

Por conseguinte, o texto do artigo 22 da Lei do Divórcio,[214] conforme já referido, justamente quando salienta "salvo decisão em contrário", abriga a possibilidade de utilização de outro índice, que pode ser o salário mínimo ou os vencimentos do alimentante, para a correção das prestações alimentícias, o que vem sendo amplamente facultado pela jurisprudência.[215]

---

[213] Processual e civil - Embargos do devedor opostos a ação de execução de alimentos - Salário mínimo como base de cálculo de pensão alimentar.
Correta decisão que impõe cálculo do valor do débito alimentar em salário mínimo, quando sentença anterior o fixou em salário de referência, não revogado até então. É que, segundo a jurisprudência do STJ, deixando de existir a partir de 03.07.89, tanto o piso nacional de salários como o salário mínimo de referência, a pensão, no caso, passa a ter cálculo com base no salário mínimo.
Recurso não conhecido.
(Recurso Especial nº 27613-9/RS, STJ, Rel. Min. Waldemar Zveiter, 31.08.93).

[214] Conforme o já referido no segundo capítulo, a correção da verba alimentar vem disciplinada no novo Código Civil brasileiro no art. 1.710, que determina a atualização da prestação alimentícia segundo o índice oficial regularmente estabelecido.

[215] Investigação de paternidade. Alimentos. Provado relacionamento efetivo exclusivo, à época da concepção, correta a declaração da paternidade. Alimentos: percentual fixado sobre o

Diante de tais decisões, o artigo passou a ter utilização supletiva, no sentido de somente utilizar os índices da ORTN para atualização da verba alimentar quando devidamente expresso isto no acordo ou sentença. Por ocasião da extinção da ORTN, passou-se a utilizar a OTN, sendo que posteriormente também foi extinta, utilizando-se, atualmente, os índices oficiais da inflação reconhecida. (Cahali, 1998)

Mesmo que atualizada a verba alimentar, respeitando-se os índices anteriormente ajustados, estando ela ainda abaixo das necessidades do alimentando e das possibilidades do alimentante, possui o primeiro a opção de ajuizar ação revisional de alimentos para fins de ver majorada a verba alimentar, da mesma forma como cabe ao alimentante idêntica ação para tentar ver minorada a respectiva verba, se impossibilitado de adimpli-la conforme o já determinado.

9.3. Da ação revisional e da ação exoneratória de alimentos

9.3.1. Aspectos processuais

Quando se pretende discutir o *quantum* fixado a título de verba alimentar, depois de verificado o descompasso entre o binômio possibilidade X necessidade do artigo 400[216] do CCB, importante, é que se perquira a cerca do foro competente.

Alguns doutrinadores brasileiros entendem que as ações que visam à alteração ou exoneração daquilo que já foi concedido devem ser propostas no foro ou no juízo prevento.[217] Tal é a opinião de Carneiro (1968), entendendo ambos que, em casos de revisão ou exoneração da verba alimentar, o juízo seria o mesmo de onde ocorreu a ação de alimentos ou outra qualquer onde estes tenham sido fixados.

No entanto, prejudicado estaria tal critério, ou melhor, seria prejudicante para as partes, quando o foro onde correu a ação que fixou os alimentos já não é mais o foro de domicílio das partes. Deveriam, então, ambos se deslocarem para ajuizar ação em comarca diversa daquela onde residem, para fins de ver ajuizada ação, quando, se utilizada a regra do artigo 100, inciso II do CPC, seria competente o foro de domicílio do alimentando para as ações de alimentos,

---

salário mínimo e computado da citação. Apelação improvida. Apelação Cível nº 595135401 - 7ª Câmara Cível - Passo Fundo - RJTJRS 176 página - 799.

[216] Vide nota 28.

[217] "Conceito de prevenção. 'É a fixação da competência entre dois juízes igualmente competentes para decidir as causas conexas'" (Nery e Nery Júnior, 1997, p. 417).

podendo ser estendido tal competência às execuções daquela verba alimentar.

A tese rechaçada anteriormente vem-se firmando na conexão sucessiva das ações, o que não ocorreria aqui, pois a ação anterior, que deu origem aos alimentos, estaria extinta, não cabendo invocar os artigos 105 e 106 do CPC. Por outro lado, no dizer de Cahali (1998, p. 950), "não se qualifica, do mesmo modo, a ação revisional como ação acessória do anterior processo findo, pois tem subsistência própria, com base em fatos novos, daí o seu caráter modificativo." Dessa forma, não se verifica conexão nem acessoriedade entre ambas as ações, "sujeitando-se a ação revisional ou exoneratória à regra especial de competência do foro do domicílio ou da residência do alimentando, por elastério do art. 100, II do CPC."[218]

Observe-se que podem existir exceções, sendo estas amparadas pela jurisprudência, principalmente nos casos onde o domicílio dos filhos são diversos, possibilitando-se ao pai que ajuíze uma só revisional de alimentos, desta vez sim, no local onde tem o seu domicílio.[219]

Em sendo ajuizada, a exoneratória ou revisional de alimentos, no mesmo foro onde tramitou a ação anterior, nada impede que seja observada a prevenção da vara onde foram fixados os alimentos, conforme afirmativa de Cahali (1998).

Observe-se, porém, que, em caso de a ação ser proposta em foro diverso daquele na qual deveria, a incompetência deste, sendo apenas relativa, deve ser argüida através de exceção, não cabendo ao juiz declarar-se incompetente de ofício. Não havendo a exceção, en-

---

[218] COMPETÊNCIA - Ação de revisão de alimentos. Ação autônoma e que deve ser proposta no foro do domicílio ou da residência do alimentando, seguido a regra do art. 100, II, do CPC. Agravo de instrumento desprovido Agravo de Instrumento nº 595081001 - 7ª Câmara Cível - Porto Alegre RJTJRS 174/ 258 e 259.
É parte do voto do desembargador Alceu Binato de Moraes - Não há conexão ou continência entre a ação que estabeleceu os alimentos e a revisional destes, pois que diversos o pedido e a causa de pedir (CPC, art. 103), não havendo, também, entre ambas, situação de acessoriedade (CPC, art 108), já que diversos os títulos (CC, arts. 400 e 401). A competência para a ação de revisão de alimentos se firma pela regra da residência ou do domicílio do alimentando (CPC, art. 100, II), assim tem entendido a jurisprudência prevalente, inclusive a desta Corte e, particularmente, a desta Câmara.

[219] O alimentante que tem filho residente fora de seu domicílio, por exceção à regra do art. 100, II, do CPC, se beneficia do art. 253 do Estatuto Processual Civil, quando do ajuizamento de ação exoneratória, sob pena de estar obrigado a tantas ações quantos forem os filhos, numa multiplicação de processos, quando melhor que se concentre a lide no foro do domicílio do alimentante, ainda mais quando os seus filhos já são todos maiores e talvez até de alimentos nem mais necessitam. Agravo de Instrumento nº 596068528 - 8ª Câmara Cível - Porto Alegre RJTJRS 178/194.

ALIMENTOS – da ação à execução

tende-se que as partes aceitaram tal competência, prorrogando-se a mesma,[220] a teor do artigo 114[221] do CPC.

Por outro lado, ajuizada a ação, observando-se os critérios de competência já referidos, importa salientar que as ações de revisão e exoneração de alimentos seguem o rito da Lei 5.478/68, por força de seu artigo 13, havendo, neste caso, dubiedade de procedimentos junto aos tribunais, existindo decisões que entendem ser o rito ordinário o competente para seguir a ação revisional de alimentos: "também na ação revisional, que segue rito ordinário, há divergência jurisprudencial sobre a possibilidade de se fixarem alimentos provisórios no pedido de revisão..." (Nogueira, 1995, p. 43). No entanto, Cahali (1998, p. 956-967), fazendo menção à jurisprudência correlata[222] ensina: "não pode ser admitido pedido revisional de alimentos em ação de separação, inobstante a existência de evidente correlação, devido ao fato de obedecerem a ritos diferentes, exigindo também a solução de ambos produção de provas de natureza diversa". Não poderia, assim, haver cumulação de ações de separação e de revisional de alimentos, principalmente em função dos ritos, possuindo a primeira rito ordinário e a segunda rito especial previsto na Lei 5.478/68. Ocorre que "admite-se que o pedido de *exoneração* seja cumulado com a ação de separação judicial ajuizada pelo alimentante" e esclarece que "há evidente conexão entre o pedido de separação litigiosa com culpa e o de revogação do acordo anteriormente realizado sobre alimentos."

No ajuizamento da ação, cumpre verificar a legitimidade das partes que vão litigar em juízo, sendo que, em se tratando de exoneração de alimentos cujos beneficiários são filhos antes menores e agora maiores e capazes, estes devem integrar o pólo passivo da demanda, bem como farão parte do pólo ativo se ajuizarem ação revisional, sendo assistidos/representados ou não conforme sua capacidade civil. Verifica-se, aqui, as mesmas regras da ação de alimentos onde os menores impúberes devem ser representados e os púberes assistidos.

---

[220] "Prorrogação de competência é o fenômeno pelo qual o juízo, que era originariamente relativamente incompetente, se torna competente para o julgamento da causa. A prorrogação decorre da omissão do réu que, na forma e prazo da lei (exceção de incompetência no prazo de resposta da lei (exceção de incompetência no prazo de resposta), não deixou de argüir a incompetência relativa. A incompetência absoluta não é prorrogável". (Nery e Nery Jùnior, 1997, p. 425).

[221] "Caso o réu não oponha, no prazo da resposta, exceção declinatória de foro, argüindo a incompetência relativa, preclui a faculdade de fazê-lo, ocorrendo o fenômeno da prorrogação de competência." (Nery e Nery Jùnior, 1997, p. 425).

[222] TJRJ, 3ª CC, AC 3.294/89, 19.12.1989, maioria, DJRJ 21.06.1990, p. 120.

Já com relação aos demais trâmites processuais, seja quanto à petição inicial, documentos acostados, coleta de prova testemunhal, e sentença, dentre outros, observa-se o disposto na Lei 5.478/68, seguindo os mesmos passos da ação de alimentos, respeitadas, é claro, as peculiaridades de cada caso.

Então, os alimentos são revisados ou a exoneração ocorre a partir da citação do alimentante, como acontece também nas ações que versam sobre alimentos, assim:

> Agravo de instrumento. Exoneração de alimentos. Exoneração de alimentos. Exegese do § 2º do art. 13 da Lei de Alimentos - 1. Não se compreende possa estar a movimentar-se atos de execução de débitos alimentares dos quais o alimentante foi exonerado. 2 Se os alimentos fixados ou alterados retroagem à data da citação da respectiva ação, consoante o § 2º do art. 13 da Lei nº 5.478/68, também em caso de exoneração retroagem àquele momento. Entendimento contrário seria uma afronta ao princípio do enriquecimento sem causa, sobretudo se considerando a irrepetibilidade e irrestituibilidade do quantum alimentar. Proveram em parte, unânime. (Agravo de Instrumento nº 597028406 - 7ª Câmara Cível - Porto Alegre - Rel. Des. Eliseu Gomes Torres - Julgado em 24-09-97)

Por outro lado, é possível reconvir na ação revisional ou exoneratória requerendo a majoração da verba alimentar fixada. Nesta seara, Cahali (1998, p. 958) afirma ser

> admissível, em ação de exoneração do encargo alimentar, pretensão reconvencional visando a majoração da verba: o § 1º do art. 13 da Lei 5.478/68 só exige pedido processado em apartado para a revisão de alimentos provisórios fixados ao ensejo do despacho inicial da ação de alimentos; isto não significa que a lei tenha pretendido impedir reconvenção em ação que vise à exoneração da prestação alimentícia, que é coisa bem diversa.[223]

Quanto ao valor da causa, este corresponde a doze prestações que, somadas, correspondem ao valor que o alimentante deixa de pagar durante um ano ao alimentando se procedente a demanda. Assim:

> nas ações revisionais, por cuja via se busca a diminuição ou o aumento dos alimentos o objeto de debate não é o todo, porém a parcela que se pretende excluir ou somar. Nessa hipótese, a base para o cálculo do valor da ação será o quantum da redução pretendida, multiplicado por doze. (Lima, 1978, p. 396)

Os processos de revisional de alimentos ou exoneração do encargo não têm trâmite normal nas férias forenses,[224] justamente por-

---

[223] Não estabelecendo a lei expressamente procedimento especial, impõe-se siga a ação de revisão de alimentos o rito ordinário, com possibilidade de reconvenção (7ª CC do TJRS, j. 24.08.1994 RTJRS167/268)

[224] Férias forenses. Ação revisional de alimentos. Julgamento antecipado da lide fundado em revelia. Hipótese não-configurada - Não se inserindo a revisional alimentícia dentre os efeitos que tramitam durante as férias forenses (art. 174 e incisos de CPC), pois não se confunde com alimentos provisionais, o prazo de resposta iniciado antes suspende-se pela superveniência

ALIMENTOS – da ação à execução

que a revisional de alimentos não é considerada ação de procedimento sumaríssimo, como é o caso dos alimentos provisionais, mas sumário, possuindo rito especial.[225]

No entanto, tal posicionamento vem alterado quando deferidos alimentos provisórios na ação revisional ou exoneratória de alimentos. Cahali (1998), que entendia como incabível aquela determinação definia, seu posicionamento orientado pelos fatos de que primeiramente estava o interessado já a receber alimentos revidendos; segundo, porque o artigo 13 da Lei 5.478/68 manda aplicar as revisões de sentença concessivas de alimentos naquilo que couber; e em terceiro lugar porque o artigo 4º da mesma lei já referida não cabe na ação de revisão de alimentos, seja para aumentar, seja para diminuir.

Mas, o mesmo doutrinador reformulou seu entendimento, por encontrar, a nosso ver, argumentos mais fortes que comportassem a possibilidade de fixação de alimentos provisórios em ações revisionais, ressaltando sempre a excepcionalidade daqueles, conforme entendimento do STF:

> ... nessa linha a jurisprudência mais recente vem se firmando no sentido da possibilidade de serem concedidos *alimentos provisórios na ação revisional de alimentos*, porém sempre na consideração de *circunstâncias excepcionais*, naqueles casos em especiais em que os alimentos revidendos se apresentam *manifestamente* em desacordo com as necessidades atuais do alimentário em confronto com os recursos do alimentante. (Cahali, 1998, p. 963)

Assim, na ação revisional de alimentos não existe obrigatoriedade de concessão de alimentos provisórios por parte do juiz, mas apenas possibilidade, devendo este utilizar-se deste meio para que fique equilibrado o binômio necessidade x possibilidade previsto pelo artigo 400[226] do CCB, evitando maiores prejuízos para quem necessita da verba alimentar para sobreviver. Em caso de deferimento ou não dos alimentos provisórios, cabe agravo de instrumento da

---

delas, retomando sua contagem após reencetadas as atividades normais do Foro. Contestação apresentada dentro do prazo legal. Revelia inocorrida. Sentença cassada. Apelação provida. Unânime. (Apelação Cível nº 595092743 - 8ª Câmara Cível - Santa Maria - Rel. Des. Léo Afonso Einloft Pereira - Julgada em 21-09-95) RJTJRS 177/399 e 400.

[225] Neste sentido: "Não se insere a revisional alimentícia dentre os feitos que tramitam durante as férias forenses, pois não se confundem com alimentos provisionais (8ª CC do TJRS, 21.09.1995, RJTJRS 177/399). Ainda: Férias forenses. Ação revisional de alimentos. julgamento antecipado da lide fundado em revelia. Hipótese não-configurada - Não se inserindo a revisional alimentícia dentre os efeitos que tramitam durante as férias forenses (art. 174 e incisos de CPC), pois não se confunde com alimentos provisionais, o prazo de resposta iniciado antes suspende-se pela superveniência delas, retomando sua contagem após reencetadas as atividades normais do Foro. Contestação apresentada dentro do prazo legal. Revelia inocorrida. Sentença cassada. Apelação provida. Unânime. (Apelação Cível nº 595092743 - 8ª Câmara Cível - Santa Maria - Rel. Des. Léo Afonso Einloft Pereira - Julgada em 21-09-95) RJTJRS 177/399 e 400.

[226] Vide nota 28.

decisão interlocutória, com a impetração de mandado de segurança excepcionalmente, diante de exageros na fixação dos alimentos provisionais, como remédio para corrigir futuras e maiores injustiças.

Os mesmo fatos excepcionais que permitem a fixação de alimentos provisórios em revisional de alimentos também o permitem com relação à ação exoneratória, havendo, no entanto, decisões controvertidas neste sentido. Assim: "É certo que, excepcionalmente, tem a jurisprudência admitido alimentos provisórios na ação revisional. Mas apenas em casos especialíssimos quando a verba alimentar for evidentemente irrisória" (1º CC do TJSP, AI 25.422-1, 07.04.1982)

Com relação ao pedido de antecipação de tutela para fins de que ocorra a revisão da verba alimentar ou a exoneração da mesma, este tem sido admitido pelos tribunais, desde que devidamente observados os critérios estipulados pelo artigo 273 do CPC. Em acórdão que versava sobre feito desta natureza, parte do voto do Desembargador Paulo Heerdt dispôs:

> Ainda que a jurisprudência viesse, há algum tempo, admitindo a antecipação de tutela nas ações de revisão de alimentos, inclusive nas exoneratórias, sempre se exigiu que presente estivesse requisito que se exige para a concessão de liminar, qual seja a verossimilhança da existência do direito invocado. Além disso, ainda que em segundo plano, o perigo pela demora. A partir da redação que a Lei nº 8.952/94, de 13-12-94, emprestou ao art. 273, com maior razão se exige pré convicção da verossimilhança da alegação. Ademais, necessário ocorra uma das hipóteses dos dois incisos do mesmo artigo.[227]

Da sentença que defere ou não o pedido revisional de alimentos cabe recurso de apelação. Nos mesmos moldes daquele previsto na ações de alimentos, baseado no artigo 14 da Lei 5.478/68, o recurso é recebido apenas no efeito devolutivo, o que evita maiores danos ao necessitado da verba alimentar. No entanto, tal posicionamento não é tranqüilo, havendo doutrinadores contrários ao mesmo: "Não nos parece seja este o melhor entendimento; tal como acontece com a ação de exoneração julgada procedente, do mesmo modo a revisional que reduz a pensão sujeita-se à apelação a ser processada no duplo efeito." (Cahali, 1998, p. 981).[228]

---

[227] EXONERAÇÃO DE ALIMENTOS. ANTECIPAÇÃO DA TUTELA. PROVA INEQUÍVOCA. VEROSSIMILHANÇA.
Ainda que se admita, em ação de exoneração de alimentos, antecipação de tutela, é certo que deve atender aos requisitos para a concessão de liminar que, nos termos do art. 273 do CPC, é a existência de prova inequívoca que gere convicção da verossimilhança do direito invocado. Agravo improvido. RJTJRS 174 /363 e 364 Apelação Cível nº 595058439 - 7ª Câmara Cível - Porto Alegre.

[228] STJ,4ª Turma, 18.06.1991, RSTJ 30/423, Julgados 17/15 e RT 674/238.

9.3.2. Possibilidades de revisão e exoneração da verba alimentar

A revisão ou exoneração do encargo alimentar sempre deve vir acompanhada de motivos suficientes[229] ensejadores de alteração no binômio possibilidade x necessidade previsto no artigo 400 do CCB,[230] ou então de outros como, por exemplo, o fato de o alimentando atingir a maioridade, podendo prover sozinho seu próprio sustento.

Nestas ações, é necessário que fique provado de forma indubitável a necessidade de quem a requer, bem como a possibilidade da parte contrária de suportar o encargo aumentado, ou sobreviver com a verba alimentar diminuída, no caso de ser este o alimentando.[231] Tal prova passa, muitas vezes, pela demonstração da modificação financeira de uma ou de ambas as partes, o que possibilitaria a revisão ou mesmo exoneração do encargo anteriormente assumido.

No entanto, a alteração na fortuna da mãe, que detém a guarda de filho menor, não pode ser fator determinante na alteração da verba alimentar, uma vez que esta não será parte do feito.[232] Por outro lado, a alteração da guarda de filho menor, beneficiado por verba alimentar anteriormente fixada, determina também a alteração

---

[229] REVISÃO DA OBRIGAÇÃO ALIMENTAR - Mero arrependimento quanto ao favor convencionado, o entender injusta a pensão que assumiu pagar, não serve de base para pretensão revisional, eis que encoberto o acordo pela coisa julgada. Apelo improvido. (Apelação Cível nº 597233980 - 7ª Câmara Cível - Caxias do Sul - Relª Desª Maria Berenice Dias - Julgada em 11-02-98) RJTJRS 187/386.

[230] Vide nota 28.
ALIMENTOS. REVISÃO.
Não se presta à alteração de cláusula, em separação judicial, relativa à pensão alimentar que não fundada em modificação da fortuna dos interessados. A alegação de captação dolosa de vontade refoge dos lindes do art. 400 do CC, devendo ser perseguida em ação própria.
É parte do voto do Desembargador Waldemar L. de Freitas Filho - Nego provimento à apelação. Efetivamente, o que a autora pretende não cabe persegui-lo em ação revisional de alimentos. Essa ação se presta à alteração de pensionamento alimentar nos casos do art. 400 do CC, quando a fortuna dos envolvidos - alimentando e/ou alimentante - houver sofrido modificação.
Como a apelante não, alegou, na inicial, alteração de fortuna das partes envolvidas, como causa de pedir, não se pode, nem se deve ingressar na apreciação de tal figura, se houve, ou não, modificação na fortuna dos demandantes, posto que matéria não colocada em liça. Com tais argumentações, desprovejo o apelo, com custas pela recorrente, às quais aplico o contido no art. 12 da Lei nº 1.060/50. Apelação Cível nº 595058413 - 7ª Câmara Cível - Santa Maria RJTJRS 177/ 303 e 304.

[231] ALIMENTOS - Pedido de redução. Percentual anteriormente fixado de 35% dos vencimentos. Alegada modificação na situação econômica das partes. Pleito julgado procedente para reduzir o percentual destinado aos alimentos para 23% dos vencimentos do progenitor dos menores. Inteligência dos arts. 400 e 401 do CC e art. 20 da L. 6.515/77. (TJPR - AC 22.451-1 (segredo de justiça) - Rel. Des. Oto Luiz Sponholz - J. 10.08.93).

[232] 4ª CC do TJRS AC 590028148, 19.09.1990, Rep. IOB Jurisp. 3/5011.

desta no sentido de revisar o *quantum* e até mesmo exonerar o alimentante do encargo.

Ademais, a alteração ensejadora de revisão ou exoneração da verba alimentar deve consistir em situação duradoura, determinante de maiores necessidades a uma das partes e/ou de maiores possibilidades à outra:

as modificações supervenientes devem ter uma relativa estabilidade, porque são destinadas a incidir sobre entidade de prestação periódica; existem todavia necessidades que não têm o caráter de periodicidade, mas que se manifestam excepcionalmente ..., as quais, se necessárias para uma vida digna, vão igualmente satisfazer parte dos alimentos. Não ocorre, todavia, no caso, causa de revisão da pensão, justificando apenas pedido de prestação complementar (Auletta, *apud* Cahali, 1998, p. 987).

Assim, em caso de revisão, dentre outros, podem ser motivos ensejadores de alterações no sentido de majorar a verba alimentar:

a) o fato de o alimentando ser acometido de doença grave de tratamento prolongado e custo elevado;

b) o fato de que o alimentando ingressou em instituição de ensino particular com elevação de custo para o término dos estudos;

c) o fato de que o alimentante sofreu alteração em sua situação financeira, passando a auferir melhor renda, possibilitadora de melhores condições de vida para si e, conseqüentemente, para o alimentante.

Por outro lado, podem ser motivos de revisão de verba alimentar para diminuir o encargo do alimentante:

a) nova união do alimentante, bem como o nascimento de prole desta, pois:

havendo prole do novo casamento ou da união concubinária, tendo estes filhos similar direito a serem sustentados pelo genitor comum, só daí resulta a configuração de um encargo superveniente que autoriza a minoração do *quantum* antes estipulado, para que todos os filhos menores, independentemente da natureza da filiação, possam ser atendidos eqüitativamente, na proporção de suas necessidades (Cahali, 1998, p. 989).[233]

---

[233] REVISÃO DE ALIMENTOS. FILHOS HAVIDOS EM UNIÕES SUCESSIVAS. Pretensão do alimentante à redução da prestação alimentícia do primogênito acolhido. Interpretação das disposições dos arts. 27 e 30 da Lei nº 6.515/77 e do art. 227, § 6º, da CF. Apelo provido, em parte. Decisão unânime.

O Desembargador Luiz Felipe Azevedo Gomes votou afirmando que:Pessoalmente, venho votando no sentido de considerar cabível, em razão de prole adveniente, a revisão do *quantum* da pensão, mormente depois da promulgação da vigente Constituição Federal, que, explicitamente, reconhece a igualdade entre os filhos "havidos, ou não, da relação do casamento" (art. 227, § 6º)

Mesmo deixando de lado a disposição constitucional supra, ainda assim insustentável a tese da intangibilidade das prestações alimentícias, a não ser que os dispositivos da "Lei do Divórcio", acima transcritos, fossem interpretados isoladamente, sem consonância com o art. 15 da

b) o fato de o alimentante exercer atividade remunerada, mesmo que esta não seja suficiente para sua mantença;

c) o desemprego ou a diminuição nas condições financeiras do alimentante, impossibilitando o pagamento da verba alimentar em sua integralidade;

d) a moléstia grave e/ou prolongada, impeditiva do exercício das atividades laborativas do alimentante, o que acarretaria maiores gastos com medicação;

Ainda, são fatos motivadores da exoneração do encargo alimentar:

a) a maioridade civil do alimentante;[234]

b) o exercício de atividade laborativa proporcionadora de sustento para o alimentando;

c) as dificuldades financeiras pelas quais passa o alimentante bem como as possibilidades de manter seu próprio sustento por parte do alimentando.[235]

Posto isso, salienta-se que a sentença que revisa o valor dos alimentos não se vincula ao pedido expendido na exordial, podendo

---

Lei nº 5.478/68, pois o aumento da prole provoca, evidentemente, modificação na situação financeira do alimentante, que vê sua despesa necessariamente aumentada. Apelação Cível nº 595110727 - 7ª Câmara Cível - Porto Alegre - RJTJRS 176/742 e 743.
Também neste sentido: ALIMENTOS. REVISÃO. EXONERAÇÃO. FATORES QUE SE CONSTITUEM MUDANÇA DA FORTUNA DE QUEM ALCANÇA.
Nascimento de outro filho, com problemas respiratórios, constitui elemento modificador do quantum alimentar. O pedido de exoneração de alimentos para o filho menor é juridicamente impossível, pois decorre de obrigação legal. Apelação parcialmente provida.
Portanto, depois da fixação dos alimentos, ocorreu, inquestionavelmente, mudança da situação do alimentante, tal como exige o art. 401 do CC, para admitir a revisão de obrigação alimentária. Apelação Cível nº 599164381 - 7ª Câmara Cível – Ijuí - RJTJRS 199/279 e 281.
[234] ALIMENTOS. CESSAÇÃO. MAIORIDADE. SENTENÇA. EFEITOS. Cessam os alimentos com o implemento da maioridade; e em sede de embargos, pode o devedor se opor à execução, para não pagar quantia que lhe está sendo exigida pela filha que há muito já se tornou maior e quer do pai alimentos atrasados, que entende devidos após a maioridade. Os efeitos da sentença são ex tunc, isto é, a partir da maioridade.
(Apelação Cível nº 594080004, 8ª Câmara Cível do TJRS, Porto Alegre, Rel. Des. Antônio Carlos Stangler Pereira, 20.10.94).
Ainda: ALIMENTOS. MAIORIDADE DA FILHA. EXONERAÇÃO.
Sendo a alimentanda-apelante maior; exercendo atividade remunerada, eis que possui plena capacidade para tal; tendo condições de manter a sua subsistência, e, não freqüentando curso de nível superior, apesar de ter concluído o 2º Grau há mais de sete anos, cessou um dos requisitos indispensáveis para continuação da obrigação alimentar: a necessidade.
Precedentes jurisprudenciais. Apelo improvido. (Apelação Cível nº 594093072, 8ª Câmara Cível do TJRS, Porto Alegre, Rel. Des. Eliseu Gomes Torres, 01.09.94).
[235] AÇÃO DE EXONERAÇÃO DE ALIMENTOS. CABIMENTO - Estando o alimentante em situação idêntica à da alimentada, isto é, ambos passando por dificuldades financeiras, não pode ser ele obrigado a prestar alimentos, sob pena de prejuízo do seu próprio sustento. Ausente o pressuposto possibilidade. Recurso improvido. (Apelação Cível nº 596108084 - 8ª Câmara Cível - São Luiz Gonzaga - Rel. Des. João Adalberto Medeiros Fernandes - Julgada em 07-11-96) RJTJRS 180/390.

concedê-los a mais ou a menos, sem o risco de julgar de forma *extra petita*.

9.3.3. Motivos que fazem cessar a obrigação

Cahali (1998), em sua obra *Dos Alimentos* elenca, de forma brilhante os motivos pelos quais pode cessar a obrigação alimentar, sendo eles:

a) a inércia do credor – a obrigação alimentar poderia deixar de existir por inércia daquele a quem de direito deveria reclamá-la e não o faz, por longo tempo, possibilitando a cessação ou a exoneração dos mesmos, na suposição de que deles não necessita para sua sobrevivência.

b) a indignidade do alimentando – diz respeito à possibilidade de desobrigar o alimentante do pensionamento de alimentando ingrato, que não respeita, por exemplo, os deveres de filiação. Nesta mesma seara, o filho ingrato também não teria direitos sucessórios do ascendente. Mas, tal posicionamento vem sendo impugnado pela doutrina baseada no entendimento de que o direito alimentar e o direito sucessório possuem bases jurídicas diversas, não possuindo, assim, qualquer vinculação, de modo que, criado por lei o dever alimentar, também por lei este deveria ser vedado ao indigno ou ingrato. Então

> à falta de disposição expressa no direito brasileiro atual, inserindo a ingratidão do alimentário como causa extintiva da obrigação do devedor, revela-se proveitosa a doutrina antes colacionada (...) que preserva a obrigação legal de alimentos ainda que presuntivamente exigível sob o aspecto moral. (Cahali, 1998, p. 993)

c) conduta desordenada e irregular do alimentando – diz respeito mais diretamente à conduta da ex-esposa que, levando vida indecorosa e dissoluta, se sujeitaria à extinção de sua verba alimentar, assunto que não vem a ser objeto da presente discussão.

d) abandono voluntário da casa paterna - a jurisprudência brasileira se manifesta, de forma pouco clara, entendendo que aquele filho que abandona a casa paterna para viver sozinho, recusando-se a regressar à mesma e podendo manter-se com seu próprio trabalho não precisa mais de pensão alimentícia, desobrigando, assim, o alimentante.

e) falência do alimentante - no entender de Cahali (1998, p. 996), a obrigação se extingue, ou pelo menos se interrompe, enquanto durar a insolvência, sendo que "só pelas prestações vencidas o alimentário pode habilitar-se como credor no rateio da massa falida", não ocorrendo o mesmo, porém, quanto às prestações "vincendas, cuja soma é incerta, por depender de contingências a duração da obrigação".[236]

Prunes (1978) já possui entendimento contrário, sugerindo a diminuição do encargo alimentar até um montante possível de ser adimplido pelo alimentante dentro de suas atuais condições financeiras, além de apontar a possibilidade de suspensão temporária da mesma ou até mesmo extinção, se verificada a absoluta pobreza e impossibilidade de inadimplemento do mesmo.

Em verdade, o que não se pode perder de vista é que, não obstante o estado de apuros financeiros em que pode encontrar-se o alimentando, o alimentante muitas vezes depende de sua contribuição alimentar para assegurar sua sobrevivência, devendo esta certeza ser considerada como prioritária, pois na dependência dela pode estar uma vida. Por conseguinte, a diminuição do encargo alimentar, obedecendo ao critério do artigo 400[237] do CCB, parece-nos opção razoável e ao contento de todos, só cabendo a suspensão ou exoneração em caso de extrema necessidade e penúria do alimentante.

9.4. Restituição dos alimentos pagos indevidamente

Conforme já anteriormente disposto, os alimentos pagos não podem ser restituídos, sendo esta uma de suas características,[238] eis que se encontram vinculados à sobrevivência, sendo um direito personalíssimo do indivíduo. Assim, não pode o alimentante requerer a devolução dos valores que depositou a título de alimentos provisórios depois de julgada improcedente ou parcialmente procedente a ação de alimentos na qual participou como parte requerida. Bittencourt (1979, p. 16) refere que "também não cabe restituição do que foi pago a título provisório, durante a demanda ao final julgada improcedente, mas adite-se que os alimentos provisionais possam ser computados na partilha em ação de separação."

O entendimento de que os alimentos pagos a maior não podem ser restituídos encontra respaldo em vários e conceituados autores, sendo que as razões destes sempre vêm bem fundamentadas. Então, Pontes de Miranda (....) afirma que o que se pagou por causa dos alimentos não pode ser repetido. Tal posicionamento é corroborado

---

[236] O artigo 23 parágrafo único, da Lei de Falências, no entanto, exclui expressamente a possibilidade de se habilitar na falência alimentos.

[237] Vide nota 28.

[238] Ver primeiro capítulo.

por Gomes (1968) que ressalta que, mesmo que o alimentante tenha pago pensões às quais não estava obrigado, este não tem direito de reavê-las. A jurisprudência também tem-se posicionamento neste sentido: "Pensão alimentícia já recebida pelo alimentante não pode ser objeto de ação de repetição. Impossibilidade do pedido e extinção do processo por ausência de condição de procedibilidade." (Apelação Cível nº 594058570, 7ª CC do TJRS, Porto Alegre, Rel Des. Waldemar Luiz de Freitas Filho, j. 19.10.1994)

9.5. Enriquecimento sem causa do alimentando

Não são raras as possibilidades de serem os alimentos prestados a maior ou em momento no qual o alimentante não estava mais obrigado a pagá-los. Podem servir de ilustração aqui os casos onde o pai continua adimplir a verba alimentar à qual ficou obrigado mesmo quando o filho já atingiu a maioridade e não mais necessita dos mesmos para se manter. O que se verifica nestes casos é que os credores, não obstante saberem que a verba alimentar é dispensável, deixam que o devedor a salde, no intuito de continuar recebendo a mesma. Então, de um lado, o alimentante cumpre com sua obrigação, mesmo que não mais a deva, e, de outro, o alimentanda recebe, sem que dela precise, muitas vezes sabedor de que, devido àquela característica dos alimentos já referida, estes não precisarão ser restituídos.

Ocorre que, conforme Marmitt (1999, p. 230) "este postulado é relativo, e a ele se contrapõe outro, mais forte, que é o de enriquecimento sem causa, que obriga a restituir o indevidamente percebido". Aquele autor vai mais adiante quando inclusive admite a possibilidade da restituição "importar em perdas e danos, com a devolução dos valores corrigidos..."

Outra circunstância que gera o pagamento de verba alimentar quando muitas vezes esta já não é mais necessária é aquela que diz respeito ao ajuizamento da ação exoneratória objetivando comprovar a inexistência de necessidade do alimentando. Neste casos, muitas vezes o alimentante requer na petição inicial que o juiz determine a suspensão de tal pagamento imediatamente. Nestes casos, em havendo despacho no sentido de negar tal requerimento, os valores continuarão a ser adimplidos até o final da demanda. Sendo esta julgada procedente, o alimentante tem presente o fato de que efetuou o pagamento de verba alimentar que já não era mais necessária.

A cobrança de valores superiores aos realmente devidos, principalmente quando o devedor é pessoa de pouca cultura e já não sabe o que efetivamente pagou ou deixou de adimplir, pode ser caracterizada pela má-fé e enquadrar-se no artigo 1531[239] do CCB. No entanto, a intenção de ludibriar o devedor, aproveitando-se de seu desconhecimento e buscando enriquecimento ilícito deve ser conduta comprovada por parte do credor para fins de caracterização.[240]

Nestes casos, vislumbra-se o fato de que isto pode implicar enriquecimento sem causa por parte do destinatário dos valores, sendo que

> deles já não é mais merecedor, e disso, embora sabedor, vale-se não obstante, da demora do processo e, se possível, por vezes, até colabora para protelá-lo, tão-só para prolongar um ganho alimentar mensal que *pensa* ser irrestituível, dando o caráter de ordem pública aos alimentos. (Madaleno, 1999, p. 56-57)

Conseqüentemente, acontece o enriquecimento da parte que, embora até então entendia-se como a menos privilegiada no feito porque protegida pela fragilidade econômica, posteriormente, comprovou-se não necessitar mais de auxílio, por estar com condições suficientes de se manter. Por conseguinte, "soa sobremaneira injusto não restituir alimentos claramente indevidos nesse estágio de independência do credor, em'notória infração ao princípio do *não enriquecimento sem causa*. (Madaleno, 1999, p. 57)

Por outro lado, tal enriquecimento ilícito pode gerar obrigação de restituir o acréscimo patrimonial indevido ao acervo do alimentando à custa do alimentante, sendo que tal ação tem caráter subsidiário, resolvendo-se em perdas e danos, se não houver mais o bem, conforme citação de Marmitt, (1999) anteriormente exposta, e o entendimento de Madaleno (1999) e Bittar (1994). Esta solução, através de perdas e danos, pressupõe a reposição atualizada dos valores monetários recebidos pelo alimentando.

Madaleno (1999) expõe, com grande sabedoria, aquela que julga ser a solução ideal que impeça lesões pecuniárias ao patrimônio do alimentante, sugerindo o ajuizamento de ações exoneratórias de alimentos cumulada com pedido expresso de restituição das pensões pagas a contar da data da citação, com embasamento na necessidade de evitar o enriquecimento sem causa daquele que percebe os alimentos.

---

[239] Vide nota 174.

[240] ... Eventuais liberalidades do alimentante são indispensáveis na pensão alimentícia. A penalidade prevista no artigo 1531 do CCB justifica-se somente quando a cobrança indevida e o sedizente credor procura locupletar-se sendo incompatível com a execução de alimento, considerada a natureza protetiva da obrigação alimentar. Recurso provido. (Ap. Cível 597190255, 7ª CC do TJRS, Farroupilha, j. 19.11.1997).

9.6. Possibilidade de compensação

Poderia, o magistrado, ao tomar ciência do pagamento indevido, minimizar o problema, determinando a restituição dos alimentos pagos através da compensação destes nas parcelas vincendas. Não obstante, a princípio, sendo a incompensabilidade uma das características da verba alimenta, esta não poderia ocorrer, justamente por seu caráter personalíssimo e pelo interesse público que encerra.

Por outro lado, compensação de dívida alimentar paga indevidamente nas parcelas vincendas é alternativa que só serviria nos casos em que o valor da verba mensal foi pago a maior, mas não naqueles casos em que esta deixaria de ser prestada, como, por exemplo, nos casos onde o alimentante é exonerado. Nestes, a única forma de solução ocorre através da devolução das parcelas pagas indevidamente, corrigidas, conforme os autores mencionados.

No entanto, Cahali (1998) admite a restituição da verba alimentar paga sem que o alimentante a devesse apenas na compensação de dívidas, ou seja, admitie a possibilidade de aplicação ponderada do princípio da incompensabilidade dos alimentos com o intuito de evitar o enriquecimento ilícito de uma das partes. Tal posicionamento é combatido por Bittencourt (1979), conforme já relacionado anteriormente, que entende não ser possível a restituição dos alimentos, mas que aceita, entretanto, a compensação de tais valores na partilha de bens quando se trata de alimentos pagos à ex-esposa.

Mesmo sendo permitida a compensação de dívidas, existem posicionamentos controvertidos que não admitem seja ela levantada durante a execução de alimentos, com o objetivo único de evitar a coação pessoal do devedor. Então, o posicionamento apontado pela jurisprudência determina a compensação quando se tratar de dívidas com a mesma origem[241] e quando esta for determinada em ação

---

[241] EXECUÇÃO - Alimentos. Compensação. Valores correspondentes a prestações diversas daquelas constantes do título. Inviabilidade. A prestação alimentícia judicialmente acordada é o título executivo, inadmitindo-se compensação com outros valores desembolsados espontaneamente pelo alimentante a favor do alimentando mediante resgate de prestações diversas da que foi ajustada. É a inteligência que se extrai do art. 863 do CC. (TJDF - AC 40.401 - (Reg. Ac. 97.628) - 5ª T - Rel. Des. Romão C. Oliveira - DJU 10.09.97).
DÉBITO ALIMENTAR. COMPENSAÇÃO. DESCABIMENTO NO CASO CONCRETO - De regra, os alimentos são incompensáveis, admitindo-se a compensação somente excepcionalmente, v. g., para evitar enriquecimento sem causa da parte do beneficiário. Se o crédito referente aos locativos em atraso pertence a outra pessoa que não o alimentante e, se a devedora dos locativos é a mãe do alimentando, e não esta, é inadmissível a compensação do débito alimentar pelos dos locativos. Agravo desprovido, unânime. (Agravo de Instrumento nº 595143629 - 8ª Câmara Cível - Frederico Westphalen - Rel. Des. Eliseu Gomes Torres - Julgado em 08-02-96) RJTJRS 177/245.

própria que não a execução.[242] Caio Mário (2001, p. 163) também salienta que "assim, torna-se viável a compensação dos alimentos quando ambos têm a mesma causa. Aliás, a hipótese não é, a rigor, de compensação, mas de adiantamento a ser considerado nas prestações futuras".[243]

O que se pretende é evitar prejuízos para ambas as partes, para o alimentante, impedindo que despenda valores que não deve, muitas vezes ameaçando o equilíbrio de seu orçamento, e, para o alimentando, permitindo que receba o que lhe é devido, sem que fiquem prejudicados eventuais presentes ou benefícios que o alimentante lhe tenha prestado por vontade própria. Esta última é uma situação peculiar. Não pode o alimentante querer compensar a verba alimentar à qual ficou obrigado com eventuais pagamentos que tenha efetuado em nome do alimentando ou então com presentes que tenha alcançado ao mesmo. Deve-se ressaltar que a compensação somente pode ocorrer com relação a dívidas e/ou pagamentos da mesma natureza, ou seja, de natureza alimentar. Tais considerações põem a salvo o alimentando dos riscos de ver-se tolhido do pagamento dos

---

[242] RECURSO DE HABEAS CORPUS. PRISÃO CIVIL POR DÍVIDAS DE ALIMENTOS. EXECUÇÃO NA FORMA DO ART. 733 DO CPC. PRETENDIDA COMPENSAÇÃO COM PAGAMENTOS FEITOS PELO PACIENTE, DE DÍVIDAS ATRIBUÍDAS ÀS ALIMENTÁRIAS. IMPOSSIBILIDADE. RELAÇÃO DE TRATO SUCESSIVO. RESTABELECIMENTO DA PRISÃO ANTERIORMENTE DECRETADA. DIFERENÇA ENTRE DÍVIDAS PRETÉRITAS E INADIMPLÊNCIA. DESCABIMENTO DO CHAMADO PRAZO DE GRAÇA. LIMITES DO WRIT: ERROR IN PROCEDENDO. RECURSO IMPROVIDO.
1. Executado, na forma do art. 733 do CPC, o devedor só tem duas coisas a alegar: pagamento, ou impossibilidade de efetuá-lo.
2. Além da discutibilidade da compensação em matéria de alimentos, tal figura exigiria prévia discussão judicial, em ação própria, para a outorga de um título judicial que se opusesse ao das alimentárias.
3. Impossibilidade de se apreciar, na execução efetuada pela forma antes indicada, dívidas que teriam sido pagas pelo ex-marido, em favor da antiga consorte e filha.
4. Tratando-se de relação de trato sucessivo, possível restabelecer custódia anteriormente decretada, caso ocorra novo atraso nos pagamentos.
5. Dívidas pretéritas são aquelas anteriores à sentença, ou acordo que as tenham estabelecido e não se confundem com o inadimplemento das que foram definitivamente firmadas. Injustificável transmudar-se o caráter alimentar da dívida, na ocorrência de um razoável retardo na quitação das parcelas, favorecendo justamente o maior devedor e que mais mereceria a coerção pessoal.
6. Não é possível, por falta de previsão legal, conceder-se ao alimentante, decretada a sua prisão, um prazo de graça para quitar a dívida.
7. No writ em questão de alimentos, a discussão se limita ao error in procedendo e não ao in judicando.
8. Recurso improvido.
(Recurso em Habeas Corpus nº 5890/SP, STJ, Recorrente: Luciane Helena Vieira. Recorrido: Tribunal de Justiça do Estado de São Paulo. Paciente: Marco Antonio Ceravolo de Mendonça. j. 10.06.97, un., DJU 04.08.97, p. 34.889).

[243] Neste sentido, a jurisprudência se posiciona no sentido de admitir não como compensação de dívidas, mas como adiantamento a ser considerado nas prestações futuras (6ª CC TJSP, 29.9.89, Rel. Ernani de Paiva, RJTJSP 123/236 - RT 616/174).

alimentos, muitas vezes essenciais à sua sobrevivência, em função de presentes que o alimentante tenha-lhe alcançado como regalo, sem que deles este precisasse e que posteriormente queira compensar na verba mensalmente paga.

Para fins de resolver tais contendas, ou seja, deferir ou não a possibilidade de compensação, mais uma vez é de suma importância o bom sendo do magistrado no sentido de conhecer com profundidade o processo bem como as considerações de ambas as partes no intuito de emitir decisão justa.

10. Desconsideração da pessoa jurídica nos alimentos

10.1. Generalidades

O artigo 20[244] do CCB salienta que a pessoa jurídica tem existência distinta da de seus membros, o que caracteriza uma distinção entre ambos com relação aos efeitos jurídicos. Permanece, portanto, a individualidade tanto dos sócios quanto da empresa. Ocorre que, hodiernamente, tal distinção pode trazer malefícios, pois

> O desenvolvimento da sociedade de consumo, a coligação de sociedades mercantis, e o controle individual de grupos econômicos têm mostrado que a distinção entre a sociedade e seus integrantes, ao invés de consagrar regras de justiça social, tem servido de cobertura para a prática de atos ilícitos, de comportamentos fraudulentos, de absolvição de irregularidades, de aproveitamentos injustificáveis, de abusos de direito. Os integrantes da pessoa jurídica invocam o princípio da separação como se tratasse de um *véu protetor*. Pereira, 2001, p. 58)

Então, o que aquele consagrado doutrinador aponta é a necessidade de que se criasse um instrumento jurídico capaz de ilidir e acobertar tais práticas. No entanto, não obstante tal necessidade, não havia a sistematização dessa doutrina que foi consagrada pelo nome de *desconsideração da pessoa jurídica*, ou, conforme sua origem americana, *disregard o legal entity*. Esta nova concepção veio em contraponto à regra tradicional chamada *societas distat a singulis*. (Pereira, 2001)

Essencialmente, esta nova doutrina significava a possibilidade de o magistrado desconsiderar a pessoa jurídica, objetivando responsabilizar e até mesmo punir a pessoa física, conforme sua obrigação,

---

[244] O novo Código Civil traz, em seu artigo 50 a seguinte redação:
Art. 50 – Em caso de abuso da personalidade jurídica, caracterizado pelo desvio de finalidade, ou pela confusão patrimonial, pode o juiz decidir a requerimento da parte, ou do Ministério Público, quando lhe couber intervir no processo, que os efeitos de certas e determinadas relações de obrigações sejam estendidos aos bens particulares dos administradores ou sócios da pessoa jurídica.

fosse ela pela lei, contrato, acordo ou sentença judicial transitada em julgado. Desta feita, proclamava-se ineficaz a pessoa jurídica nos casos onde fosse caracterizado o abuso de direito ou a intenção da pessoa física de se eximir de obrigação ou responsabilidade, protegida pelo véu da pessoa jurídica.

Não obstante a doutrina da desconsideração da pessoa jurídica ter surgido nos Estados Unidos, ainda no início do século passado, não fora codificada no Brasil, deixando de fazer parte do CCB. No entanto, foi gradativamente sendo acolhida pela doutrina e jurisprudência brasileira até que em 1990 passou a integrar o Código de Defesa do Consumidor. Posteriormente, em decisões ainda mais recentes, a *disregard doctrine* vem sendo aplicada também com relação ao direito de família, sendo sua aplicação atribuído a Rolf Madaleno, autor referido no decorrer deste capítulo. (Pereira, 2001)

10.2. Da teoria da aparência

Sendo a verba alimentar um direito daquele que, sozinho, não pode prover sua própria subsistência, deve ser fixada de acordo com as possibilidades de quem paga e com as necessidades de quem recebe, conforme binômio do artigo 400[245] do CC.

O equilíbrio no binômio referido é que vai demonstrar a justiça e o bom senso no arbitramento da verba alimentar, de modo que não seja por demais onerosa ao alimentante, mas que possa suprir as necessidades mínimas do alimentando. Muitas vezes, inexistindo provas inequívocas das reais possibilidades do prestador de alimentos, como é o caso daquele que não possui renda fixa, comprovada através de folha de pagamento, sua capacidade é prevista ou estipulada pela teoria da aparência, ou seja:

> Os alimentos usualmente restam estipulados em juízo com a útil escora na conhecida *teoria da aparência*, sempre quando o alimentante, sendo empresário, profissional liberal ou autônomo e, até mesmo quando se apresente supostamente desempregado, mas, entretanto, ele circule ostentando riqueza incompatível com sua alegada carestia. (Madaleno, 1999, p. 87)[246]

---

[245] Verificar nota 28.

[246] No entanto, salienta-se que existem entendimentos no sentido de que, mesmo dono de patrimônio considerável, o alimentante não fica obrigado a pagar verba alimentar alta se não possui rendimentos mensais para tanto. Trata-se de decisão que, de forma indireta combate a teoria da aparência. Porém, é minoritário tal entendimento: ALIMENTOS. REDUÇÃO DO ENCARGO. O poder de pagamento de uma pensão alimentícia, provém dos rendimentos auferidos pelo alimentante, jamais da tenência de bens. Não obstante o valioso e numeroso patrimônio imobiliário ostentado pelo alimentante, a sentença a quo, em momento algum, referiu os rendimentos deste. A quantia equivalente a trinta Salários Mínimos (dez para cada

Da mesma forma, muitas vezes o devedor exerce atividade que não permite a averiguação de seus rendimentos, citando-se como exemplo os empresários ou profissionais autônomos, podendo-se apelar para sua declaração de renda que, por sua vez, também nem sempre espelha a realidade financeira na qual vive. A intenção de fraudar a lei é tamanha que, muitas vezes, os alimentantes montam situações fraudulentas para esquivar-se da obrigação de prestar alimentos, demonstrando possibilidade financeira completamente descolada da realidade. Nestes casos, além de balanços fraudulentos que são montados,

> transferências fictícias de cotas são realizadas, "testas-de-ferro" são arregimentados, vencimentos simbólicos são registrados, arcando a sociedade com o pagamento das despesas pessoais do alimentante, lançadas na contabilidade sob outra rubrica. E mais: há casos em que incorporações ou fusões societárias são manobras tão-somente com a intenção de eclipsar os rendimentos e o patrimônio pessoal do sócio, deliberadamente integralizado como capital. (Beber, 2000, *in* CD Rom Doutrinas)

Então, não obstante a alegada falta de recursos do alimentante para prestar a verba alimentar pleiteada ou aquela à qual foi condenado, é de extrema importância observar-se a riqueza em que vive e ostenta, que pode não condizer com o quadro exposto e com a renda fictícia exibida. Marmitt (1999, p. 133) refere que "não se pode desprezar, então, uma renda presumida, baseada na riqueza ostensiva do devedor, em ocorrências familiares, no modo de viver e de esbanjar, bem como em outras lições colhidas no cotidiano do devedor."

Justamente nestes casos, onde não se pode auferir a exata renda do alimentante, é que se utiliza a teoria da aparência para pleitear a verba alimentar, pois seria no mínimo estranho que o alimentante alegasse falta de condições financeiras para arcar com verba alimentar requerida pelo alimentando sob a alegação de estar desempregado se reside e é proprietário de imóvel bem localizado ou se circula de carro importado. Então, poderia o magistrado analisar tais fatos, para fins de formar sua convicção pessoal "sustentados na envergadura do patrimônio do obrigado alimentar" (Madaleno, 1999, p. 87).

Daí se deslumbra a importância do julgamento de primeiro grau, pois o juiz que decide sobre a matéria conhece também os costumes locais, e sabe o que ocorre em sua comunidade, sendo a lição de Aliende *apud* Marmitt (1999, p. 133-134):

um dos três filhos), é exacerbada, representando carga quase insuportável, atenuada pela redução para vinte e três Salários Mínimos, através dos votos vencedores proferidos no acórdão embargado. Embargos infringentes desacolhidos, por maioria.
(Embargos Infringentes nº 594037673, 4º Grupo de Câmaras Cíveis do TJRS, Porto Alegre, Rel. Des. Eliseu Gomes Torres, 09.09.94). RJTJRS 186/392.

> ... preponderante é o papel do juiz de primeiro grau. É ele quem, em contato direto com as partes, pode aferir a sinceridade ou a malícia dos litigantes. Apercebe-se da necessidade desta ou daquela providência nem sempre contida na ortodoxia processual. Assimila, com maior rapidez, as injunções correntes das inovações econômicas, das flutuações do custo de vida, dos fatores conjunturais, como os do desemprego e da insuficiência dos ganhos.

No entanto, a situação pode-se agravar quando somente a teoria da aparência não é suficiente para comprovar as reais possibilidades financeiras do alimentante, assunto sobre o qual trataremos adiante.

10.3. A *disregard doctrine* nos alimentos

Quando não existem outras formas de se provar a capacidade alimentar e não sendo suficiente a teoria da aparência, faz-se necessária a tomada de outras medidas, como, por exemplo, a busca de informações junto ao órgão empregador do alimentante ou junto a sua escrita contábil, no caso de ser empresário. Ocorre que, neste último caso, sendo ele sócio de alguma empresa, pode aproveitar-se de tal fato

> ... para agir escondido sob o véu empresarial, mantendo vida e atividade notoriamente fausta, em contraponto ao seu miserável estado de quase-indigência, considerando, os parcos rendimentos que a sociedade lhe alcança como *pro labore*, isto quando ele não se retira ficticiamente da sociedade, embora siga nela atuando na suposta condição de preposto. (Madaleno, 1999, p. 87-88)

Muitas vezes, ocorrem fatos ou situações que não permitem que tal binômio seja comprovado ou examinado com exatidão, principalmente no que se refere ao alimentante. Tais situações se tornam mais graves à medida que este se esquiva, utilizando-se de meios ilícitos para esconder suas reais possibilidades financeiras, no intuito de alcançar verba alimentar menor a quem dela precisa.

Ocorre que o Poder Judiciário possui possibilidades e formas de verificar a veracidade das alegações feitas pelo alimentante, no sentido de buscar um conjunto probatório formado com base no princípio da "persuasão racional, a possibilidade de utilização daquilo que se convencionou denominar Teoria da Desconsideração da Personalidade Jurídica, cuja gênese dimana do direito norte americano, onde esta desestimação corporativista resultou na criação da chamada *disregard doctrine*" (Beber, 2000, *in* CD Rom Doutrinas).

A desconsideração da pessoa jurídica também é discutida por Aieta (1999) que refere a possibilidade de as pessoas jurídicas receberem tutela ao seu direito de intimidade, como ocorre com a pessoa física, conforme previsão constitucional, mas, quando a proteção a esta intimidade é requisitada para encobrir a má-fé com a qual age a empresa, ocultando direito de terceiros, mesmo que aparentemente sua atitude seja legal, não pode requerer prioridade de intimidade uma vez que vai além das funções que lhe são delegadas pela lei.

É diante de tais casos que a teoria da desconsideração da pessoa jurídica vem ganhando força, tendo em vista que, segundo Coelho (1994, p. 215), sua utilização

> não postula a invalidade, irregularidade ou dissolução da sociedade desconsiderada, mas tomar como episodicamente ineficaz o ato constitutivo da pessoa jurídica , que será ignorada apenas no julgamento da conduta fraudulenta ou abusiva da pessoa que a utilizou indevidamente, permanecendo existente, válida e eficaz em relação a todos os demais aspectos de suas relações jurídicas.

Sendo o feito ação alimentar, maiores são os motivos através dos quais se permite a desconsideração da pessoa jurídica, uma vez que se trata, normalmente, de obrigação devida a pessoas que, sozinhas, não podem sobreviver e que precisam, muito, da verba alimentar a que têm direito. Da mesma forma, injusto seria deixar que o alimentante, protegido por sua empresa, fosse obrigado a pagar verba alimentar muito aquém de suas reais possibilidades, apenas porque não tem responsabilidade para com o alimentando, pretendendo pagar-lhe o mínimo mesmo que seja insuficiente para manutenção e sobrevivência dignas. A utilização de tal teoria também se presta quando se trata de execução de alimentos, principalmente no que tange à verificação do patrimônio de propriedade do devedor, ao pretender a utilização do mesmo para adimplemento total do débito.[247]

Sendo perfeitamente possível a desconsideração da pessoa jurídica para fins de verificação da real situação financeira ou do montante patrimonial do alimentante, é importante que se verifiquem as formas pelas quais esta apuração pode ser realizada. É o que adiante discutiremos.

---

[247] ALIMENTOS PARA FILHO. "QUANTUM". "DISREGARD". SINAIS EXTERIORES DE RIQUEZA. Os alimentos devem ser fixados de acordo com a necessidade do alimentado e tendo em vista as reais possibilidades do alimentante, entendendo-se como tais, não aquelas por ele alegadas, mas aquelas que a aparência do seu contexto de vida evidencia. Os bens, em nome do apelante, de sua empresa e de terceiros parentes, são indicadores de que sua situação é diversa da alegada, tendo ele capacidade econômica bem superior àquela que pretende demonstrar. Recurso desprovido. Apelação nº599243862 - 7ª Câmara Cível – Gravataí – RS, RJTJRS, abril de 2000, nº 199/ 285.

10.4. Perícia contábil nas ações de alimentos

Madaleno (1999), ao apontar as dificuldades de se demonstrar as possibilidades financeiras do alimentante e por vezes devedor de alimentos refere a necessidade, muitas vezes, de que se verifiquem os livros contábeis da empresa da qual ele é sócio, para fins de apurar seus reais ganhos.

No entanto, a jurisprudência não é pacífica neste sentido, existindo decisões que vedam e condenam tal prática. Os argumentos que embasam tais decisões dizem respeito ao fato de que "em regra, não cabe o exame de livros de pessoa que não seja parte na demanda." (AI 133.925-1, 3ª C. j. 28.8.1990, rel. Des. Flávio Pinheiro).[248]

No entanto, prevalece entendimento, aqui usado de forma analógica, também invocado por Madaleno (1999), de que "não afronta a regra do sigilo comercial permitir-se o exame de livros contábeis da empresa, em caso de separação judicial, para fins de partilha. Prevalece sobre esta regra a obrigação de colaborar com o Poder Judiciário, na investigação de paternidade." (Wambier, 1996, p. 188).[249]

Conseqüentemente, pode o magistrado determinar a perícia contábil na empresa do alimentante para fins de verificar suas condições financeiras, cabendo a esta demonstrar a lisura de seus procedimentos, permitindo e favorecendo que a mesma seja realizada, demonstrando, assim, que a personalidade jurídica não tem empregado meios e fins condenáveis pelo direito para favorecer a locupletação de seu sócio.

Deve-se levar em consideração também que a perícia pode visar à verificação e avaliação do patrimônio empresarial, objetivando apurar a transferência dolosa de bens e cotas, bem como a alternância de sócios que configure a intenção de lesar o direito do alimentando, demonstrando capacidade de prestar alimentos muito inferior àquela que possui o sócio alimentante/devedor. (Madaleno, 1999)

Se a possibilidade de desconsiderar a pessoa jurídica também existe nas execuções de crédito alimentar e de que forma pode ocorrer é o que se discute adiante.

---

[248] Também neste sentido: AI 125-059 – 1 – 5ª C do TJSP j. 22.3.1990 – rel. Des. Mário Bonilha.

[249] Alimentos. Empresa. Perícia. Cabimento. É razoável a determinação de exame contábil na empresa do alimentante, para estabelecer a realidade de seus estipêndios, afastada qualquer investigação que objetive eventual sonegação, descabida nesta sede. Agravo provido em parte. (AGI nº 70000812057, 7ª CC TJRS, Rel. José Carlos Teixeira Giorgis, J. 26/04/2000.

10.5. *A disregard doctrine* na execução de alimentos

A *Disregard* também serve e pode ser utilizada para comprovar a possibilidade do alimentante de adimplir os alimentos, mesmo depois de já terem sido fixados, bem como para a averiguação de patrimônio passível de penhora, a ser levado a leilão e através do qual pode ser adimplido o débito.

Por conseguinte, mesmo que o devedor utilize a pessoa jurídica para proteger seu patrimônio, esta manipulação pode então ser comprovada, passando os bens da empresa a responder pelas dívidas do sócio ou titular. Assim, o usual, dentro da teoria da despersonalização, é equiparar à sociedade ao sócio que dentro dela se esconde, para desconsiderar seu ato ou negócio fraudulento ou abusivo, e, assim, alcançar seu patrimônio pessoal, por obrigação da sociedade. Já no Direito de Família sua utilização dá-se, de hábito, na via inversa, desconsiderando o ato para alcançar bem da sociedade, para pagamento ao cônjuge ou credor familiar, principalmente frente à diuturna constatação nas disputas matrimoniais de o cônjuge empresário esconder-se sob as vestes da sociedade, para a qual faz despejar, senão todo, ao menos o rol mais significativo dos bens comuns.

Neste contexto, pois, é perfeitamente possível que a despersonalização da pessoa jurídica seja utilizada não só na fixação da verba alimentar como também na execução das prestações inadimplidas, sendo, muitas vezes, o único meio de obrigar o devedor a saldar o débito, diretamente, ou através de seu patrimônio pessoal, mesmo que este esteja encoberto sob o manto da sociedade da qual este participa (Madaleno, 1999).

ALIMENTOS – da ação à execução

Bibliografia

ALMEIDA, Estevam de. *Direito de Família*. Rio de Janeiro: Jacinto Ribeiro dos Santos, 1925.

APPIO, Eduardo. *Habeas Corpus no Cível*. Porto Alegre: Livraria do Advogado Editora, 2000.

ASSIS, Araken de. *Da execução de Alimentos e prisão do devedor*. 2 ed. São Paulo: Revista dos Tribunais, 1998.

——. Breve contribuição ao estudo da coisa julgada nas Ações de alimentos. *Revista Ajuris*. Vol. 46, julho/1989, p. 77-96.

AZEVEDO, Álvaro Villaça. *Bem de Família*. 4 ed. São Paulo: Revista dos Tribunais, 1999.

——. *Prisão civil por dívida*. 2 ed. São Paulo: Revista dos Tribunais, 2000.

BARRETO, Sérgio Augusto, CONTI, José Maurício e CYRILLO, Denise. *Pensões Alimentícias: subsídios para determinação de seus valores*. Acessado em 12 set. 2000. Disponível na Internet http://www.jus.com.br/doutrina/pensão.html

BASTOS, C. R., MARTINS, I. G. *Comentários à Constituição do Brasil*, 2º v. São Paulo: Saraiva, 1989.

BEBER, Jorge Luis Costa. O período de inadimplência como requisito para o decreto prisional por dívida alimentar. *Revista Jurídica*. Ano 47, nº 266, dezembro 1999, p. 14-23.

——. Maioridade dos filhos e a exoneração liminar dos alimentos. In CD Room *Coletânea Doutrinária*. Plenum, 2000.

——. Alimentos e a desconsideração da pessoa jurídica. In CD Room *Coletânea Doutrinária*. Plenum, 2000.

BITTENCOURT, Edgar de Moura. *Alimentos*. 4ed., São Paulo, LEUD, 1979.

BRANDÃO LIMA, Domingos Sávio. *Desquite Amigável* 2. Ed. Goiânia: Rio Bonito, 1972.

——. *Alimentos do cônjuge na separação judicial e no divórcio*. Cuiabá: UFMT, 1983.

——. *A nova Lei do Divórcio Comentada*. São Joaquim da Barra: O. Dip. Ed. 1978.

CAHALI, Yussef Said. *Dos Alimentos*. 3 ed. São Paulo: Revista dos Tribunais, 1998.

CAHALI, Francisco José. "Dos Alimentos". *In Direito de família e o novo Código Civil*. Maria Berenice Dias e Rodrigo da Cunha Pereira (coord.). Brlo Horizonte: Del Rey, 2001.

CAPPELLETTI, M., B. GARTH. *Acesso à Justiça*. Porto Alegre: Sérgio Antônio Fabris - Editor, 1988.

CARNEIRO, Nelson. *A Nova ação de Alimentos*. Rio de Janeiro: Freitas Bastos, S. A, 1969.

CASTRO, Amílcar de. *Comentários ao Código de Processo Civil, VIII*. São Paulo: Revista dos Tribunais, 1974.

CASTRO, Celso A. Pinheiro de. *Sociologia do Direito*. 3 ed. São Paulo: Atlas, 1995.

CASTRO, José Roberto de. *Manual de Assistência Judiciária. Teoria, Prática e Jurisprudência*. São Paulo: Aide, 1987.

CHIOVENDA, Giuseppe. *Instituições de Direito Processual Civil*. 2. ed. Trad. J. Guimarães Menegale. São Paulo: Saraiva, 1965.

CICU, Antonio. La natura giuridica dell'obbligo alimentare fra congiunti. *Rivista di Diritto Civile*, 1910.

COELHO, Fabio Ulhôa. Desconsideração da Personalidade Jurídica. São Paulo: RT, 1989.

COSTA MANSO, Manuel. *O processo na segunda instância*. São Paulo: Saraiva, 1923.

CRUZ, João Claudino de Oliveira e. *Dos Alimentos no Direito de Família*. Rio de Janeiro/São Paulo, Forense, 1956.

DOWER, Nélson Godoy Bassil. *Curso Básico de Direito Processual Civil*. 3 ed. São Paulo: Nelpa – L. Dower Edições Jurídicas Ltda., 1999.

ESPÍNOLA, Eduardo. *A Família no Direito Civil Brasileiro*. 2 ed. Rio de Janeiro: Conquista, 1957.

FABRÍCIO, Adroaldo Furtado. A coisa julgada nas ações de alimentos. *Revista Ajuris*. Vol. 52, jul/1991, p. 05-31.

FARIA, José Eduardo. *O Poder Judiciário no Brasil: Paradoxos, desafios e alternativas*. Brasília: Conselho da Justiça Federal, 1995.

GARCEZ FILHO, Martinho. *Direito de Família*. Rio de Janeiro: Villas Boas, 1929.

GOMES, Orlando, *Direito de família*. 7 ed. Rio de Janeiro: Forense, 1987.

GRINOVER, Ada Pellegrini. *Novas tendências no direito processual*. Rio de Janeiro: Forense Universitária, 1990.

JÚNIOR, Humberto Theodoro. *Curso de Direito Processual Civil – Teoria geral do Direito Processual Civil e Processo de Conhecimento*.12 ed. Rio de Janeiro: Forense, 1993.

LEAL, Rogério Gesta. *Direitos Humanos no Brasil. Desafios à Democracia*. Porto Alegre: Livraria do Advogado; Santa Cruz do Sul: EDUNISC, 1997.

LÔBO, Paulo Luiz Neto - *Comentários ao Novo Estatuto da Advocacia e da OAB* Brasília: Brasília Jurídica, 1994.

LOU, Ricardo Braga. *A maioridade civil à luz do projeto do novo código civil*. Acessado em 12 set. 2000. Disponível na Internet http://www.jus.com.br/doutrina/ccmaior.html

MADALENO, Rolf. *Novas Perspectivas no Direito de Família*. Porto Alegre: Livraria do Advogado, 2000.

——. *Direito de Família – Aspectos polêmicos*. 2 ed. Porto Alegre: Livraria do advogado, 1999.

MAGALHÃES, Jorge. *Questões controvertidas de Processo Civil*. Rio de Janeiro: Editora Rio, 1978.

MARCACINI, Augusto Tavares Rosa. *Assistência Jurídica, Assistência Judiciária e Justiça Gratuita*. Rio de Janeiro: Forense, 1996.

MARMITT, Arnaldo. *Pensão alimentícia*. 2 ed. Rio de Janeiro: AIDE Editora, 1999.

MILHOMENS, Jônatas, MAGELA, Geraldo. *Manual Prático de Direito de Família*.4. ed. Rio de Janeiro, Forense, 1996.

MONTEIRO, Washington de Barros. *Direito de Família*. 19. ed. São Paulo: Saraiva, 1980.

MORAES, Alexandre de, *Direitos Humanos Fundamentais*. São Paulo: Atlas S. A, 1997.

——. *Direito Constitucional*. 8 ed. São Paulo: Atlas, 2000.

MORAIS, Jose Luis Bolzan de. *A idéia de direito social*. Porto Alegre: Livraria do Advogado, 1997.

MOREIRA, José Carlos Barbosa. *O Novo Processo Civil Brasileiro*. 15 ed. Rio de Janeiro: Forense, 1963.

MOURA, Mario Aguiar. *O processo de execução*. Porto Alegre: PUC/EMMA, 1975.

NEGRÃO, Theotônio. *Código de Processo Civil e legislação processual em vigor*. 27 ed. São Paulo: Saraiva, 1996.

NERY JÚNIOR, Nelson. *Princípios do Processo Civil na Constituição Federal*.5 ed. São Paulo: Editora Revista dos Tribunais, 1999.

NERY JUNIOR, Nelson e NERY, Rosa Maria Andrade. *Código de Processo Civil Comentado*. 3 ed. São Paulo: RT, 1997.

NEVES, Iêdo Batista. *Vocabulário prático de tecnologia jurídica e de brocardos latinos*. 3 ed. [s.l.]: fase, 1990.

NOGUEIRA, Paulo Lúcio. *Lei de Alimentos Comentada*. 5 ed. São Paulo, Saraiva: 1995.

——. *Instrumentos de Tutela e Direitos Individuais*. São Paulo: Saraiva, 1994.

OLIVEIRA, Wilson de. *Direito de Família Aplicado*. Belo Horizonte: Del rey, 1993.

PARIZATTO, João Roberto. *Separação e Divórcio – Alimentos e sua Execução*.2 ed. Minas Gerais: Edipa – Editora Parizatto, 2000.

——. *Execução de Prestação Alimentícia*. Rio de Janeiro: AIDE, 1995.

PAULA, Alexandre de. *Código de Processo Civil Anotado - Do processo de conhecimento*. 5 ed. Vol. I. [S.l.] RT.1992.

PEREIRA, Caio Mário da Silva. *Direito Civil: Alguns aspectos da sua evolução*. Rio de Janeiro: Forense, 2001.

PEREIRA, Sérgio Gischkow. *Ação de Alimentos*. 3.ed. Porto Alegre. Fabris, 1983.

PONTES DE MIRANDA, Francisco Cavalcanti. *Tratado de Direito Privado*. 4. ed. São Paulo: Revista dos Tribunais, 1974.

——. *Comentários a Constituição de 1967 com a Emenda n.1 de 1969*. Vol. I. 2 ed. São Paulo: RT. 1970.

——. *Tratado das Ações*. Campinas: Bookseller, 1999.

——.*Tratado de Direito Privado*. Campinas: Bookseller, 2000.

——. *Comentários ao Código de processo Civil* . 2. Ed. Rio de Janeiro: Forense, 1959

——. *Comentários ao Código de Processo Civil* . Rio de Janeiro: Forense, 1973.

PORTO, Sérgio Gilberto. *Doutrina e prática dos alimentos*. 2 ed. Rio de Janeiro: AIDE, 1991.

PORTANOVA, Rui. *Princípios do Processo Civil*.3 ed. Porto Alegre, Editora Livraria do Advogado, 1999.

PRUNES, Lourenço Mário. *Ações de Alimentos* São Paulo: Sugestões Literárias S/A, 1978.

RAMOS, José Saulo. *Divórcio à brasileira*. Rio de Janeiro: Brasília, 1978.

RIZZARDO, Arnaldo. *Direito de família*. Rio de Janeiro: AIDE, 1994.

RODRIGUES, Horácio Wanderlei. Acesso à justiça no Direito Processual. *Revista Jurídica*. Ano 47, n° 266, dezembro 1999, p. 14-23.

———. *Acesso à Justiça no Direito Processual brasileiro*. São Paulo: Acadêmica, 1994.

RODRIGUES, Sílvio. *Divórcio e a lei que o regulamenta*. [s.l.] Saraiva, 1978.

SAMPAIO, Pedro. *Divórcio e separação judicial*. Rio de Janeiro: Forense, 1978.

SANTOS, Ernane Fidélis dos. *Manual de Direito Processual Civil – Processo de Conhecimento*. 2 ed. São Paulo: Saraiva, 1988.

SILVA, De Plácido e. *Vocabulário Jurídico*. 4 ed. V. I e II. Rio de Janeiro: Forense, 1995.

SILVA, José Afonso da. *Curso de Direito Constitucional Positivo*. 10 ed. São Paulo: Malheiros. [s.d.].

SILVA, Ovídio Batista da. *Curso Processual Civil*.3 ed. Porto Alegre: Sérgio Antonio Fabris Editor, 1996.

SPENGLER, Fabiana Marion. *Gabinete de Assistência Judiciária Gratuita da UNISC como meio de Acesso à Justiça na Comarca de Santa Cruz do Sul*. Santa Cruz do Sul, 1998. 147 p. Dissertação (Programa de Pós Graduação em Desenvolvimento Regional – Mestrado – Universidade de Santa Cruz do Sul).

SPENGLER NETO, Theobaldo. *Condições e possibilidades do princípio constitucional da Ampla Defesa no Processo Civil brasileiro*. Santa Cruz do Sul, 2001. 154 p. Dissertação (Programa de Pós Graduação em Direito - Mestrado – da Universidade de Santa Cruz do Sul - UNISC).

THEODORO JÚNIOR, Humberto. *Processo de Execução*. 3.ed. São Paulo: LEUD, 1976.

TUCCI, Rogério Lauria. *Curso de Direito Processual Civil – Processo de Conhecimento*.São Paulo: Saraiva, 1989.

VARELA, J. M. Antunes. *Dissolução da Sociedade Conjugal*. Rio de janeiro: Forense, 1980.

WALD, Arnoldo. *Direito de Família*. 11 ed. São Paulo: Revista dos Tribunais, 1998.

———. *Obrigações e Contratos*. 13 ed. São Paulo: Revista dos Tribunais, 1998.

———. *O novo Direito de Família*.13 ed. São Paulo: Saraiva, 2000.

WAMBIER, Teresa Arruda Alvim. A desconsideração da pessoa jurídica para fins de partilha e a prova de rendimentos do conjuge-varão na ação de alimentos, pelo nível da vida levada por este. *In Direito de Família: Aspectos Constitucionais, Civis e Processuais*. Vol. 3. São Paulo: RT, 1996.

ZANON, Artêmio. *Da Assistência Jurídica Integral e Gratuita*. 2 ed. São Paulo: Saraiva, 1990.